Réalités pseudonymes

Chiasma

General Editor

Bruno Thibault

Editorial Committee

Bruno Blanckeman
Martine Boyer-Weinmann
Michael Brophy
Barbara Havercroft
Philippe Met
Carrie Noland
Dominique Viart

VOLUME 45

The titles published in this series are listed at *brill.com/chia*

Réalités pseudonymes

par

Julie Gaillard

BRILL

LEIDEN | BOSTON

Illustration de couverture: Atol das Rocas, Brésil, photographié à partir de la Station spatiale internationale par l'équipe de l'Expédition 22. ID Photo ISS022-E-79937. ©Earth Science and Remote Sensing Unit, NASA Johnson Space Center. <https://eol.jsc.nasa.gov/SearchPhotos/photo.pl?mission=ISS022&roll=E&frame=79937>.

The Library of Congress Cataloging-in-Publication Data is available online at http://catalog.loc.gov
LC record available at http://lccn.loc.gov/2019032660

Typeface for the Latin, Greek, and Cyrillic scripts: "Brill". See and download: brill.com/brill-typeface.

ISSN 1380-7811
ISBN 978-90-04-41086-2 (hardback)
ISBN 978-90-04-41087-9 (e-book)

Copyright 2020 by Koninklijke Brill NV, Leiden, The Netherlands.
Koninklijke Brill NV incorporates the imprints Brill, Brill Hes & De Graaf, Brill Nijhoff, Brill Rodopi, Brill Sense, Hotei Publishing, mentis Verlag, Verlag Ferdinand Schöningh and Wilhelm Fink Verlag.
All rights reserved. No part of this publication may be reproduced, translated, stored in a retrieval system, or transmitted in any form or by any means, electronic, mechanical, photocopying, recording or otherwise, without prior written permission from the publisher.
Authorization to photocopy items for internal or personal use is granted by Koninklijke Brill NV provided that the appropriate fees are paid directly to The Copyright Clearance Center, 222 Rosewood Drive, Suite 910, Danvers, MA 01923, USA. Fees are subject to change.

This book is printed on acid-free paper and produced in a sustainable manner.

Table des Matières

Remerciements VII
Table des illustrations VIII
Liste des abréviations IX

Introduction 1

1 Réalités troublées – Samuel Beckett 23
   1 Noms en série (*Watt*) 26
   2 La *deixis* impossible et le naufrage du sujet 41
      2.1 *« Sans noms propres pas de salut » : le nom, le sujet* (L'Innommable) 41
      2.2 *Permutations* (Pas) 50
   3 Le nom propre, zone d'inintelligibilité 54
      3.1 *Le nom enclavé* – Pochade radiophonique **54**
      3.2 *Le nom propre, « zone dangereuse » au carrefour de la communication ?* – Quad 63

2 Réalités suspendues – Édouard Levé 67
   1 La réalité à l'index : actualiser la virtualité (Gros plan sur le nom) 72
      1.1 *Un art de la référence* 72
      1.2 *Distorsion de la référence* 74
      1.3 *Distorsion de la signification* 75
      1.4 *Travail de la matérialité* 77
   2 Virtualiser l'actualité. (Disparition du nom propre) 78
      2.1 *Pragmatique de l'image de presse* 80
      2.2 *Pragmatique de l'archétype* 83
      2.3 *Illimitation référentielle et mise en question de la référentialité* 86
   3 L'aleph : identité, temporalité, virtualité 92
      3.1 *Nom propre et preuve d'existence* 92
      3.2 *Enjeux de la signature « pré-posthume »* (Œuvres) 96
      3.3 *Nom propre et matrice archivistique : le vertige documentaire d'Autoportrait* 101
      3.4 *Je et Tu en miroir :* Suicide 105
      3.5 *Excursus sur le suicide* 110

3 Réalités virtuelles 117
   1 Renaud Cojo – Réalités potentielles 118

  1.1 *Pragmatique du nom propre schizophrène* 121
  1.2 *Un hétéronyme sur une autre scène* 123
  1.3 *Pseudonyme et possibilité* 127
  1.4 *Pronom propre, pronom commun* 131
  1.5 *« Qui dit 'je' ? »* 136
 2 Invader – Réalités anonymes 146
  2.1 *Territorialiser la carte ; cartographier le territoire* 149
  2.2 *Anonymats* 157

4 **Coda – Réalités silencieuses** 167

 Bibliographie 177
 Index 189

Remerciements

Ce livre est issu d'un travail doctoral effectué au sein du département de Français de l'université Emory (Atlanta, USA). Il a été révisé, remanié et augmenté à l'*ICI Berlin Institute for Cultural Inquiry*, où j'ai été chercheuse postdoctorale entre 2016 et 2018. Je remercie tout particulièrement ma directrice de thèse, Claire Nouvet, pour son écoute fine, exigeante, disponible et généreuse, et son soutien indéfectible. Je lui dois plus que je ne puis dire. J'exprime également ma plus vive gratitude aux membres de mon comité de thèse, Geoffrey Bennington, Elissa Marder et Christophe Bident. Sans l'acuité de leurs remarques, toujours stimulantes, sans leurs encouragements continus et leur soutien généreux, ce livre n'aurait pas vu le jour. Je remercie aussi mes collègues et ami·e·s des départements de Français et de Littérature Comparée à Emory, en particulier Yelizaveta Moss et Mark Stoholski, pour ces années de formation et d'échanges passionnés. Une partie de mes recherches ont été effectuées à l'école doctorale *InterArt Studies* de la Freie Universität Berlin. Je remercie Erika Fischer-Lichte, qui m'y a accueillie en tant que membre associée, Regine Strätling, qui a rendu mon retour possible lors de l'été 2015, ainsi que l'ensemble des post-doctorants et doctorants d'InterArt qui ont enrichi ce travail en gestation par leurs remarques et leur chaleureux compagnonnage. *Last but not least*, je remercie les chercheur·e·s et *Fellows* 2016-2018 de l'ICI Berlin pour leur amitié et deux années d'échanges interdisciplinaires intenses, dont la trace est sensible dans plus d'une révision apportée à ce livre, et en particulier sur le thème de l'archive.

Renaud Cojo m'a accueillie lors de son spectacle Œuvre/Orgueil (*Une hypothèse de l'art. Performance/Exposition*) à Bordeaux en 2014, et a bien voulu me parler de sa démarche artistique. Je le remercie très sincèrement et très chaleureusement, ainsi qu'Invader et Camille Laurens pour leur aimable soutien et l'intérêt qu'ils ont bien voulu exprimer pour ce travail. Toute ma gratitude va également aux Éditions P.O.L et à la Galerie Loevenbruck, qui m'ont gracieusement autorisée à inclure à ce volume des images et extraits d'œuvres d'Édouard Levé.

Les recherches menant à ce livre ont également été rendues possibles grâce au prix *Anne Amari Perry* (département de Français de l'université Emory), à une bourse de fin de thèse de l'école doctorale *InterArt Studies* (juin-juillet 2015), ainsi qu'une allocation doctorale de la fondation Andrew W. Mellon (2015-16).

C'est au détour d'une phrase de *L'Innommable* de Philippe Bonnefis que l'idée de ce travail a jailli. Ces pages sont dédiées à sa mémoire.

Illustrations

1.1 Samuel Beckett, *Quad et autres pièces pour la télévision* © Éditions de Minuit, 1992   64

1.2 Samuel Beckett, « Les Deux besoins » © Éditions de Minuit. Initialement paru dans *Disjecta, Miscellaneous Writings and a Dramatic Fragment,* New York : Grove Press, 1984, p. 56   66

2.1 Édouard Levé, *Angoisse, Angoisse de nuit,* 2000. Photographie. Tirage Lambda couleur contrecollé sur aluminium, 100×100 cm. Edition à 5 exemplaires. Courtesy galerie Loevenbruck, Paris © ADAGP, Paris 2019. Courtesy Succession Edouard Levé et galerie Loevenbruck, Paris   76

2.2 Edouard Levé, *Actualités, La conférence,* 2001. Photographie. Tirage Lambda couleur contrecollé sur aluminium, 40×100cm. Edition à 5 exemplaires. Courtesy galerie Loevenbruck, Paris © ADAGP, Paris 2019. Courtesy Succession Edouard Levé et galerie Loevenbruck, Paris   80

2.3 La délégation française à la conférence de l'ONU à Doha : Delphine Batho, Laurent Fabius et Pascal Canfin, décembre 2012. Photo Karim Jaafar © Karim Jaafar / AFP   83

2.4 Leonardo da Vinci, *La Cène,* 1495-98. Via Wikimedia Commons   87

3.1 *...Et puis j'ai demandé à Christian de jouer l'intro de Ziggy Stardust,* 2009. Conception, Mise en scène, Images, Interprétation : Renaud Cojo. Photo Xavier Cantat © Xavier Cantat, 2009. Courtesy Renaud Cojo et Compagnie Ouvre le Chien   121

3.2 Invader, PA_1165, Paris, 2015. Image mise en ligne sur le compte Instagram de l'artiste le 10 août 2015, <https://www.instagram.com/p/6N6Dh5IMNB/>. © Invader c/o Pictoright Amsterdam 2019. Avec l'aimable autorisation de l'artiste   155

3.3 Invader, site internet www.space-invaders.com, onglet « World Invasion », 2019. Planisphère localisant les sites envahis, généré à partir de données cartographiques Google/INEGI, ici zoomé et centré sur les continents eurasiatique et africain et incluant la localisation de la Station Spatiale Internationale. Capture d'écran effectuée le 6 juin 2019 à 10h16, avec l'aimable autorisation de l'artiste. © Invader c/o Pictoright Amsterdam 2019   156

Abréviations

Ac	*Actualités,* Édouard Levé
Au	*Autoportrait,* Édouard Levé
CP	*La Condition postmoderne*, Jean-François Lyotard
D	*Le Différend*, Jean-François Lyotard
G	*De la grammatologie*, Jacques Derrida,
I	« Interview d'Édouard Levé par lui-même », Édouard Levé
Inn	*L'Innommable,* Samuel Beckett
J	*Journal,* Édouard Levé
Oe	*Œuvres,* Édouard Levé
P	*Psyché : Inventions de l'autre*, Jacques Derrida
PR	*Pochade radiophonique,* Samuel Beckett
S	*Suicide,* Édouard Levé
SN	*Sauf le nom*, Jacques Derrida,
W	*Watt*, Samuel Beckett

Introduction

> « *L'unique et sa propriété* […], c'est comme qui dirait la personne et son nom : l'impossible même, tant le nom manifeste d'incapacité à faire parler en propre les figures de la personne. Une incapacité, en quelque sorte, *historique*. Qu'au XIXème siècle, en tout cas, l'écrivain (la communauté des clercs, des scribes) éprouve quasi-collectivement. »
>
> PHILIPPE BONNEFIS[1]

∴

Le nom propre serait impropre. Entre la personne et son nom s'ouvrirait au XIXème siècle un abîme, nous dit Philippe Bonnefis dans *L'Innommable*. Peut-être même le nom propre aurait-il l'insolence, du fond de son innommable insignifiance, de déborder la personne, de la contaminer avec son impropriété : celle de son arbitraire, celle de l'extranéité d'une myriade de significations possibles. Est-ce donc que le lien du référent singulier (personne, lieu, entité abstraite ou collective) et de son nom « propre » n'est pas transparent, immédiat, infrangible, nécessaire ? Assigné pour la vie à l'entité qu'il désigne, le nom propre réfère bien à elle de manière univoque et invariable, scellant son identité logique. Or cette vérité déictique de l'« unique » est une « propriété » bien fragile – à moins de voir dans l'assignation du nom propre à la personne l'inauguration d'une quelconque destinée, la marque d'une nécessité ontologique en sus de la nécessité logique. Proust, par exemple, le sait bien, chez qui dans l'interstice entre le référent et son nom (entre « Noms de pays : le nom » et « Noms de pays : le pays ») se glisse tout un potentiel de rêve et de désir, que souvent la réalité déçoit, mais qui diapre aussi la réalité perçue d'irisations poétiques : on imagine le monde en attachant à des noms propres pas encore incarnés un cortège féerique de significations possibles, avant que le référent, enfin confronté à ce nom et à ces qualités rêvées, dissipe la féerie et réduise le nom à une « simple carte photographique d'identité[2] ». Systématiquement chez Proust, le nom propre est situé à la charnière du monde et du sens[3]. S'il

---

1 Philippe Bonnefis, *L'Innommable. Essai sur l'œuvre d'E. Zola,* Paris : SEDES, 1984, p. 43-44.
2 Marcel Proust, *Le Côté de Guermantes,* Paris : Gallimard, coll. Folio classique, 1988, p. 4-5.
3 Comme l'ont vu, chacun à sa manière, Gilles Deleuze (in *Proust et les signes*, Paris : Puf, 1964) et Roland Barthes (in « Proust et les noms », in *Le Degré zéro de l'écriture, suivi de Nouveaux essais critiques*, Paris : Seuil, coll. Points, 1972, p. 118-130).

permet l'emboîtement de la désignation et de la signification, le nom trahit pourtant toujours, par sa fixité, la labilité du référent qu'il bride, puisque les limites ostensibles du référent réel freinent tôt ou tard les débordements de l'imagination. Mais alors, si l'individu ne coïncide pas pleinement avec sa (ses) propriété(s), avec son nom, si un trouble est introduit dans la présence de la personne à elle-même et dans sa permanence à travers le temps, comment s'assurer de la réalité – de soi, des autres, du monde ? C'est à ce point précis où les mécanismes référentiels du nom propre articulent ou désarticulent la réalité que se situe l'enjeu de ce livre.

Qu'est-ce qu'un nom propre et comment est-il connecté au réel ? Au contraire d'un nom commun, un nom propre est dépourvu de définition abstraite ou générique. Il n'a de signification qu'en contexte, en regard d'éléments qui viennent s'y attacher. *Paris* est tantôt une ville sur la Seine, la capitale de la France, « ville Lumière », la désignation métonymique du siège décisionnel d'institutions françaises publiques ou privées... La linguistique a traditionnellement considéré le nom propre sous les seuls aspects sémantique (pour le distinguer du nom commun), morphologique (majuscule, absence d'accord) et morphosyntaxique (absence de déterminant), renvoyant généralement le problème à la logique, dans la mesure où tout serait affaire de « la relation dans une construction donnée du nom propre et de son référent[4] ». En effet, le nom propre, qui articule image linguistique et référent extralinguistique, constitue ce que Nicolas Laurent a nommé « la part réelle du langage[5] ». En logique, deux théories classiques s'affrontent quant à la description d'une relation du nom propre, de son référent et de son sens. Le philosophe Pascal Engel définit cette opposition de la manière suivante :

> Ce que nous appelons théorie descriptive de la référence soutient qu'un nom propre n'a de référence que *sous une certaine description,* et qu'il n'a pas de référence *directe* ou *pure,* indépendamment de *qualités*. Nous appellerons au contraire théorie de la *référence directe* toute théorie qui soutient que les noms propres désignent des objets sans description ou qualités d'aucune sorte rendant compte du fait que *ce* nom désigne *cet* objet[6].

---

4 *Cf.* Marie-Noëlle Gary-Prieur, « Le nom propre constitue-t-il une catégorie linguistique ? », *Langue Française* 92, 1991 : p. 18. Disponible sur <http://www.persee.fr/web/revues/home/prescript/article/lfr_0023-8368_1991_num_92_1_6209>. Accès le 27 juin 2013.
5 Nicolas Laurent, *La part réelle du langage. Essai sur le système du nom propre et sur l'antonomase de nom commun*, Paris : Champion, 2016.
6 Pascal Engel, *Identité et Référence. La théorie des noms propres chez Frege et Kripke*, Paris : Presses de l'École Normale Supérieure, 1985, p. 77.

Ressaisies sous l'angle du sens qu'elles attribuent au nom propre, les théories de la référence directe et de la référence indirecte opposent donc respectivement des noms propres « vides de sens » et des noms propres « riches de sens[7] ». Selon la thèse des noms propres « riches de sens », défendue sous diverses élaborations par Frege, puis Russell, puis Searle, les noms propres résument un sens complexe, rassemblant un faisceau de propriétés constant dont ils sont comme la description tronquée. Ainsi, *Socrate* résumerait « philosophe grec », « maître de Platon et d'Alcibiade », « condamné à boire la ciguë », … Le problème étant de savoir où arrêter l'énumération. A cette thèse s'oppose celle, d'abord formulée par John Stuart Mill, puis reprise par Saul Kripke dans *Naming and Necessity* comme « par-dessus » les élaborations de Frege et de ses successeurs[8]. Dans cette dernière thèse, une fois un nom propre associé à un référent (le « baptême »), le nom repère ce référent indépendamment de ses métamorphoses (et de ses sens). Avec Kripke, les noms propres sont des « désignateurs rigides » : une fois un individu nommé x (c'est le « baptême »), quelles que soient les propriétés qu'on lui attribue ou qu'on lui conteste au fil du temps dans la « chaîne » des descriptions qu'on en fait, et même dans l'hypothèse de plusieurs « mondes possibles », x désignera toujours, fixement, cet individu en particulier – lui et pas un autre.

Chacune de ces théories, sous ses diverses formulations, cherche à rendre compte de la référence et à l'insérer dans une théorie de la vérité, en proposant un certain modèle de l'articulation du nom propre à la réalité. Toutefois, le glissement d'une théorie descriptiviste à une théorie de la référence directe est lourd de conséquences pour la compréhension de la réalité. Si le nom propre n'a de référence que sous une certaine description, cela implique que la réalité est un donné préexistant, faisant l'objet de cette description. L'approche pragmatique au contraire, vise à montrer qu'une approche qui postulerait une ou des « propriété(s) » du nom propre, qui marquerait une stabilité ontologique des choses dont il résumerait les qualités (que celles-ci soient « exprimées » ou seulement germinales), relève d'une illusion métaphysique. Parce qu'elle démontre la secondarité logique de la signification sur la nomination, la théorie de la référence directe ne considère plus la réalité comme un donné à décrire. Ainsi, Jean-François Lyotard, qui s'appuie sur les thèses développées par Saul Kripke, affirme dans *Le Différend* ce renversement : « [t]el est notre mode de penser que la réalité n'est pas une donnée, mais l'occasion de requérir que les

---

[7] Voir Marc Wilmet, *Le Nom propre en linguistique et en littérature,* Bruxelles : Académie royale de langue et de littérature françaises de Belgique, 1995, p. 15,<http://www.arllfb.be/ebibliotheque/communications/wilmet130595.pdf>, accès 21 mars 2019.

[8] Voir Saul Kripke, *Naming and Necessity*, [1972], Oxford : Blackwell, 1980, traduction française par P. Jacob et F. Recanati, *La Logique des noms propres*, Paris : Minuit, 1982.

procédures d'établissement soient effectuées à son sujet[9]. » Cela ne revient pas à dire que la réalité serait uniquement un phénomène discursif. Au contraire, nous allons le voir, elle est établie à travers l'embrayage du langage et du champ de la perception, embrayage assuré par le nom propre.

Au courant des années 1980, c'est précisément sous l'effet d'apports s'appuyant sur la logique du nom propre que la théorie de la fiction a connu un renouvellement considérable, envisageant la fiction comme « monde possible » alternatif au monde « actuel » ou réel. Dans *Univers de la fiction*, ouvrage pionnier intégrant les apports de la philosophie logique afin de proposer des modèles alternatifs aux formalismes et à l'herméneutique structuraliste, Thomas Pavel mobilisait ainsi la théorie kripkéenne du nom propre comme désignateur rigide à la croisée de mondes possibles pour théoriser la circulation de personnages entre divers univers réels et/ou fictionnels[10]. S'appuyant sur un demi-siècle de théories de la fiction dans un plaidoyer pour la reconnaissance de la « nécessité cognitive, conceptuelle et politique des frontières [de la réalité et] de la fiction », Françoise Lavocat mobilise elle-aussi la théorie de Kripke dans le cadre d'une élaboration théorique des limites distinctes du (des) « monde(s) possible(s) » de la fiction et du monde factuel[11]. Entendant « fonder philosophiquement l'hypothèse de l'existence des mondes et des êtres fictionnels », la théoricienne de la littérature prélève dans la pensée kripkéenne la théorie des mondes possibles afin de « poser la question de la qualité ontologique des mondes (réels, factuels, fictionnels, alternatifs, virtuels)[12] ». Aussi productive soit-elle pour la théorie de la fiction, notamment par sa caractérisation de divers plans de réalité à travers la notion de « monde de référence » fictionnel ou actuel[13], cette application de la théorie des mondes possibles à la fiction, parce qu'elle se focalise sur les apports narratologiques de la logique du nom propre sans considérer les conséquences plus générales de la théorie de la référence directe, continue d'opérer sous les auspices d'une théorie descriptiviste du nom propre et de la réalité. En d'autres termes, cette approche considère la réalité comme un donné brut préexistant à tout processus discursif, pure présence se donnant de manière transparente et universelle dans une évidence perceptuelle. La détermination de la logique du réel et du virtuel, du nécessaire et du contingent, est négligée au profit d'une détermination de critères

---

9   *D*, §10.
10 *Cf.* Thomas Pavel, *Univers de la fiction*, Paris : Seuil, 2017 [1988], pp. 56-74.
11 *Cf.* Françoise Lavocat, *Fait et Fiction. Pour une frontière*, Paris : Seuil, coll. Poétique, 2016, en particulier pp. 386-96 et p. 405. Citation p. 12.
12 *Ibid.*, p. 394.
13 Voir en particulier *ibid.*, p. 386-396.

phénoménologiques et ontologiques raffermissant une frontière de nature entre fait et fiction.

Ma démarche consiste au contraire à explorer jusqu'au bout les conséquences de la théorie de la référence directe, telle qu'elle est notamment élaborée par Jean-François Lyotard, sans ressaisir les apports de la logique du nom propre dans une pensée essentialiste. Comme nous allons le voir, Lyotard montre que le nom propre est une charnière nécessaire à l'embranchement d'opérations de désignation et de signification. Dans *Le Différend*, il démontre que c'est précisément par l'embrayage de ces opérations que la réalité est établie[14]. Le nom propre, désignant fixement le même référent de phrase en phrase, garantit la continuité de la réalité à travers l'espace et le temps. Mais il est d'une charnière de pouvoir s'enrayer, voire se dégonder. Ainsi, la théorie du nom propre développée par Lyotard, qui, rend compte aussi bien des procédures d'établissement de la réalité que des procédures permettant sa négation, sa suspension, son trouble, explique comment la réalité non seulement peut être établie, mais peut aussi « dérailler » – être niée, mise en doute, infléchie, faussée. Ainsi, la démarche de ce travail n'engage pas tant une phénoménologie de la fiction qu'une logique de la réalité. À travers la pensée lyotardienne du nom propre et de la référence, il mobilise un outil précis pour décrire les processus d'établissement de la « réalité » d'un monde de référence – indépendamment de sa nature factuelle ou fictionnelle, et sans nullement nier l'importance de cette distinction. Si ce cadre méthodologique se prête à des applications très larges dans le champ des études culturelles, c'est à travers l'observation de perturbations littéraires et artistiques des mécanismes d'articulation du nom propre que je proposerai ici de mener l'analyse des soutènements logiques de la réalité.

En effet, parce qu'il est ainsi situé au point d'embrayage de la désignation et de la signification, du monde perçu et de ses attributs linguistiques, le nom propre est aussi situé au carrefour des arts visuels et des arts du langage : il est un prisme privilégié à travers lequel observer diverses modalités médiales de l'établissement de la réalité, ainsi que diverses réalités ainsi établies. Inversement, la littérature et les arts sont des lieux privilégiés d'une exploration de la matérialité et du fonctionnement pragmatique du nom propre. Ils peuvent y apporter toutes sortes de complications, se faire le laboratoire où s'imaginent des réalités inouïes. Les avant-gardes littéraires et artistiques ont achevé de faire chanceler la stabilité rassurante du nom propre comme garant d'un référent avec lequel il coïncide fixement et qu'il dote de réalité, en proclamant la

---

14 Jean-François Lyotard, *Le Différend*, Paris : Minuit, 1983, section « le référent, le nom », p. 56-92. [*D*].

mort du personnage, la mort de l'auteur, en semant le trouble dans la coïncidence du nom et du pronom, ou encore en distordant la relation du dit et du perçu dans toutes les nuances du spectre logique – que ce soit, comme Magritte, sous l'aspect de la contradiction dénonçant *La Trahison des images* ou, comme Joseph Kosuth, sous l'aspect de la tautologie – *Four colours four words*. Ce travail explore les œuvres d'auteurs et artistes s'inscrivant dans des disciplines diverses et souvent hybrides, qui ont en commun de mettre le nom propre au cœur de leur pratique artistique pour remettre en question sa supposée transparence par une désarticulation de son fonctionnement pragmatique. Par leur travail singulier du nom propre, les artistes convoqués situent tous leurs travaux au cœur de questionnements sur l'identité et la singularité, sur la nature même du sujet et de son inscription dans le monde, sur les nœuds dont est tissée la réalité. Une fois actée cette non-coïncidence essentielle du nom et de son référent, il ne s'agira toutefois pas d'interroger la manière dont ces auteurs se réapproprient ce nom arbitraire en le faisant signifier ou en le transformant en signature, comme l'on fait chacun à leur manière Philippe Bonnefis dans *L'Innommable* et *La Chose capitale* ou encore Jacques Derrida dans *Signéponge*, ni d'envisager, comme l'a fait Claude Burgelin dans *Les Mal nommés*, les manières dont le rapport problématique au patronyme peut ouvrir une destinée d'écriture[15]. Il ne s'agit pas d'interroger les motifs et les enjeux d'une relation personnelle à la langue mise à l'épreuve de cette nomination primordiale travaillant le corps d'un texte, mais bien plutôt, par l'observation des mécanismes référentiels du nom propre et des distorsions que leur infligent les auteurs et artistes du corpus, de s'interroger sur les procédures logiques, médiales, ou encore historico-politiques d'établissement de la réalité. L'enjeu de ce travail dépasse donc le seul cadre de l'identité factuelle ou fictionnelle telle qu'elle se fait jour dans les écritures de soi, dont le renouvellement au prisme du nom propre a récemment été analysé au fil d'études coordonnées par Yves Baudelle et Elizabeth Nardout-Lafarge[16]. Interroger le nom propre et sa référentialité au miroir de la littérature et des arts consistera ici à interroger la trame de notre inscription dans le « réel », pour en sonder les motifs ainsi que les possibles évolutions à l'heure où les sociétés glissent de modalités analogiques à des modalités numériques de la médiation, mais aussi pour faire

---

15 *Cf.* Philippe Bonnefis et Alain Buisine (dir.), *La Chose capitale. Essai sur les noms de Barbey, Barthes, Bloy, Borel, Huysmans, Maupassant, Paulhan*, université de Lille 3, 1981 ; Philippe Bonnefis, *L'Innommable. op. cit.* ; Jacques Derrida, *Signéponge*, Paris : Seuil, 1988 ; Claude Burgelin, *Les Mals nommés. Duras, Leiris, Calet, Bove, Perec, Gary, et quelques autres*. Paris : Seuil, 2012.

16 Yves Baudelle et Elizabeth Nardout-Lafarge (dir.), *Nom propre et écritures de soi*, Montréal : Presses de l'Université de Montréal, 2011.

apparaître ce que l'apparence aveuglante du nom propre dans sa rigidité repousse aux limites de la perception, comme l'abîme caché derrière la singularité du nom, ou l'irréalisation d'autres réels possibles. Troublées, suspendues, potentielles, ou anonymes, les réalités reflétées au fil de ce parcours sont mises à l'épreuve de la pseudonymie constitutive du nom propre, exacerbée par le questionnement implacable de l'art.

Revenons plus en détail à la pensée du nom propre et de son lien à l'établissement de la réalité élaborés par Jean-François Lyotard. Désignateur rigide, le nom propre fonctionne comme un quasi-déictique, qui cheville le langage au champ perceptible. « Les déictiques sont des désignateurs de réalité » : ils rapportent les instances présentées par l'univers de la phrase actuelle (destinateur·rice, destinataire, référent) à une « origine spatio-temporelle » : « je-ici-maintenant ». Ce faisant, avance Lyotard, « [ils] désignent leur objet comme une permanence extra-linguistique, comme une 'donnée'[17]. » Mais cette « origine spatio-temporelle », cette réalité perceptive désignée par le déictique, n'a aucune permanence : à la phrase suivante, ces pôles pragmatiques ont déjà été intervertis, l'univers de la phrase a changé, présentant une autre origine spatio-temporelle, une autre réalité. L' « origine » que désigne le déictique « apparaît et disparaît avec cet univers, et donc avec cette phrase ». Le nom propre étant un *quasi*-déictique, il a au contraire la capacité de désigner fixement son référent à travers les variations contextuelles (variations d'univers de phrase) : « indépendant de la phrase 'actuelle' », il désigne toujours le même référent, parce qu'il reste invariable[18]. Si « je » peut désigner tantôt Marie, Simone ou Jacques, « Marie Dupont » ne peut désigner qu'un seul individu qui a été « baptisé » ainsi – et ce même s'il y a des dizaines de milliers de « Marie Dupont » sur terre, et y compris après sa mort. De même, si « ici » peut désigner tantôt ma chambre, Rome, ou un continent imaginaire, « Rome » désignera toujours, à travers toutes les définitions possibles (y compris métaphoriques) associées à ce nom, le même lieu, caractérisé par une longitude et une latitude spécifiques. Le nom propre, ainsi défini comme « désignateur rigide », possède donc une double qualité : il peut désigner directement son référent en contexte, tout en demeurant fixe à travers la suite des phrases et la variation de ces contextes dans le temps et l'espace[19]. Marque pure de désignation indépendante du contexte de la phrase « actuelle », il est également indépendant, *de par son aspect déictique,* de toute signification : « il

---

17   *D*, §50.
18   *D*, §57.
19   *Cf. D*, §58. *Cf.* Geoffrey Bennington, *Lyotard : Writing the Event,* New York : Columbia University Press, 1988, p. 120.

n'est pas plus que [le déictique] l'équivalent abrégé d'une description définie ni d'un faisceau de descriptions[20] ». Arbitrairement reçus, les noms ne fournissent aucune indication quant à l'essence de ce qu'ils nomment : « On dit [...] *Ceci est Rome*, 'après' quoi on se demande ce que c'est, on essaie de définir le nommé[21]. » La nomination précède la définition, pour l'attribution de laquelle elle est une condition *a priori* et *sine qua non*. Ainsi, la catégorie du nom propre n'est plus définie selon un critère sémantique (identité du sens entre t et $t+1$), mais selon un critère pragmatique (identité du référent).

La rigidité du désignateur ne se limite pas au seul rapport du nom à son référent : elle caractérise également les rapports des noms propres entre eux. Entre *Rome* et *Bologne*, il existe une distance elle-aussi désignée rigidement par une unité de mesure inaltérable[22]. Ceci permet à Lyotard de définir l'ensemble des noms propres comme un réseau de rapports inaltérables formant ce qu'il nomme un « monde » fixe et indépendant des variations contextuelles. Ce « monde » des noms non plus ne constitue pas en soi la réalité, mais il en est la condition de possibilité : « *la possibilité de la réalité, y compris celle du sujet, est fixée dans des réseaux de noms 'avant' que la réalité se montre et se signifie dans une expérience*[23]. » Agencé comme un ensemble de phrases nommant des « objets d'histoire », le « monde » des noms se distingue du « champ » qui consiste en un ensemble de phrases désignant des « objets de perception », objets extra-linguistiques auxquels réfèrent des déictiques[24]. C'est l'embrayage, au sens mécanique du terme, du champ, du monde et du sens, qui constitue la réalité selon Lyotard, le nom propre étant la cheville qui permet son établissement. En tant que cheville, le nom propre garantit l'identité du référent de phrase en phrase, assurant ainsi des espaces-temps stables et communs. « Le référent est réel qui est déclaré le même dans ces trois situations : signifié, nommé, montré. Ainsi, respectivement : dans un camp d'internement, il y a eu extermination en masse par chambre à zyklon B ; il s'appelle Auschwitz ; le voici. Une quatrième phrase déclare que le référent signifié, le référent nommé et le référent montré sont le même[25]. » Pour que la réalité d'un référent soit établie, il faut qu'une phrase ostensive (« le voici ») présente comme donné le référent d'une phrase nominative (« il s'appelle Auschwitz ») dont le sens est donné dans une phrase descriptive (« dans un camp d'internement, il y a eu

---

20   *D*, §57. Lyotard se distingue ainsi clairement des différentes thèses qui envisagent le nom propre comme étant « riche de sens ».
21   *D*, §59.
22   *Cf. D*, §59.
23   *D*, §72, mes italiques.
24   *D*, §81.
25   *D*, §65.

extermination en masse par chambre à Zyklon B »). L'embrayage est complet lorsqu'une quatrième phrase garantit l'identité du référent dans ces trois instances. Ayant la capacité d'assurer la persistance du référent à travers les phrases dont la séquence permet l'établissement de la réalité, le nom propre assure la congruence *a priori*, à travers différents univers de phrase, du référent montré en contexte et du référent signifié en discours.

La thèse de Lyotard renverse donc totalement le présupposé qui veut que la réalité soit une donnée, le résultat d'une expérience. La réalité est le fruit de procédures d'établissement, où le nom propre a un rôle de charnière. Ceci a des conséquences majeures, que nous n'aurons de cesse de rencontrer au fil des œuvres étudiées : ces procédures n'établissent pas la réalité une fois pour toutes, mais la désignent bien au contraire comme incertaine et instable.

Première conséquence : « La réalité n'est jamais certaine[26]*», ni établie une fois pour toutes.* En effet, le nom opère comme la cheville nécessaire à l'établissement de la réalité. Mais il n'est pas *nécessaire* que le nom agisse comme une cheville et dote son référent de réalité : le lien entre ces trois dimensions de nomination, d'ostension et de description peut toujours être remis en question, ce qui implique l'instabilité constitutive de la réalité. L'identité du référent des trois phrases qui sont nécessaires à son établissement (phrase ostensive, phrase nominative, phrase descriptive) n'est pas constatée une fois pour toutes, immuablement, mais doit « être affirmée 'chaque fois'[27] ». Cette articulation n'étant pas nécessaire, mais contingente, la réalité est instable[28], c'est-à-dire incertaine.

Deuxième conséquence : La réalité établie est l'actualisation d'un possible parmi d'autres. Lyotard affirme que le champ (constitué d'objets de perception, montrés) comme le monde (constitué d'objets d'histoire, nommés) sont tous deux « creusés » par la négation d'autres sens possibles. Chaque référent (aussi bien montré que nommé) s'accompagne donc d'un « 'essaim' de sens possibles » dont la quantité et la qualité est indéterminée[29]. Non pas que les sens possibles soient « préinscrits » dans l'objet, comme l'entendrait une logique sémantique essentialiste qui veut qu'un nom propre résume un faisceau de

---

26   *D*, §66 (mes italiques).
27   *D, ibid.*
28   Comme le résume Geoffrey Bennington : La réalité selon Lyotard n'est « ni simplement donnée et attendant une transcription plus ou moins adéquate, ni produite comme par magie par un acte démiurgique de création de la part du·de la locuteur·rice, mais elle est un état instable attribué aux référents sur la base d'opérations de nomination, d'ostension et de description. » in *Lyotard : Writing the Event,* New York : Columbia University Press, 1988, p. 121 (ma traduction).
29   *D*, §84.

sens : « [l]e prédicat *passe le Rubicon* » n'est pas « préinscrit dans la notion de *César* ». Il faut dire au contraire qu'en 49 av. JC, la déclaration « Jules César franchit le Rubicon avec ses légions armées » est introduite dans l'ordre du cognitif, alors qu'elle était seulement possible auparavant : la coïncidence contingente de l'ostension et de la nomination à l'instant t (ici 49 av. JC) pose alors la réalité comme « l'interdiction de nier un sens » en $t+1$, tout en plaçant « tous les sens contraires en position de possibles[30] ». Jules César aurait pu ne pas violer la loi du Sénat Romain. C'est comme par un effet en retour de la contingence du futur que la réalité établie recouvre des réalités alternatives possibles : l'actualisation d'un possible parmi d'autres masque une foule d'autres possibles demeurés à l'état de virtualités. Ceci implique également que le nom propre se trouve au carrefour de plusieurs réalités possibles.

Troisième conséquence : « La réalité comporte le différend[31] ». Recouvrant d'autres réalités alternatives possibles, le nom propre, à leur carrefour, ancre aussi le différend au cœur de la réalité. Pour le comprendre, il convient de ressaisir la question du nom propre dans l'économie générale du *Différend* et à la pensée de la phrase qu'y développe Lyotard. Comme le suggère le sous-titre de « *Phrases in Dispute* », donné à la traduction anglaise par George Van Den Abbeele, le différend est localisé dans le conflit des phrases. Une phrase se définit en ce qu'elle présente quatre éléments ou pôles : le référent (« ce dont il s'agit, le cas ») ; le sens (« ce qui est signifié du cas ») ; l'instance destinatrice et l'instance destinataire[32]. Chaque phrase obéit à un ensemble de règles qui constitue son régime, et qui est subordonné à son but : « raisonner, connaître, décrire, raconter, interroger, montrer, ordonner, etc[33]. » Il est nécessaire d'enchaîner les phrases les unes aux autres. Deux phrases de régime hétérogène sont liées, articulées selon certaines règles d'enchaînement dictées par un genre de discours. Ainsi :

> Deux phrases de régime hétérogène ne sont pas traduisibles l'une dans l'autre. Elles peuvent être enchaînées l'une à l'autre selon une fin fixée par un genre de discours. Par exemple, dialoguer enchaîne une ostension (montrer) ou une définition (décrire) sur une interrogation, l'enjeu étant que les deux parties tombent d'accord sur le sens d'un référent. Ces genres de discours fournissent les règles d'enchaînement de phrases

---

30   *D*, §90.
31   *D*, §92.
32   *D*, §25.
33   *D*, « Fiche de lecture », p. 10.

hétérogènes, règles qui sont propres à atteindre des buts : savoir, enseigner, être juste, séduire, justifier, évaluer, émouvoir, contrôler...[34]

Il est donc nécessaire, pour enchaîner une phrase sur une autre, que l'enchaînement ait lieu au sein d'un genre de discours unique. Mais que se passe-t-il quand les deux phrases à enchaîner ne se laissent pas saisir dans un genre de discours unique, mais appartiennent irrémédiablement à des genres hétérogènes ? C'est cette situation que Lyotard définit comme un différend, à savoir un conflit entre deux parties dont les moyens d'articulation sont radicalement hétérogènes, en sorte qu'il n'y a pas de règle commune qui pourrait trancher entre les deux. Faute d'une règle commune de jugement, le conflit ne peut pas être résolu, ou même phrasé, sans que l'une des parties ne subisse un tort. A la différence d'un « dommage », qui « résulte d'une injure faite aux règles d'un genre de discours », et qui est donc « réparable selon ces règles », « un tort résulte du fait que les règles du genre de discours selon lesquelles on juge ne sont pas celles du ou des genres de discours jugé(s)[35]. » Entendue dans un genre de discours qui est hétérogène au sien, la victime du tort est privée des moyens de témoigner et de prouver, d'établir la réalité du tort qu'elle a subi : elle est réduite au silence.

Le nom propre assure *a priori* la coïncidence du référent montré en contexte et du référent signifié en discours à travers les différents univers de phrase. Ainsi, ce ne sont pas les phrases qui situent les noms, mais, comme le souligne Bill Readings, ce sont les phrases qui s'agglutinent autour des noms, et se disputent leur utilisation. Portail ouvrant vers d'autres « univers possibles » pour lesquels il constitue une « permanence indépendante », il peut *a priori* recevoir une infinité de sens possibles. Cela signifie qu'une infinité de phrases peut venir s'attacher au nom propre, qui est dès lors, toujours selon Bill Readings, « le lieu d'un conflit entre différents genres d'enchaînement : descriptif, prescriptif ('Sois comme Washington') etc[36]. » Parce que l'inflation des sens qu'il se voit attachés n'est bornée que par les règles de la logique, et parce qu'il permute selon différentes instances (selon qu'il est dans la phrase en position destinatrice, destinataire ou de référent), le nom propre est nécessairement au carrefour de plusieurs régimes ou genres de discours hétérogènes. C'est pourquoi il est aussi au cœur du différend.

---

34 *Ibid.*
35 *Ibid.*, p. 9.
36 « the locus of a clash of different genres of linking: descriptive, prescriptive ('Be like Washington') and so on. » Readings, *Introducing Lyotard*, p. 120 (ma traduction).

On commence à apercevoir, au fil des implications du renversement lyotardien énumérées ici, l'une des conséquences extrêmement concrètes, historiques, juridiques, politiques, de cette thèse qui retrace les mécanismes d'établissement de la réalité autour du nom propre, et dont l'écho résonne particulièrement à l'ère dite de la « post-vérité ». En effet, Lyotard ancre sa démonstration des procédures d'établissement de la réalité, et tout l'enjeu du *Différend*, dans une pensée du négationnisme, en prenant pour exemple de l'embrayage des opérations de nomination, d'ostension et de signification le cas de la réalité d'Auschwitz en général, et des chambres à gaz en particulier. L'historien négationniste argue de l'impossibilité de produire un seul témoin ayant vu de ses yeux les chambres à gaz en fonctionnement, selon une restriction des critères d'établissement de la vérité que Lyotard résume de la sorte : « L'argument est : pour identifier qu'un local est une chambre à gaz, je n'accepte comme témoin qu'une victime de cette chambre à gaz ; or il ne doit y avoir, selon mon adversaire, de victime que morte, sinon cette chambre à gaz ne serait pas ce qu'il prétend ; il n'y a donc pas de chambre à gaz[37]. » Pour qu'un témoin puisse établir la réalité des chambres à gaz selon les critères restreints que le négationniste édicte fallacieusement comme les seuls recevables pour juger, c'est-à-dire puisse produire une phrase ostensive présentant le référent de la phrase cognitive « à Auschwitz il y a eu extermination de masse par chambre à zyklon B », ce témoin devrait être mort – et donc privé des moyens de témoigner. En s'appropriant l'hégémonie du genre de discours où l'on juge, le négationniste prive les victimes des moyens d'établir la preuve du tort qu'elles ont subi, et rend leur témoignage nul et non avenu – du moins selon les règles et enjeux du genre de discours qu'il cherche à imposer. Ainsi fonctionne le négationnisme : il fait disjoncter l'embrayage, autour du nom, de la phrase ostensive et de la phrase cognitive, interdisant l'établissement de la réalité, où énonçant sa propre réalité « alternative ». *Le Différend* n'est pas seulement une élaboration philosophique rigoureuse des modalités de l'établissement de la réalité, c'est aussi, par extension, une étude produisant des outils permettant de comprendre (et donc contrer) les mécanismes et enjeux de sa négation ou de sa distorsion possible.

Enfin, l'élaboration conceptuelle du nom propre proposée par Lyotard engage une dernière conséquence en termes d'identité et de subjectivité : *le nom propre, garant de l'identité, masque le différend qui en est constitutif.* La « rigidité vide du nom propre » pose une dernière question en termes d'identité et de subjectivité. Nous l'avons vu, Lyotard affirme dans *Le Différend* que « la possibilité de la réalité, *y compris celle du sujet*, est fixée dans des réseaux de noms

---

[37] *D*, §2.

'avant' que la réalité se montre et se signifie dans une expérience. » Pour Lyotard, l'identité de la personne selon qu'elle est positionnée dans l'univers de phrase comme instance destinatrice, destinataire ou référent est garantie par le nom. Depuis Emile Benveniste, on localise la subjectivité « dans le langage », et plus particulièrement dans les déictiques[38]. Il n'y a de subjectivité que dans l'instant même où je prononce « je ». En effet, les déictiques n'indiquent une permanence extra-linguistique que dans un acte d'énonciation qui entraîne ce référent avec lui dans sa disparition. Il n'y a de permanence de l'identité que par un effet du nom propre, qui prête sa rigidité au référent à travers le temps, à travers la séquence des phrases et l'alternance des pronoms qui se substituent au nom[39]. Rien ne m'assure pourtant que « je » sois le même entre ces diverses occurrences de mon nom propre, que ce soit entre les moments où il prend place successivement comme instance destinatrice, destinataire ou référent dans un enchaînement de phrase, ou entre deux occurrences où il est situé comme instance destinatrice. La rigidité du nom propre comme désignateur garant de l'identité fait écran au différend qui en est constitutif. L'intrication du nom propre et de l'intrigue pragmatique constitutive de la subjectivité, de l'identité personnelle, laisse deviner une nappe d'ombre et d'incertitude étendue sous la certitude du nom, qui est, certes, un désignateur rigide, mais aussi un désignateur opaque. La « réalité » du sujet, la permanence de son identité de phrase en phrase, est elle-aussi instable et incertaine – la coïncidence absolue et transparente du sujet et du nom, la propriété du nom propre, n'étant qu'une « exigence et illusion métaphysique »[40].

La démarche de Lyotard s'oppose donc à une compréhension de la réalité comme une donnée à décrire, comme pure présence et évidence s'offrant à l'aperception d'une conscience continue. Comme Derrida, Lyotard ancre sa pensée du nom propre dans une démarche de récusation d'une « métaphysique du propre » – tout en maintenant dans son cadre analytique, contrairement au premier, une pensée de la référence. En effet, Derrida, dans le sillage de la linguistique saussurienne, évacue la question de la référence au profit de la notion de « renvoi » au sein d'un système de signes[41]. L'arbitraire du signe implique que le signifiant est émancipé de son « attache naturelle avec le signifié dans la réalité[42] ». Plus qu'une attache, le lien du signifiant et du signifié relève plutôt d'une « trace immotivée » qui ne relie pas tant le signifiant à

---

38 Émile Benveniste, « De la subjectivité dans le langage », in *Problèmes de linguistique générale, 1,* Paris : Gallimard, 1966, p. 264.
39 *D*, §57.
40 *D*, §55.
41 Jacques Derrida, *De la grammatologie,* Paris : Minuit, 1967, p. 16 [*G*].
42 *G*, p. 68.

la présence d'un signifié dans la « réalité » (dans un champ perceptible) qu'à l'absence d'autres signifiants dans une structure linguistique différentielle. Derrida montre que le système des signes est indépendant de la présence de la chose[43]. Il n'y a pas de signifié transcendantal, pas de Dieu, mais pas non plus de sujet, qui soit le siège de la présence pleine, le garant de la proximité immédiate de la chose au signe, de soi à soi. La trace n'est pas dérivée d'une présence, ni n'est la marque fantomatique d'une présence évanouie : elle est au contraire originaire, archi-trace, non-origine constituant en retour l'origine dont le concept est dès lors d'emblée raturé. Et cette trace, qui invalide toute possibilité du propre comme pure proximité à soi sans médiation du dehors, institue en même temps la notion même de propriété, de dedans, et de dehors, en ouvrant l'espace et le temps – ce que Derrida nomme « l'espacement[44] ». Pas d'extériorité, pas de « champ » au sens de Lyotard, sans écriture, sans l'archi-écriture et l'archi-trace. Chez Derrida, il semblerait que la référence soit toujours déjà engloutie par la différance, et par là rendue nulle et non avenue, remplacée en tant qu'opération par la « structure du renvoi[45] » : c'est en ce sens qu'on passe d'un modèle logique, corollaire d'une théorie de la référentialité et, par extension, de la vérité, à un modèle privilégiant l'approche sémiotique de Pierce, qui ne connaît pas de hors-texte. Là où Derrida et Lyotard observent le même fonctionnement évanescent des déictiques, ils en tirent en effet des conclusions opposées. Lyotard s'appuie sur le constat d'une impermanence de l' « origine extra-linguistique[46] » pointée par le déictique au moment de l'énonciation pour déplacer sur le nom propre en tant que *quasi*-déictique la fonction de l'établissement de la réalité comme embrayage d'opérations relevant du champ des objets de perception et du monde des objets d'histoire, quand Derrida s'y appuie au contraire pour liquider le concept de présence et faire basculer l'ensemble du « donné » dans l'écriture, allant jusqu'à étendre l'impossibilité d'une référentialité, au sens d'une désignation « propre », à tout mode de certitude sensible, qu'il soit nominal, pronominal ou même pré-nominal[47]. Même l'indication « pure », non-verbale, relèverait déjà de l'écriture, originaire de l'expérience de l'espace et du temps. Dans cette perspective, la

---

43   *G*, p. 70.
44   *G*, p. 99.
45   Geoffrey Bennington dans *Derridabase*, in *Derrida*, Geoffrey Bennington et Jacques Derrida, Paris : Seuil, 2008, p. 93.
46   *D*, §50.
47   Derrida suggère en note : « Il faudrait peut-être [...] se demander s'il est légitime de se référer encore à la propriété pré-nominale du « montrer » pur, si l'indication pure, comme degré zéro du langage, n'est pas un mythe toujours déjà effacé par le jeu de la différence ». *G*, p. 160.

« réalité » est à la fois partout et nulle part : partout au sens où on la confondrait avec l'écriture et sa structure de renvois ; nulle part si l'on entend par « réalité » la présence ou présentation du référent coïncidant avec le signe qui réfère à lui[48].

Dans cette économie derridienne de l'écriture, le nom propre, loin d'être l'index de la singularité essentielle d'un individu, loin de référer à un sujet singulier et originaire au-delà ou en-deçà d'une supposée secondarité linguistique, n'échappe donc pas à la textualité. Marque différentielle situant son porteur comme position dans un système clos, il doit désigner un individu à l'exception de tous les autres, y compris à travers les variations spatio-temporelles et en l'absence de ce porteur[49]. Les fonctions de signification et d'indication s'affaissent dans une fonction commune de classification, dans une structure de renvois. Si le nom propre réfère, c'est toujours à une trace, et ce sur deux bords : la trace des autres noms qu'il n'est pas, et la trace de son oblitération, de la rature qui le constitue. Pour Derrida, la trace originaire comme production/oblitération du nom propre, qui est « l'ouverture de la première extériorité en général[50] », est corollaire d'une violence : « Nommer, [...] telle est la violence originaire du langage qui consiste à inscrire dans une différence, à classer, à suspendre le vocatif absolu. Penser l'unique *dans* le système, l'y inscrire, tel est le geste de l'archi-écriture : archi-violence, perte du propre, de la proximité absolue, de la présence à soi, perte en vérité de ce qui n'a jamais eu lieu[51] ». Parce qu'il voit sa propriété oblitérée dès l'instant où elle s'énonce, il n'y a de nom propre, il n'y a même de pronom, que comme catachrèse, cette figure de style désignant un cas spécifique de métaphore où le terme qualifiant le comparé, le « propre », a disparu, ne laissant plus pour qualifier son objet que la figure du comparant[52]. Cette vocation catachrestique de toute désignation est la même qui frappe le sujet, dès lors qu'il est intrinsèquement et constitutivement pris dans l'écriture[53]. S'il est la promesse rassurante et trompeuse de la transparence et de l'identité du sujet à soi-même, le nom propre n'est jamais qu'un substitut du propre, prête-nom, pseudonyme.

---

48   *Cf.* Bennington, *Derridabase*, p. 102.
49   *Ibid.*, p. 128.
50   G, p. 103.
51   G, p. 164.
52   *Ibid.*, p. 114-115.
53   G, p. 100-101 : « Par le mouvement de sa dérive, l'émancipation du signe constitue en retour le désir de la présence. Ce devenir – ou cette dérive – ne survient pas au sujet qui le choisirait ou s'y laisserait passivement entraîner. Comme rapport du sujet à sa mort, ce devenir est la constitution même de la subjectivité. A tous les niveaux de la vie, c'est-à-dire dans l'économie de la mort. Tout graphème est d'essence testamentaire ».

Et pourtant, la question du nom propre ne se dissout pas dans le cadre grammatologique. Dans plusieurs textes ultérieurs, Derrida revient sur la question de la référence, ramenée précédemment à la structure du renvoi, pour compliquer le cadre grammatologique d'une pensée s'appuyant sur l'apophatique de la théologie négative. Dans *Psyché I : Inventions de l'autre*, le nom de Dieu est décrit comme une sorte de « méta-nom », condition de tous les autres noms qu'il semble contaminer de sa structure indéterminée : « Voilà ce que nomme toujours le nom de Dieu, avant ou par-delà les autres noms : la trace de ce singulier événement qui aura rendu la parole possible avant même que celle-ci ne se retourne, pour répondre, vers cette première ou dernière référence[54]. » Le nom propre, qui dans *De la grammatologie* était le sceau d'une dépropriation, est désormais envisagé sous l'aspect complémentaire, « de l'autre côté », de ce qui *appelle* : un événement (l'espacement, ou le don du nom), dont Derrida s'empresse de préciser qu'il relève d' « un passé qui n'a jamais été présent et reste donc immémorable », nous enjoignant malgré son immémorabilité : « Ordre ou promesse, cette injonction (m')engage de façon rigoureusement asymétrique avant même que j'aie pu, moi, dire *je*, et signer, pour me la réapproprier, pour reconstituer la symétrie, une telle *provocation*[55]. » Le nom n'est pas seulement ce qui, marquant mon entrée dans la différance, me déproprie : il est aussi ce qui, « donné » par l'autre, m'enjoint à une réponse, m'endette. Ces deux aspects irréconciliables doivent pourtant être pris ensemble, dans une oscillation des perspectives, qui trouve sa forme privilégiée dans le dialogue mimé par *Sauf le nom*. Il y va d'un mouvement qui déborde le langage et dit « l'inadéquation de la référence[56] ». Le nom propre recouvre l'abîme incommensurable qui sépare l'écriture et son autre, distingue le renvoi d'une certaine « *férence* », ou encore dissocie « la révélation, la connaissance d'une part et, d'autre part, un certain secret absolu, non provisoire, hétérogène à toute manifestation[57]. »

Le nom propre pose ainsi un problème crucial au carrefour de l'écriture et de son « autre ». Au carrefour, ou plutôt aux bords : la référence se dérobe et déborde le langage, déborde l'expérience dans le retrait absolu du secret[58]. Le nom propre, loin de marquer seulement la dépropriation du propre à l'intérieur d'un système différentiel de renvois, marque ici une altérité caractérisée par ce retrait. Or cette altérité est d'un événement qui a *déjà eu lieu* : le nom propre est l'écran qui atteste dans le langage, sur son bord, d'un événement

---

54   Jacques Derrida, *Psyché : Inventions de l'autre,* Paris : Galilée, 1998 [1987], p. 168 [*P*].
55   *P*, p. 169.
56   *SN*, p. 62
57   *SN*, p. 61.
58   *SN*, p. 65.

inaccessible à tout langage, innommable. *Sauf le nom* fait droit à une altérité radicale impossible, inaccessible : comme le Dieu de la théologie négative à laquelle Derrida emprunte son raisonnement. Quand bien même on peut tenter de s'en approcher, on manquera toujours Dieu. Le secret se dérobe derrière le bord qu'il déborde, en retrait derrière le trait. On parle du nom, non pas du secret, mais on parle en même temps du secret innommable à travers le nom. La voie apophatique, qui nie la possibilité d'une connaissance positive de dieu, atteste toutefois de Dieu par la négative, faisant de l'aporie du nom un paradoxal lieu de passage[59].

Malgré leurs divergences, Derrida et Lyotard identifient tous deux une double fonction du nom propre : condition de possibilité de la continuité de la réalité et d'un système discursif, il marque en même temps le lieu d'une altérité absolue, étrangère à toute articulation. Jean-François Lyotard place le nom propre en position de charnière de deux phrases de régimes hétérogènes (la désignation et la signification). Cette charnière est logiquement « antérieure » à toute expérience, à toute subjectivité. C'est le réseau des noms qui est la condition de possibilité de toute expérience de la réalité, et dont les rapports structurent l'espace et le temps. Chez Derrida, le signe est « l'unité d'une hétérogénéité » qui doit tenir ensemble deux dimensions qui n'ont jamais coïncidé, puisqu'il n'y a pas de parole pleine[60]. Le signe, c'est-à-dire en premier lieu le nom propre, puisque sa production, concomitante de son oblitération, ouvre l'écriture. Si, chez Lyotard, le réseau des noms rend possible toute expérience de la réalité, le nom propre chez Derrida ouvre également le champ de l'expérience – ce concept devant chez ce dernier être toujours déjà mis sous rature, puisqu'il désigne le rapport à une présence et appartient donc à l'histoire de la métaphysique. En dépit des différences irréductibles qui caractérisent leurs approches, Derrida comme Lyotard semblent ainsi faire du nom propre un désignateur vide de sens dont la brisure ajointe des hétérogénéités, situant son porteur de manière différentielle dans un réseau de noms tout en masquant l'illusion métaphysique d'une présence à soi continue propre au sujet, mais ouvrant également à l'énigme d'une insondable altérité, préalable à toute ipséité.

Outre la structure d'embrayage logique des opérations de nomination, désignation et signification par laquelle la réalité est établie, qui dessine le cadre méthodologique de ce travail, pourquoi insister sur cette double structure – structure différentielle dans un système, structure d'un secret se faisant jour indirectement du fond d'un retrait insondable – qui caractérise le nom

---
59   *Cf. SN*, p. 109.
60   *G*, p. 31.

propre ? La description d'une « brisure » ajointant des hétérogénéités (transparence du système ; opacité du secret) semble s'inscrire dans un paysage commun de la pensée corollaire du « tournant langagier », notamment dans son versant cybernétique. Or il semblerait aujourd'hui que le renforcement accéléré de la clôture systémique du langage, transformé en bits d'informations sous l'effet du développement exponentiel des technologies de la communication, menace d'induire l'oubli du secret, oubli dont les conséquences restent à interroger.

Dans le sillage de la grammatologie derridienne et anticipant les développements de *Psyche I* et autres textes ultérieurs, Levinas, dans l'avant-propos de ses *Noms Propres* (série de portraits capturant la pensée d'auteurs accompagnant sa réflexion, tels Derrida, mais également Buber, Celan, Kirkegaard, Proust, et bien d'autres) prenait acte en 1976 d'un bouleversement d'un certain mode d'intelligibilité, touchant à la nature même du langage et du lien au monde que l'on a eu coutume de lui assigner, et lié à une crise ontologique des fondements. Là où Dieu, le *cogito*, le monde, « depuis 25 siècles », « résistaient tour à tour à la fluence du temps et assuraient une présence au présent », voilà consommée, « après Auschwitz », la faillite (ou du moins la forte érosion) de l'humanisme, du sujet, de l'ontologie[61]. Le langage est à la dérive, la référence a levé l'ancre. La pensée, la parole, se scindent de la différence irréductible entre l'énoncé et l'énonciation, le signifié et le signifiant, différence creusant à jamais la présence, la proximité de soi à soi, la logique du Même qui est aussi logique de l'Un, du fondement – de l'essence et de toute identité. Dans ce décollement de l'être et des choses, le nom propre, qui ne devrait pas faire exception, constitue toutefois le siège possible d'un retrait privilégié, l'ultime bastion référentiel où continuer à penser, à parler : « Les noms de personnes dont le *dire* signifie un visage – les noms propres au milieu de tous ces noms et lieux communs – ne résistent-ils pas à la dissolution du sens et ne nous aident-ils pas à parler[62]? » Le nom propre, promesse de signifié réservée sous la circulation *indifférente* du signifiant, « signifie un visage » : il est, sur la peau du langage, le lieu de la rencontre avec Autrui m'éveillant à son mystère, l'ouverture de l'infini dans les limites finies de la totalité. Si mon propre nom ne m'est pas propre, du moins peut-être le nom d'autrui peut-il m'ouvrir à une réserve énigmatique de singularité, qui résisterait à l'équivalence généralisée, déshumanisée, des signes ? Levinas veut croire déceler, dans cette réserve du nom propre, « l'aube d'une

---

61   Emmanuel Levinas, *Noms propres. Agnon, Buber, Celan, Delhomme, Derrida, Jabès, Kierkegaard, Lacroix, Laporte, Picard, Proust, Van Breda, Wahl*, Montpellier : Fata Morgana, 1976, p. 9.
62   *Ibid.*, p. 9.

autre [*intelligibilité*][63]. » Sa propriété étant toujours impossible, emportée par la ruine du sujet, le nom propre demeure toutefois un index minimal et indirect, témoignant obliquement, comme chez Derrida, d'un innommable secret, rattachant in extremis le discours à la transcendance de l'Autre, prévenant le naufrage total de la réalité – la « fin du monde[64] ».

Or il semblerait aujourd'hui que cette singularité du nom propre, cette ouverture fragile à l'accueil de l'événement de l'Autre, aille toujours se réduisant, sous les assauts de l'idéologie de la communication et à son impératif d'efficience sous-jacents au développement techno-scientifique qui gouverne les sociétés occidentales contemporaines. Tenant à la singularité par le référent qu'il désigne, et à la systématicité par sa différence avec d'autres signifiants dans le système de la langue, le nom propre est situé au carrefour entre le propre et le commun, entre l'Autre et le Même. Là où le nom propre, chez Levinas par exemple, parvenait encore à s'opposer au nom commun comme le qualitatif (ou singulier) s'opposait au quantitatif (ou pluriel), l'écrivain Nicolas Bouyssi note que le nom propre est entraîné inexorablement dans la déhiscence généralisée des êtres et des choses par sa dégradation en stéréotype : « le nom propre est devenu commun[65] ». La fonction du nom propre en tant que réserve de singularité serait aujourd'hui, selon Bouyssi, en proie à un effritement constant : à l'ère de la communication de masse en flux tendu, « seul le commun va s'échanger afin que la communication soit efficace ». Le stéréotype est un effet de la logique cybernétique, qui vise à minimiser les pertes entre le signal de départ et le signal d'arrivée : « [d]'où l'importance des stéréotypes et des clichés dès qu'il s'agit de communiquer le plus vite possible avec le plus grand nombre[66]. » Ainsi, Bouyssi reconnaît dans la littérature et les arts contemporains une « esthétique du stéréotype », où le travail du nom propre occupe une place privilégiée[67]. La dégradation du nom propre en stéréotype attesterait-elle d'une érosion cybernétique du réel ? À l'heure où l'existence individuelle, jusque dans sa relation à autrui, est profilée par des traces numériques monétisables, conditionnée par des algorithmes, et où les gourous du trans-humanisme prédisent l'avènement de la « singularité » – autre nom de l'intelligence artificielle – à l'horizon 2045, la question du « propre » et du « commun », et donc du nom propre à leur charnière, revêt des enjeux majeurs.

---

63   *Ibid.*
64   *Ibid.*, p. 8.
65   *Ibid.*, p. 15.
66   *Ibid.*, p. 31-33.
67   Nicolas Bouyssi, *Esthétique du stéréotype. Essai sur Edouard Levé*, Paris : Puf, 2011, p. 20.

Explorant la fabrique de la réalité à travers divers dispositifs artistiques et modalités médiatiques par le prisme du nom propre, ce travail espère également tracer en creux les tendances de possibles évolutions de ces modalités, de la « propriété » du nom propre, et de la réalité. Le nom propre, qui adjoint à une entité singulière des significations multiples, parce qu'il se redouble du profil et autres avatars en ligne, se trouve aujourd'hui au cœur de transformations « identitaires » individuelles et collectives, singulières et politiques. Se pourrait-il que le nom propre, de par sa fonction de charnière, de carrefour, permette de penser les enjeux du passage d'un mode d'inscription personnelle à un autre, dans une réalité augmentée ? Et, peut-être, d'un mode d'intelligibilité du réel à un autre, dont nous serions les contemporains ?

L'enjeu de ce travail étant de penser les processus d'établissement de la « réalité » à partir de la fiction littéraire et artistique, il s'agissait de sélectionner un corpus permettant d'aborder les aspects les plus divers possibles de ladite réalité, tout en conservant à l'ensemble la cohérence d'une méthode rigoureuse. Le corpus retenu regroupe des auteurs et artistes ont en commun de mettre en avant les mécanismes articulant nomination, désignation et signification pour les désarticuler, installant à cette charnière du nom propre le siège d'une expérimentation féconde leur permettant d'interroger la fabrique de la réalité : Samuel Beckett, Édouard Levé, Renaud Cojo et Invader. Si l'abord du travail est nourri de théorie, il importait, pour sonder la validité de ce noyau théorique, que le corps des analyses épouse la pensée propre à chaque auteur et artiste sans que leur travail soit placé sous tutelle philosophique. C'est pourquoi chaque chapitre ou section dédiée à un artiste commence par retracer la logique du nom propre inhérente à chaque œuvre.

Un premier chapitre, intitulé « Réalités troublées », porte sur l'œuvre de Samuel Beckett. À travers les nombreux genres et média auxquels il s'est essayé, les noms propres remplissent chez Beckett une double fonction à la croisée de l'état civil et de l' « innommable » : s'ils agissent d'une part comme des stabilisateurs garantissant une continuité minimale des personnages et des objets, et donc des mondes de référence établis dans les œuvres (considérés comme des réalités fictionnelles), ils sont également l'objet d'attaques visant à faire chavirer la stabilité du sujet et de la réalité établie. Le chapitre adopte une perspective chronologique pour montrer que si Beckett préserve encore la fixité du lien entre le personnage et son nom dans un roman comme *Watt* (tout en y élevant le doute au rang de méthode d'écriture), il attaque par la suite de manière toujours plus radicale l'attache référentielle du nom propre, comme dans *L'Innommable*, déstabilisant proportionnellement la continuité de la réalité, jusqu'à faire chavirer le sujet dans *Pas*. Les noms propres deviennent des signes opaques masquant un au-delà indescriptible, innommable, qui résiste à toute tentative d'articulation, et grève la réalité, comme dans *Pochade Radiophonique*, et jusqu'à l'effacement complet dans une pièce tardive comme *Quad*.

Le deuxième chapitre, « Réalités suspendues », porte sur les œuvres littéraires et photographiques d'Édouard Levé. Qu'elles l'y mettent au premier plan ou mettent en scène son escamotage, les œuvres de Levé, comme l'a remarqué Nicolas Bouyssi, « tournent autour du nom[68] ». Plus précisément, elles suspendent la réalité en manipulant très explicitement les opérations touchant à la référence, à la signification, ou à la matérialité du nom propre. Levé s'appuie sur le nom propre pour suspendre la réalité dans le moment où elle se partage entre le virtuel et l'actuel. En effet, c'est par un travail du nom propre que Levé rend visible les virtualités alternatives non réalisées sous-jacentes à la réalité actuelle, tantôt en faisant du nom propre un élément saillant de ses œuvres photographiques et littéraires, tantôt en mettant en scène sa disparition. Ces neutralisations mettent ainsi à nu les processus qui constituent l'identité, l'espace, le temps, mais aussi « l'information », puisque ces processus sont infléchis par les nouvelles technologies de la communication. Alors même qu'il se restreint exclusivement à la technique argentique, Levé interroge dans son œuvre l'impact de l'augmentation toujours croissante de la masse et de la vitesse de circulation des données numériques sur la perception du donné physique, montrant la transformation des images en clichés, des noms propres en stéréotypes. Mais d'autre part, c'est aussi à partir techniques exclusivement analogiques que Levé développe une pensée de cette autre virtualité qui affleure sous le réel sous forme de potentialités non-accomplies, myriade de réalités alternatives accompagnant l'actualité comme une ombre.

En créant un art hypothétique où la description de l'œuvre est indépendante de sa réalisation, Levé s'émancipe des bornes de la littérature et de la photographie pour aller toucher par l'imagination à des formes d'art multiples, comme le film, le théâtre, l'installation, l'art urbain et la psychogéographie, ou encore la musique expérimentale. Il importait, d'une part, d'ouvrir le corpus d'étude à ces arts de manière non plus imaginaire mais concrète, afin d'étendre le champ d'observation des processus d'établissement de la réalité. D'autre part, il convenait de confronter ce premier sens de la virtualité, entendue comme hypothèse, à cet autre sens que l'explosion du web 2.0 et des technologies mobiles de l'information et de la communication ont rendu prévalent aujourd'hui, à savoir la sphère de l'existence médiée par des interfaces électroniques. C'est pourquoi le troisième chapitre, intitulé « Réalités virtuelles », envisage deux projets artistiques qui ont en commun de croiser une inspiration tirée d'un patrimoine pop-culturel faisant la part belle à un

---

68   Nicolas Bouyssi, *Esthétique du stéréotype*, p. 14-15.

imaginaire d'exploration intersidérale (Ziggy Stardust, *space invaders*) à une réflexion artistique sur le tournant numérique. Le metteur-en-scène et acteur Renaud Cojo comme l'artiste Invader « piratent » les réseaux informatiques par des stratégies de pseudonymie et d'anonymat afin d'explorer des réalités alternatives. Un premier temps de ce chapitre envisage la question de la pseudonymie dans une performance intermédiale produite par Renaud Cojo en 2009, intitulée *...Et puis j'ai demandé à Christian de jouer l'intro de Ziggy Stardust*. A travers une réflexion théâtrale sur l'incarnation dans son lien à l'identification mimétique ainsi que sur la notion de schizophrénie, Cojo interroge des questions de formation identitaire et communautaire, en confrontant l'espace de la scène à celui des réseaux sociaux. S'inspirant explicitement des travaux d'Édouard Levé, il virtualise lui-aussi le lien du nom propre à son référent, brouillant les pistes de l'identité. Proposant une pragmatique du nom propre schizophrène, Cojo cherche à multiplier les réalités possibles où circuler à sa guise. Interrogeant l'expression de l'identité individuelle en ligne, il montre aussi comment le détour d'une identité d'emprunt, pseudonyme, peut ouvrir l'espace d'un principe d'individuation commun, ludique, désirant et polymorphe. Ce chapitre élargit ensuite la pensée du réseau virtuel en la confrontant à la réalité urbaine à travers le projet artistique global d'invasion d'Invader, qui déplace la tradition du graffiti (ou *name writing*) en la combinant avec le jeu vidéo, la mosaïque, le « pixel-art » et une application pour smartphone. Oblitérant le nom propre pour lui substituer une paradoxale signature anonyme, Invader dessine un réseau d'individus uniques reproduisant le système des noms propres qui structurent et permettent l'orientation spatiale, tout en le faisant disjoncter. Ce réseau de figurines à la fois anonymes et singulières, qui se redouble d'une communauté anonyme de chasseurs de mosaïques à l'interface des plans de réalité physique et virtuel, connectée à un même espace ludique alternatif, permet ainsi de prolonger la réflexion sur un commun transindividuel, en ouvrant la question de l'identité pseudonyme partagée à une réflexion sur les enjeux urbanistiques et politiques de l'anonymat.

Au gré des œuvres abordées, traversant des dispositifs représentatifs et des médias divers, ce livre esquisse donc plusieurs trajectoires entremêlées dont il tente d'explorer les rapports, progressant de la singularité à la pluralité, de l'analogique au numérique, toujours guidé par le fil rouge du nom propre et de ses mécanismes référentiels qui aiguillonne l'exploration de la fabrique de la réalité, de l'identité individuelle et commune – labile en son cœur, voilant-dévoilant la profondeur insondable de son mystère, mais nouée dans la trame de réseaux multiples.

CHAPITRE 1

Réalités troublées – Samuel Beckett

« J'aime leur... leur illogisme... leur illogisme brûlant... cette flamme... cette flamme... qui consume cette saloperie de logique. » C'est là ce que répond Samuel Beckett à Charles Juliet quand ce dernier l'interroge sur son rapport aux mystiques[1]. Dès ses premières tentatives littéraires, comme *Whoroscope* (1930), et ses premiers essais sur l'art, comme « Le concentrisme » (1930), « Les Deux besoins » (1938) ou encore « Peintres de l'Empêchement » (1948), Beckett s'attache à une critique radicale, plus ou moins systématique et parodique, du *cogito* cartésien comme fondation solide sur laquelle construire l'édifice de la vérité, excluant l'irrationnel. « L'ombre cartésienne[2] » plane sur l'œuvre de Beckett : la question de l'intériorité subjective, l'interrogation du cogito, de sa logique d'exclusion du corps, du réel et de la sensibilité hors du champ de la présence du sujet à soi-même, sont des motifs omniprésents[3]. Au moins jusqu'à *L'Innommable*, ses romans semblent adopter le mouvement du doute cartésien comme moteur de l'écriture. Mais il s'agit d'un doute élevé au carré. Car il est une chose dont Descartes n'a jamais douté : le langage lui-même, et sa capacité d'aboutir à la vérité. Beckett élargit l'expérience du doute au langage lui-même[4]. Plus besoin d'un malin génie qui aurait placé dans mon esprit des impressions fausses, le langage s'en charge. Dès lors, il ne suffit plus de douter de la véracité de mes perceptions ; ce doute se redouble de la conscience aiguë de l'arbitraire du signe. Le sujet du doute ne peut plus retomber sur ses pieds, assurer son assise dans le réel grâce à la certitude de son être en tant que sujet pensant. Chaque chose pourrait bien être autrement qu'elle est, notamment parce qu'il n'y a pas de lien d'essence, pas de nécessité, pas de transparence, entre la chose et le mot qui la désigne. Le sujet, l'objet, leurs rapports, se délitent. Le sujet est suspendu à jamais en haut de la courbe du doute qui ne cesse de s'élever : l'hyperbole ne regagnera plus la terre ferme. Le doute est désormais intégral, et la réalité ne sera jamais que grevée d'incertitude, hypothéquée par l'hypothèse. Si la folie est toujours frôlée, le doute se maintient

---

1   Charles Juliet, *Rencontres avec Samuel Beckett*, Paris : P.O.L, 1999, p. 72.
2   Selon une expression d'Edward Bizub. Je m'appuie sur son ouvrage *Beckett et Descartes dans l'Oeuf. Aux sources de l'œuvre beckettienne : de* Whoroscope *à* Godot, Paris : Classiques Garnier, 2012. « L'ombre cartésienne » est le titre d'une section, p. 221s.
3   *Cf.* Daniel Katz, *Saying I no more. Subjectivity and Conciousness in the Prose of Samuel Beckett*, Evanston : Northwestern University Press, 1999, p. 17.
4   *Cf.* Bizub, *Beckett et Descartes,* p. 224.

pourtant toujours à sa limite extérieure[5]. Pas de folie, donc, si ce n'est « celle d'avoir à parler et de ne le pouvoir », et « l'autre folie, celle de vouloir connaître, de vouloir se rappeler, son méfait »[6]. Pour bien faire, il faudrait se passer du langage. « Vite vite motus[7] », comme le répète le personnage de *Compagnie*. Mais chez Beckett, il faut parler pour ne rien dire, pour pouvoir dire « rien ». On ne peut défaire le langage que depuis le dedans du langage, défaire le sujet que du sein du sujet, voilà l'enjeu de la malédiction beckettienne, collusion d'un impératif et d'une impossibilité. L'art devra alors faire de cette absence de sujet et de cette absence de rapport (entre sujet et objet), absence qui se manifeste dans toute sa violence et sa radicalité dans l'expérience du doute étendue au langage, le « nouveau sujet » et le « nouveau rapport », comme l'affirme Beckett dans « Peintres de l'Empêchement[8] ».

L'enjeu de ce chapitre est de montrer que l'accomplissement de cette tâche passe, dans son écriture, par un travail de déliaison du lien entre le nom propre et son référent. Ce travail est manifestement lié à la question du doute dans la première partie de l'œuvre de Beckett, qui est aussi la plus « bavarde ». Mais le nom propre continue à faire problème dans les œuvres tardives, alors même que Beckett s'essaie à de nouveaux media et condense de plus en plus ses écrits, les agençant souvent comme des tableaux presque immobiles d'images ou de sons où les traits distinctifs s'estompent. Là où il y a nom, Beckett, de ses premiers romans à ses œuvres tardives pour la scène, la radio ou la télévision, introduit un trouble de manière systématique. Il s'agit d'en analyser le fonctionnement logique, pour montrer comment le nom propre, constamment situé à la charnière de l'articulation et de l'inarticulation, est ce qui permet à Beckett de faire sortir le *logos* hors de ses gonds, d'enrayer les procédures d'établissement de la réalité au moment même où il les permet et les exhibe.

La question du nom chez Beckett a déjà été largement débattue. On a pu noter combien les noms de ses personnages ne sont jamais arbitraires, et véhiculent un sémantisme ou une symbolique qui se déploie à travers des inscriptions plus ou moins cryptiques de jeux signifiants souvent bilingues. Que Watt évoque l'interrogatif « *what* », que Knott évoque la négation « *not* », que Godot

---

5 Didier Anzieu, analysant l'un des passages de l'œuvre beckettienne où l'intégrité du langage est le plus malmenée (celui des permutations sérielles de *Watt*), rapproche le discours de celui d'un enfant « dont la sécurité narcissique de base vacille », tout en soulignant la logique implacable qui sous-tend chaque procédure de distorsion. Didier Anzieu, *Beckett et le psychanalyste*, Paris : L'Aire/ Archimbaud, 1994 [Mentha/Archimbaud, 1992], p. 229-230, mes italiques.
6 Samuel Beckett, *L'Innommable*, Paris : Minuit, 2004 [1953] p. 62, p. 83 [*Inn*].
7 Samuel Beckett, *Compagnie*, Paris : Minuit, 1985, p. 63.
8 Samuel Beckett, *Disjecta. Miscellaneous Writings and a dramatic fragment*, éd. Ruby Cohn, New York : Grove Press, 1984, p. 137.

évoque le nom de Dieu, autant de suggestions devenues banales[9]. Le *Beckett par lui-même* de Ludovic Janvier comporte une entrée « noms », qui les définit dans l'axe de la signification comme « charges de sens, décharges d'humour, signes[10]. » Des pages passionnantes ont été consacrées à la manière dont Beckett travaille le nom propre dans le sens de « sons fondamentaux » – les *fundamental sounds* dont Beckett écrivait à Alan Schneider que son œuvre n'avait simplement cherché qu'à les rassembler[11]. La critique a dégagé à partir de ces sons fondamentaux des réseaux souterrains d'intra- ou d'intertextualité[12], qui permette l'inscription du sens, voire l'inscription d'une cryptonymie[13], ou encore de la signature de l'auteur[14]. On a pu noter combien les noms de personnages, réduits à des surnoms grotesques, pouvaient renvoyer à un babil, à un pré-langage, tirant l'œuvre vers une littérature utérine[15]. On a écrit sur le « nom du père[16] », sur le « nom de la mère[17] ». Ces exégèses passionnantes et importantes pour une réception « panoramique » de l'œuvre de Beckett, ne recoupent l'objet de ce chapitre que tangentiellement. Mon propos n'est pas d'observer des réseaux de sens, mais la manière dont la pragmatique des opérations de nomination contribue, dans un même mouvement, à l'établissement de la réalité tout aussi bien qu'à sa déstabilisation. En ce sens, l'analyse

---

9   A ce sujet, on pourra consulter, entre autres références, la thèse de Denis Gauer, *Le Discours de la première personne dans les textes en prose de Samuel Beckett*, Université de Lille III, UFR d'Anglais, dir. Régis Durand, soutenue en octobre 1996, microfilm, p. 588-590.

10 Ludovic Janvier, *Beckett,* Paris : Seuil, coll. écrivains de toujours, 1969, p. 127.

11 Samuel Beckett, « Lettre à Alan Schneider », 29 déc. 1957, in *Disjecta*, p. 109 ; cf. Bizub, *Beckett et Descartes*, p. 238.

12 *Cf.* notamment Jean-Michel Rabaté, « Quelques figures de la première (et dernière) anthropomorphie de Beckett », in *Beckett avant Beckett, Essais sur les premières œuvres*, éd. Jean-Michel Rabaté, Paris : P.E.N.S., 1984, p. 138, sur les allusions à Francis S. Manony dans *Murphy* ; ou encore Katz, *Saying I No More*, p. 39s.

13 *Cf.* Anzieu, *Beckett et le psychanalyste*, p. 160, sur la présence cryptée du nom de Bion dans *Comment c'est* ; p. 168 sur la signature cryptée à travers le son « bec » (béquille, becquet, becquée, bec...) au fil de l'œuvre; ou encore Katz, *Saying I No More*, p. 28s, chapitre « 'Will in Overplus'. A Graphic Look at Beckett's W/horoscopes', sur l'inscription cryptonymique en référence à Abraham et Torok.

14 *Cf.* Bizub, *Beckett et Descartes*, notamment chapitre « Godot et les deux larrons », p. 241s.; Lois Oppenheim, « Re-visiting Statis in the Work of Samuel Beckett », in *Where Never Before. Beckett's Poetics of Elsewhere. La poétique de l'ailleurs. In honor of Marius Buning*, éds. Sjef Houppermans, Angela Moorjani, Danièle De Ruyter, Matthijs Engelberts, Dirk Van Hulle, Amsterdam, New York : Rodopi, 2009, p. 126.

15 Pascale Sardin, *Samuel Beckett et la passion maternelle ou l'hystérie à l'œuvre,* Pessac : Presses Universitaires de Bordeaux, 2009, p. 99.

16 *Cf.* Bizub, *Beckett et Descartes*, chapitre « Le nom du père », p. 267s.

17 *Cf.* Ciaran Ross, *Aux frontières du vide. Beckett : une écriture sans mémoire ni désir,* Amsterdam, New York : Rodopi, 2004, p. 41; p. 131s.

n'est pas herméneutique : elle se focalise sur des phénomènes de référentialité, de désignation. Elle prétend pourtant échapper au reproche de formalisme dont fait l'objet tout un courant de la réception beckettienne – notamment celui qui, depuis les années 1980, veut à toute force voir dans Beckett le précurseur de la déconstruction, ou un « abstracteur » littéraire[18], contre des interprétations ontologisantes[19]. L'analyse qui suit n'a pas la prétention de fournir une analyse de l'œuvre de Beckett à portée globale ; elle se soustrait à ce débat par l'extrême localisation de son objet et de son enjeu. Cela ne veut toutefois pas dire qu'elle ne puisse, peut-être et dans une très humble mesure, y contribuer. Si le nom propre, dans son fonctionnement pragmatique, est bien la condition de possibilité de toute référentialité, à la charnière de la *deixis* et de la signification, alors il est aussi situé au carrefour d'une herméneutique et d'un formalisme.

Quelques critiques ont examiné le fonctionnement référentiel du nom et du pronom chez Beckett. Ainsi, les analyses de Derval Tubridy et de Daniel Katz fournissent une base essentielle pour la pensée de la subjectivité dans son lien à la référentialité chez Beckett[20]. Ce chapitre, s'il s'attachera aussi, nécessairement, à l'étude de la référence au sujet, étend également l'analyse à la manière dont la profération du nom peut avoir valeur de « création de réalité » tout en réservant une part d'incompréhensible, une part incompressible, irréductible à la saisie interprétative, qui déstabilise la réalité même qu'il contribue à constituer.

1   **Noms en série (*Watt*)**

> « Watt parlait aussi avec peu d'égards pour la grammaire, la syntaxe, la prononciation, l'élocution et sans doute, on peut le craindre, l'orthographe, telles qu'on les reçoit communément. Les noms propres cependant, tant de lieu que de personne, tels que Knott, Christ, Gomorrhe, Cork, il les articulait avec une grande netteté, et de son discours ils émergeaient,

---

18   Pascale Casanova, *Beckett l'abstracteur. Anatomie d'une révolution littéraire,* Paris : Seuil, 1997.
19   Sur une brève histoire de la réception beckettienne, voir Daniela Caselli, Steven Connor, Laura Salisbury (éds.), *Other Becketts – Journal of Beckett Studies* 10, no. 1-2, Talahassee : Florida State University, 2001, p. i-ii.
20   *Cf. infra.*

palmiers, atolls, de loin en loin, car il précisait peu, avec un effet fort vivifiant[21]. »

Watt, grand roman de la sérialité, accule qui le lit à un vertige. L'expérience du doute y est généralisée, condamnant le narrateur à sonder de fond en comble toute situation donnée en élaborant, avec un esprit de méthode rigoureux, des hypothèses en cascade, dans ce que Pascale Sardin a nommé la « méthode cartésienne » de *Watt*[22]. Beckett trouve chez Fritz Mauthner, auteur des *Beiträge zu einer Kritik der Sprache*, un partenaire de choix pour élargir le mouvement du doute à une critique du langage[23]. Mauthner formule une théorie linguistique qui considère que la réalité ne peut jamais être connue, mais seulement approchée. La certitude est impossible. Mauthner défend une vision du langage qui fait dépendre le sens de l'usage, et non d'une réalité préétablie. Pas d'absolu, pas d'essence. Le sujet est contingent dans la mesure où il n'existe pas en dehors du langage – penser et parler étant une seule et même activité[24]. Une conception similaire est à l'œuvre dans les textes de Beckett, et tout particulièrement dans *Watt*. C'est seulement au terme d'un examen logique approfondi qu'un état de fait peut être accepté par le narrateur, du moins temporairement, comme une « incertitude vraisemblable[25] ». Tous les possibles concernant chaque situation sont méthodiquement, laborieusement, frénétiquement énoncés, ainsi que tous les possibles préalables à chacune de ces hypothèses concernant ces situations, ainsi que les possibles préalables aux hypothèses concernant ces hypothèses, dans une logique compulsive d'exhaustivité analytique confinant à la folie, et dont la systématicité terrifiante n'a d'égal que le ridicule.

Parce que le nom propre se situe au carrefour du domaine de la perception et du domaine de la signification, du référent singulier perçu et des descriptions ou des interprétations logiques que l'on peut y associer, il se situe au cœur de cette frénésie des hypothèses en série. Si la certitude est impossible, si la réalité ne peut jamais être connue, si le sujet n'existe pas en dehors du langage,

---

21 Samuel Beckett, *Watt,* trad. Ludovic et Agnès Janvier en collaboration avec l'auteur, Paris, Minuit, 2007 [1968] ; [*Watt*, Paris, Olympia Press, 1953], p. 160 [*W*].

22 Sardin, *Passion maternelle*, p. 67. Cette méthode fait du roman « une vaste farce métaphysique » se lisant comme « une quête impossible du sens insaisissable ».

23 Dans son article « Unwords », Shane Weller s'appuie sur une comparaison de textes d'archives pour dater la lecture attentive (et annotée) de Mauthner par Beckett entre le moment où il termine *Murphy* et celui où il entreprend *Watt*. In *Beckett and Nothing. Trying to understand Beckett*, éd. Daniela Caselli, Manchester, New York : Manchester University Press, 2010, p. 120.

24 *Cf.* Linda Ben Zvi, *Samuel Beckett, Fritz Mauthner, and the Limits of Language*, in PMLA 95, no. 2, Mars 1980, p. 187-188.

25 Cette expression n'est pas dans *Watt*, mais dans *L'Innommable*, p. 12.

alors comment m'assurer de la pérennité, de la consistance, du lien entre le nom propre et l'individu qu'il désigne ? Quelle est la nécessité de ce lien ?

Dans un passage de *Watt* qui porte sur le chien mené chaque soir par les jumeaux Art et Con Byrne à la porte de Monsieur Knott afin qu'il mange les restes de son repas, Watt se livre à de longues considérations sur la motivation du prénom donné à ce chien :

> Le nom de ce chien, pour ne pas dire chienne, au moment où Watt entra au service de Monsieur Knott, était Kate. [...] On l'avait prénommé Kate non pas, comme on pouvait le supposer, en mémoire de la Kate de Jim, si près de se trouver veuve, mais d'une toute autre Kate, d'une certaine Katie Byrne, espèce de cousine de la femme de Joe May, si près de se trouver veuve elle aussi, et cette Katie Byrne était en grande faveur auprès d'Art et Con à qui elle apportait toujours un rouleau de tabac à chiquer quand elle venait en visite [...].
>
> Kate mourut pendant que Watt était encore au rez-de-chaussée et se fit remplacer par un chien prénommé Cis. Watt ignorait en mémoire de qui on avait prénommé le chien ainsi. [...] Il y avait des moments où il n'était pas éloigné de croire, en observant l'effet que le prénom produisait sur Art et Con, notamment en conjonction avec certaines injonctions, que c'était le prénom d'une amie aimée entre toutes, et que c'était en l'honneur de cette amie aimée entre toutes qu'ils avaient donné au chien le prénom de Cis, de préférence à tout autre prénom. Mais c'était là pure conjecture. Et à d'autres moments Watt était plus porté à croire que si le chien se prénommait ainsi, ce n'était pas parce qu'il se trouvait parmi les vivants quelque personne se prénommant ainsi, non, mais tout bêtement parce qu'il fallait que le chien eût un prénom quelconque, dans son propre intérêt et dans celui des autres, pour le distinguer de tous les autres chiens, et que Cis était un prénom pas plus mauvais qu'un autre et même supérieur à beaucoup[26].

Ces tergiversations sur le nom propre nous placent devant le paradoxe d'un arbitraire motivé : cette tension indécidable entre une motivation affective et une motivation arbitraire de l'assignation du nom à un individu spécifique détermine les coordonnées des enjeux du nom propre dans le roman, mais aussi plus généralement dans l'ensemble de l'œuvre de Beckett. Le nom propre, d'une part, est simplement la cheville fixe qui permet de désigner dans le langage un individu singulier par opposition à d'autres individus singuliers, et,

---

26   *W*, p. 115-116. *Watt* © Editions de Minuit, 1968.

d'autre part, charrie un halo obscur de caractéristiques propres à son référent – sans compter les associations que le nom peut évoquer pour qui le prononce ou l'entend, et qui n'auraient plus alors seulement un lien avec l'individu spécifique à qui réfère le nom. Mais ici, la trivialisation de la motivation affective de l'assignation du nom du premier chien indique une précédence de la nécessité logique sur toute connotation affective du nom. Le chien s'appelle Kate, non pas en l'honneur de la mère d'Art et Con elle aussi nommée ainsi, mais parce que Art et Con aiment chiquer. Et, quand bien même leurs raisons pour nommer le chien ainsi ne seraient pas tournées en ridicule, quand bien même il est recevable de penser qu'un animal peut être nommé en mémoire d'une femme aimée, la dimension sémantique ou affective de la nomination demeure impénétrable, et ne peut être approchée que par des « conjectures ». Dans ce roman où rien n'est indubitable, la structure de la nomination est réduite à son squelette logique. Peu importe que le nom ait une histoire, une motivation quelconque, ou qu'il soit simplement arbitraire, son assignation à un individu est nécessaire, « dans l'intérêt [de celui qui le porte] et dans celui des autres ». Il est une marque différentielle, qui permet de désigner un individu en particulier à l'exception de tous les autres, dans une structure d'adresse ou dans un récit. Et, si le nom de Cis est « supérieur » à d'autres noms, peut-être est-ce par une motivation affective propre à ceux qui l'ont attribué, mais peut-être est-ce aussi simplement pour un motif esthétique, ou par sa distinction sonore. Le nom n'est pas attaché à une propriété par un lien d'essence ; si elle existe, elle n'est que secondaire. Il a une fonction déictique, et parce qu'il appartient à un individu en propre, il permet à d'autres de prendre cet individu en référence sans ambiguïté. C'est seulement une fois ce lien fixe assuré par l'attribution du nom à l'individu à qui il réfère que des significations – qu'elles soient logiques ou affectives – pourront y être associées. Dans *Watt*, l'essentiel est de garantir une fixité minimale du lien du nom et de son référent, qui résiste à de multiples permutations logiques, et qui permette de soumettre le référent aux hypothèses en série dont nous avons évoqué le caractère systématique.

Avant de développer le rôle fondamental du nom propre dans la pratique de la sériation à l'œuvre dans *Watt*, il convient de revenir sur les caractéristiques et les enjeux de cette pratique, dans son lien avec l'expérience du doute. Analysant le phénomène de la sériation dans ce roman, Didier Anzieu rappelle, après Wilfred Bion, son rôle structurant pour le psychisme : « la première activité mentale de liaison de termes entre eux est la sériation. Elle se tient à la frontière entre le chaos perceptif et une ébauche de rangement. En construisant des séries, Watt réinvente la protection originaire de l'esprit contre le chaos, tout en côtoyant celui-ci. »[27] La construction des hypothèses en série

---

27 Anzieu, *Beckett et le psychanalyste*, p. 139.

répondrait donc à un principe d'ordre ; elle permettrait au sujet, « en lutte contre la décomposition psychique[28] », d'éprouver le réel comme stable. Or, cette stabilité est sans cesse remise en cause. Comme le note encore Didier Anzieu à propos des séries de *Watt* : « Le bon sens est tourné en ridicule : des énoncés évidents sont soumis à des hypothèses, des conséquences qui les dénaturent, les falsifient, leur ôtent toute certitude logique. La raison se retourne contre ses propres raisonnements[29]. » La prolifération des cas de figure n'a pas pour but la création de sens, mais la description et l'évaluation de la réalité d'un état de faits par un esprit en proie à un doute intégral qui ne débouchera sur l'horizon d'aucune certitude – et certainement pas sur celle du sujet. Le nom propre se situe, encore une fois, à la charnière entre le « chaos perceptif » et l' « ébauche de rangement » qui, au terme des séries d'hypothèses, permet de considérer temporairement la réalité d'un état de faits comme recevable, jusqu'à preuve du contraire, et d'établir qu'une hypothèse n'est pas seulement possible, mais qu'elle est vraisemblablement le cas.

Dans « L'épuisé », essai publié en postface de *Quad et autres pièces pour la télévision*, Gilles Deleuze propose une lecture de l'épuisement combinatoire beckettien dans son rapport avec le possible et le réalisé[30]. Il commence par cette distinction : « Le fatigué a épuisé la réalisation, tandis que l'épuisé épuise tout le possible. Le fatigué ne peut plus réaliser, mais l'épuisé ne peut plus

---

[28] *Ibid.*, p. 141. Voir aussi p. 201-204, sur le contexte de création de *Watt* pendant la clandestinité à Roussillon : Anzieu voit Beckett en proie à une rechute, « à la limite de la décompensation » (p. 202), dans une fragilité située « autour de la dialectique persécution-morcellement-projection-éparpillement » (p. 204).

[29] *Ibid.*, p. 141.

[30] G. Deleuze, « L'épuisé », in Samuel Beckett, *Quad et autres pièces pour la télévision*, Paris : Minuit, 1992, p. 55-106. Cette lecture est essentielle pour une compréhension de la manière dont la combinatoire, précisément parce qu'elle déploie les possibles par « disjonctions inclusives », les proposant simultanément à la vue sans trancher par exclusion vers une réalisation, permet de rendre manifeste un certain fonctionnement du nom en tant qu'il permet ces disjonctions. Cependant, je ne suivrai pas la lecture de Deleuze jusqu'au bout. Cette lecture s'étend à l'ensemble de l'œuvre de Beckett, et s'oriente vers une discussion des œuvres tardives. Deleuze reconnaît dans *Watt* « le grand roman sériel » (*ibid.*, p. 61), mais il semble entendre par « série » l'épuisement des possibilités de combinaison dans un ensemble fini. Après Didier Anzieu, j'étends le champ de mon analyse à une acception moins restreinte, moins rigoureusement mathématique de la série, et ouvre l'étude aux suites d'hypothèses qui ont pour but d'évaluer la véracité d'un état de faits. Dans cette acception, la majorité des séries dans *Watt* se déroule comme une démonstration logique : une hypothèse est avancée, puis invalidée, etc., jusqu'à ce qu'une hypothèse soit acceptée comme temporairement valide. J'avance qu'il ne s'agit pas dans *Watt* « d'abolir le réel » (*ibid.*, p. 62), du moins pas uniquement : il s'agit aussi dans *Watt* d'épuiser l'énonciation des possibilités pour obtenir une compréhension maîtrisée du réel.

possibiliser[31]. » La réalisation est la sélection suivie de l'accomplissement d'un possible parmi d'autres. Elle est asservie à une finalité, un but, une préférence. Ainsi, « toujours la réalisation du possible procède par exclusion, parce qu'elle suppose des préférences et buts qui varient, remplaçant toujours les précédents. » Deleuze qualifie ces variations et ces substitutions d'un possible à un autre de « disjonctions exclusives[32] ». Le possible ainsi sélectionné et accompli l'est toujours à l'exclusion d'un autre, son actualisation dépend de l'élimination d'un autre possible qui demeure latent, inactuel. Au contraire, la possibilisation présente ensemble et « combine toutes les variables d'une situation, à condition de renoncer à tout ordre de préférence et à toute organisation de but, à toute signification[33] ». Les possibles sont ainsi conjoints sans qu'aucune procédure de sélection ne soit opérée : aucun d'entre eux n'est réalisé. Équivalents, les possibles « ne servent à rien sauf à permuter ». Ainsi, « la disjonction est devenue *incluse*, tout se divise, mais en soi-même[34] ». La combinatoire présente donc un panorama du réel dans toutes ses potentialités – un peu comme une toile cubiste présente en même temps toutes les faces d'un même objet. Il ne s'agit plus de réaliser le réel – d'ailleurs l'action tend vers sa disparition – mais d'en énumérer tous les possibles pour les déployer, simultanément et dans leurs contradictions, à la surface du texte.

Deleuze montre que la nomination est essentielle, pré-requise, pour une combinatoire. Pour pouvoir permuter, une chose doit au préalable avoir été nommée :

> Le langage nomme le possible. Comment pourrait-on combiner ce qui n'a pas de nom, l'objet=X ? Molloy se trouve devant une petite chose insolite, faite de « deux X réunis, au niveau de l'intersection, par une barre », également stable et indiscernable sur ses quatre bases. Il est probable que les archéologues futurs, s'ils en rencontrent dans nos ruines, y verront suivant leur habitude un objet de culte utilisé dans les prières ou les sacrifices. Comment entrerait-il dans une combinatoire si l'on n'a pas son nom, porte-couteau ?[35]

Pourquoi le nom est-il essentiel à la permutation ? Il ne s'agit pas de connaître la fonction de l'objet, sa signification n'importe pas : il suffit que le nom soit fixement lié à son référent. Ainsi, « pour épuiser le possible, il faut rapporter

---

31 *Ibid.*, p. 57.
32 *Ibid.*, p. 59.
33 *Ibid.*
34 *Ibid.*, p. 59-60.
35 *Ibid.*, p. 65.

les *possibilia* (objets ou 'trucs') aux mots qui les désignent, par disjonctions incluses, au sein d'une combinatoire[36]. » « Porte-couteau », « chaise », « armoire », « chien » ne suffisent pas : ces substantifs doivent être non seulement actualisés par un déterminant *défini*, mais aussi singularisés dans un contexte spatio-temporel précis. La « désignation » dont parle Deleuze doit être univoque. Dans la chambre de Monsieur Knott, la permutation de l'armoire, de la chaise et du lit est possible si et seulement si le déterminant défini isole un spécimen en particulier parmi l'espèce générale (le continuum de toutes les chaises, de toutes les armoires) et si ce spécimen particulier est identifié de manière univoque et fixe par une localisation précise dans l'espace et dans le temps : la chambre de Monsieur Knott, qui est un ensemble fini et clos. En dernière analyse, si « l'armoire », « la chaise », etc., peuvent permuter, c'est donc parce que chaque élément est clairement individué, correspondant à un mot et un seul. Pour une combinatoire généralisée, il faut donc que le référent soit associé fixement à un nom propre. Car si l'actualisation par un déterminant défini suffit à faire permuter des éléments dans un ensemble restreint et clos, elle ne suffit pas lorsque plusieurs éléments de même nature permutent, comme on le voit dans la question qui ouvre la série des chiens au service de Monsieur Knott : « Mais un chien, est-ce la même chose que le chien ? [...] il fallait non pas n'importe quel chien, mais un chien bien déterminé[37]. » La continuité du réel de série en série est assurée par le biais du nom propre, qui est fixement arrimé à son référent, et ce à travers tous les changements de contextes énonciatifs. Il est l'indicateur inamovible d'une individualité et d'une singularité, inscrit dans un réseau de noms qui correspond aux relations d'objets. Il semble donc que l'affirmation de Deleuze doive être encore resserrée : la combinatoire ne requiert pas tant une « langue des noms » qu'une « langue des noms propres ». Ce n'est pas n'importe quelle « armoire » qui porte en elle, par disjonction incluse, la possibilité d'être combinée de telle et telle manière avec une chaise et un lit : c'est « l'armoire de Monsieur Knott », dans « la chambre de Monsieur Knott ». Le nom propre est nécessaire à la permutation parce qu'il désigne son référent à l'exception de tous les autres référents possibles. Et en tant que tel il assure tous les possibles de ce référent singulier. Dans cette optique, le nom propre serait donc la condition de possibilité des disjonctions inclusives, et, par extension, du panorama des possibles dessinant les contours d'un réel disjoint-inclus. Le nom propre étant la condition de possibilité de toutes les combinaisons réalisables, il rassemble donc théoriquement la totalité des « mondes possibles », qui n'attendent que d'être développés, énoncés,

---

36   *Ibid.*, p. 66.
37   *W*, p. 97.

actualisés. Les longues séries d'hypothèses de *Watt* consisteraient en de tels panoramas des possibles, déployés côte à côte, étales, au détriment de la réalisation d'un possible parmi d'autres.

La pratique de la sériation doit donc, en théorie, avoir une fonction d'apaisement dans l'expérience du doute intégral. Appuyée sur la cheville du nom propre, elle permet un échafaudage rationnel qui confère une certaine stabilité au réel, permet sa validation comme logiquement recevable. Définissant, le plus souvent arbitrairement, des règles de rapports fixes entre ses éléments, elle permet la structuration du temps et de l'espace. Dans la mesure où le nom propre permet l'arrimage du référent au langage, il est donc essentiel qu'il soit « clair et distinct ». Pourtant, la relation du nom au référent et la stabilité de son inscription dans un réseau de noms aux rapports fixes n'échappe pas au doute systématisé caractéristique du roman : l'apaisement n'est jamais que de courte durée. Car il semble que la machine combinatoire s'emballe, se retournant contre le nom, menaçant sa singularité sous les attaques de l'indistinction du commun, de l'interchangeabilité de tout rapport – et, par extension, menaçant le réel d'effondrement.

Plusieurs séries majeures sont longuement décrites dans *Watt* : série des hommes entrés au service de Monsieur Knott, série des chiens qui mangent les restes des repas de Monsieur Knott, série des membres de la famille Lynch préposée à la conduite desdits chiens à la porte de la maison de Monsieur Knott, série des regards échangés entre les membres du jury devant lequel Monsieur Louit présente Monsieur Nackybal dans le récit d'Arthur au jardinier, … Dans ces séries, le nom propre est constamment mis en exergue, agissant comme un stabilisateur, un marqueur de permanence permettant au locuteur et aux lecteur·rice·s de se repérer dans les relations complexes qui unissent les individus dans ces séries. Et pourtant, l'ouvrage entier est en même temps marqué par une tendance à la dépropriation qui semble s'opérer du sein même du nom propre, selon plusieurs modalités. La dualité du nom propre précédemment mise en lumière, entre la fixité de principe du lien au référent qu'elle désigne et la contingence des significations ou descriptions qui lui sont associées, devient l'espace privilégié d'une corrosion de toute propriété.

Un tel phénomène travaille, de manière emblématique, le lieu même où la distinction est nécessaire, sous peine de voir le monde sombrer dans le chaos : la généalogie. Dans une litanie de quatre pages où il ne serait pas interdit de voir une parodie grotesque des généalogies de la Genèse, les cinq générations de la famille Lynch sont présentées dans toutes leurs ramifications. Commençant par le doyen, chaque individu est présenté scrupuleusement selon son lien de parenté, son prénom (assorti le cas échéant du nom de jeune fille ou d'épouse pour les femmes), son âge et ses tares physiques :

> Le nom de cette bienheureuse famille était Lynch et au moment où Watt entra au service de Monsieur Knott elle se décomposait comme suit.
>
> Il y avait Tom Lynch, veuf, âgé de quatre-vingt-cinq ans, cloué au lit par d'incessantes douleurs inexpliquées au caecum, et puis ses trois fils encore en vie Joe, âgé de soixante-cinq ans, perclus de rhumatismes, et Jim, âgé de soixante-quatre ans, bossu et ivrogne, et enfin Bill, veuf, âgé de soixante-trois ans, très gêné dans ses mouvements par la perte des deux jambes à la suite d'un faux-pas suivi d'une chute, et puis sa seule fille encore en vie May Sharpe, veuve, âgée de soixante-deux ans, en pleine possession de toutes ses facultés à l'exception de la vue. Ensuite il y avait la femme de Joe Flo née Doyly-Byrne, âgée de soixante-cinq ans, parkinsonienne mais sinon en parfaite condition, et puis la femme de Jim Kate née Sharpe [...][38]

En dépit, ou à cause, du caractère systématique de la présentation, on se perd dans l'imbroglio des parents, cousins, belles-nièces et arrière grandes-tantes. L'hyperspécificité du réseau familial présente une totalité close en synchronie, comme telle logiquement saisissable. Chaque individu est nommé, signifié par ses affections physiques (nouveau marqueur de dégénérescence), désigné par le « il y avait » combiné à la spécification contextuelle de la parenté et de l'âge. Mais ce réseau des noms inter-reliés par des rapports familiaux immuables est aussi hyper-rationnel qu'il est incompréhensible à force de précision grotesque. C'est que la « décomposition » de la famille Lynch annoncée par le narrateur consiste autant en une énumération qu'en un délitement. Celui-ci s'insinue sous l'action conjuguée d'opérations touchant à la fois la nature des noms propres et les rapports qui les unissent, et qui minent sourdement la relation bijectionnelle du nom et de son référent. Beckett donne à ses personnages des noms extrêmement « communs » : Tom, Joe, Jim, Jack, Bill, Ann, May, ... Deirdre Bair rapporte qu'au moment d'écrire *Murphy*, Beckett avait choisi ce nom pour son personnage car il s'agissait du nom le plus courant en Irlande[39]. Le nom propre n'est plus propre, il est au contraire, par ce stratagème, le plus commun, le nom porté au bord de l'anonymat, déproprié[40]. Une stratégie similaire est à l'œuvre dans cet extrait. Les prénoms, déjà courants,

---

38 *W*, p. 102-103. *Watt* © Editions de Minuit, 1968.
39 *Cf.* Dierdre Bair, *Samuel Beckett: A Biography*, New York, London : Harcourt Brace Jovanovich, 1978, p. 242.
40 Daniel Katz lit dans ce phénomène l'ironie d'un nom qui échoue à nommer. Le problème auquel Beckett est confronté est que si l'anonymat est laissé sans nom, il ne peut pas être thématisé ; mais une fois qu'il reçoit un nom ou une figure, il devient alors l'opposé de l'effet visé. Katz, *Saying I No More*, p. 28-29.

sont encore affaiblis en surnoms : une seule syllabe pour désigner un individu singulier, on ne saurait faire moins. Dans la version française, traduite de l'anglais par Ludovic et Agnès Janvier en collaboration avec l'auteur, cet affaiblissement du nom est encore aggravé par un trouble introduit au niveau syntagmatique. L'ordre des mots et la ponctuation dans les phrases sont agencés en sorte que les noms propres se jouxtent et produisent un effet d'indistinction. Dans l'extrait ci-dessus, on voit par exemple que le fil de la lecture, porté par la nature composite du nom « May Sharpe », butte sur le nom qui suit immédiatement : « la femme de Joe Flo[41] ». Le rythme saccadé et haletant du paragraphe qui précède entraîne comme par un effet « boule de neige ». L'omission calculée d'une ponctuation entre les deux noms conduit, dans un premier temps, à accepter « Joe Flo » comme un nom composé désignant un individu unique, avant de constater que la suite de la phrase ne correspond pas logiquement à cette interprétation, bref, que nous avons été induits en erreur. Presque chaque annonce de nom dans la généalogie des Lynch est construite en vue de ce déraillement de la lecture, qui rend poreuse la frontière entre les individus. Flo ne peut devenir Flo à part entière qu'a posteriori, une fois arrachée à l'attraction du premier nom propre dans lequel elle est embourbée.

Ces stratégies ne suffiraient pas seules à troubler de manière conséquente la certitude référentielle qu'elles commencent à ébranler ; elles sont catalysées, au niveau diégétique, par l'évocation de la consanguinité de la famille qui introduit à la fois des troubles dans les relations entre les noms et dans les noms eux-mêmes. Le mystère plane sur l'identité du père des enfants d'Ann ; les hommes de la famille sont tour à tour soupçonnés. Ainsi, « d'autres noms cités à ce propos étaient ceux des oncles d'Ann, Joe, Bill et Jim, et de ses neveux, Bill l'Aveugle et Mat le Boiteux, Sean et Simon[42] ». L'inceste brouille l'ordre temporel des générations et l'ordre structurel des ramifications familiales. Si le fils d'Ann est, par exemple, le fils de Joe, alors il est par rapport à Joe à la fois fils et petit-neveu. Un seul référent occupe alors deux relations normalement distinctes : le réseau des ramifications de l'arbre généalogique est court-circuité, et avec lui la structuration logique de l'espace et du temps comme relations fixes entre les noms propres. Ce principe d'indistinction est au cœur de la présentation de la famille Lynch, dont presque toutes les épouses sont « née Sharpe » – si bien que la précision qui devait être apportée par le nom de jeune fille est inversée en principe de confusion. Le nom est nécessaire à la désignation de

---

[41] La version originale ne permet pas cette stratégie, le génitif saxon imposant qu'un complément du nom soit intercalé entre les deux noms propres : « Joe's wife Flo », *Watt*, New York : Grove Press, 1970, p. 101.

[42] *W*, p. 111.

l'individu au sein de l'ensemble, mais l'indistinction de l'ensemble, de ses relations constitutives, mine toujours déjà l'intégrité de l'individu – rongeant la distinction des frontières du référent, aussi bien que de son nom, sous l'assaut du commun. Dans cette généalogie grotesque, Beckett dissout la distinction du réel en s'attaquant à l'étanchéité du nom propre et à la fixité des relations entre les individus. La généalogie, qui devait expliquer une structuration générationnelle, stabilisant ainsi les contours de l'espace et du temps, est retournée contre elle-même, pourrie de l'intérieur par un principe de désingularisation.

Il semble que l'une des questions majeures qui sous-tendent l'ensemble du roman, et qui justifie plusieurs séries de permutations (notamment lorsqu'elles engagent des personnes), soit cette tension entre le propre et le commun. Si le monde peut être appréhendé par le biais de séries, où les individus ne font que permuter selon des positions et des fonctions préétablies, qu'est-ce qui garantit la singularité de ces individus ? Cette singularité est-elle même nécessaire ? Car après tout, si le nom propre ne sert qu'à repérer distinctement un individu afin de pouvoir se livrer à une combinatoire, ne pourrait-on pas aussi bien le remplacer par un numéro, comme le suggère le narrateur de l'histoire de Monsieur Louit ?

> Que des numéros soit affectés aux membres du comité, un, deux, trois, quatre, cinq, six, sept et ainsi de suite, autant de numéros que de membres du comité, de manière que chaque membre du comité ait son numéro bien à lui, et qu'aucun membre du comité n'en soit dépourvu, et que ces numéros soient gravés dans la mémoire des membres du comité jusqu'à ce que chaque membre du comité sache, d'un savoir indélébile, non seulement son numéro à lui mais les numéros des autres membres du comité, et que ces numéros soient alloués aux membres du comité au moment de sa constitution et maintenus inchangés jusqu'au moment de sa dissolution, car si à chaque nouvelle réunion du comité une nouvelle numération devait intervenir il en résulterait une confusion sans nom (du fait de la nouvelle numération) et un désordre indicible[43].

Voilà qui permettrait à Monsieur O'Meldon, Monsieur Magershon, Monsieur Fitzwein, Monsieur de Baker et Monsieur MacStern d'échanger tous les regards nécessaires dans l'ordre et « avec méthode ». Le numéro, dans un ensemble clos et fini, remplit toutes les fonctions du nom propre : il est assigné une fois pour toutes à son référent, et ne peut désigner que lui. Il est également pris dans un réseau de relations avec d'autres individus, ici d'autres numéros (la

---

43   *W*, p. 185. *Watt* © Editions de Minuit, 1968.

relation étant ordinale). Avec le numéro, la singularité est asservie à la fonction. Et l'on peut se demander, en définitive, si le numéro n'est pas le modèle de toute singularité nominale dans *Watt*. Car la question de l'identité et des traits singuliers qui la constituent et la détachent du fond du commun, qui fait l'objet de plusieurs réflexions explicites et qui traverse souterrainement toute l'œuvre, semble toujours demeurer un point aveugle – insaisissable, nécessaire. On le voit dans un passage où Watt se penche sur la question de savoir combien de temps il restera au rez-de-chaussée, et élabore des hypothèses pour tenter de déduire une règle sur le temps passé par les différents serviteurs dans les différents étages. Afin de comprendre la manière dont Beckett, dans un florilège parodique de poncifs philosophiques, remet en cause les notions d'ipséité et de causalité à travers un jeu sur les noms propres, il convient de citer ce passage assez longuement :

> Et dans cette longue chaîne d'interdépendances, [...] il ne pouvait y avoir d'arbitraire que préétabli. Car prenons trois ou quatre serviteurs quelconques, Tom, Dick, Harry et un autre, si Tom sert deux ans au premier étage, alors Dick sert deux ans au rez-de-chaussée, et puis Harry arrive [...]. Mais les deux ans de Tom au premier étage, n'ont pas pour *cause* les deux ans de Dick au rez-de-chaussée, ou l'arrivée sur les lieux de Harry [...], non, ce serait trop horrible à contempler, mais les deux ans de Tom au premier étage, et les deux ans de Dick au rez-de-chaussée, et les dix ans de Dick au premier étage, et les dix ans de Harry au rez-de-chaussée, ont pour cause le fait que Tom est Tom, et Dick Dick, et Harry Harry, et cet autre cet autre, de cela le malheureux Watt ne pouvait douter. [...] Mais pourquoi Tom Tom ? Et Dick Dick? Et Harry Harry? Parce que Harry Harry et Tom Tom? Parce que Tom Tom et Dick Dick ? Watt n'y voyait pas d'inconvénient. Mais c'était une conception dont pour le moment il n'avait pas besoin [...]. Car ce qui préoccupait Watt, pour le moment, ce n'était pas tant la Toméité de Tom, la Dickéité de Dick, la Harryéité de Harry (remarquables certes en elles-mêmes) que leur Toméité, leur Dickéité, leur Harryéité à l'époque, leur chronotoméité, chronodickéité, chronoharryéité; non pas tant la détermination d'un être à venir par un être passé, d'un être passé par un être à venir [...] comme dans une composition musicale de la mesure cent mettons par la mesure mettons dix et de la mesure mettons dix par la mesure cent mettons, que l'intervalle entre les deux, les quatre-vingt-dix mesures, le temps mis par le vrai à avoir été vrai, le temps mis par le vrai à s'avérer vrai, comprenne qui pourra. Ou bien sûr faux, comprenne qui voudra. [...]

Et ainsi Watt, ayant ouvert avec son chalumeau cette boîte en fer blanc, vit qu'elle était vide[44].

Dans la première partie de la démonstration, Watt refuse d'admettre le fait que la réalité décrite soit explicable par une sérialité purement mécanique, et choisit d'introduire un élément humain dans la déduction des causes. Si les serviteurs passent un temps donné à un service donné, ce n'est pas simplement sous l'effet d'une causalité extérieure (l'éviction du prédécesseur ou l'arrivée du successeur et la nécessaire permutation), mais bien sous l'effet d'une causalité intérieure, correspondant à des caractéristiques personnelles de chaque serviteur. Cette quête d'une identité censément propre à l'individu et source de son être, plus loin désignée par la série de néologismes aussi creux que ronflant de « Toméité » (*Tomness*), « Dickéité », etc, est d'autant plus comique qu'en anglais la locution « *Tom, Dick and Harry* » est l'équivalent du français « Pierre, Paul ou Jacques » et signifie « quiconque » ou « n'importe qui » – c'est-à-dire le degré zéro de la personnalisation, l'identité abstraite et commune de l'exemple grammatical. Qui plus est, ces caractéristiques supposés intimes des serviteurs successifs, cause de leur destin, ne peuvent être exprimées que par la tautologie. « Tom est Tom » : voici la seule expression acceptable du vrai, la seule chose que l'on puisse affirmer en toute rigueur sur l'ipséité de Tom. La philosophie bégaie, et ne peut faire que cela. Nous voici bien avancés. Car dans la configuration sérielle qui occupe Watt dans cet épisode, le cercle de la Toméité de Tom ne saurait être expliqué qu'en rapport à l'Harryéité de Harry et à la Dickéité de Dick conjointement pensées – et donc par un cercle supplémentaire. L'enjeu du problème de Watt n'est d'ailleurs pas l' « essence » de Tom, Dick et Harry en tant que permanence à travers le temps, mais leur « essence » à un instant t : « leur chronotoméité, chronodickéité, chronoharryéité » (*then-Tomness* etc.). Ce déplacement du problème, présenté comme une restriction « scientifique » de l'objet considéré par l'étude, revient en réalité à mettre à l'écart les notions de causalité et de téléologie qui orientent la pensée de l'être en tant que puissance et acte. Penchons-nous d'abord sur cette ipséité que Watt dit ne pas considérer. La comparaison musicale nous éclaire sur un modèle possible de l'ipséité, qui, s'il n'est pas retenu comme étant le cœur du problème, n'en est pas pour autant rejeté comme non valide. Envisager l'ipséité comme une composition musicale revient à la considérer comme un ensemble clos de thèmes dont les variations se déroulent dans le temps. Dans l'analyse d'une œuvre musicale classique, il est en effet possible de relier la mesure dix avec la mesure cent, toutes deux s'inscrivant dans une structure

---

44   *W*, p. 138-141. *Watt* © Editions de Minuit, 1968.

de récurrences agencées sous l'égide d'une tonalité dominante (selon la règle d'harmonie). Ces mesures peuvent être dites liées, mais peut-on pour autant dire que l'une est cause de l'autre ? Peut-on dire que l'être passé de Harry est cause de son être à venir ? Que son être à venir était inscrit dans son être passé ? L'ipséité se maintient-elle inchangée dans le temps ? Si oui comment ? La narration prétend exclure ces questions pour focaliser l'analyse sur un problème plus précis, saluant toutefois avec des égards faussement courtois l'intérêt des études touchant à l'Harryéité d'Harry. Mais en fait, l'analyse invalide fondamentalement ces études qu'elle prétend simplement ne pas aborder. C'est ce qu'implique la clausule « Ou bien sûr faux », surajoutée comme si de rien n'était. On dit s'intéresser au « temps mis par le vrai à s'avérer vrai » – ce qu'on pourrait reformuler par « le temps mis par Harry à s'avérer Harry ». Ce faisant, on ne sort pas d'une logique de l'actualisation – on prétend simplement déplacer le problème sur la question de la temporalité de ladite actualisation, plutôt que sur ses implications en termes d'essence et de causalité. La temporalité est donc prise dans une onto-logique. L'ajout subreptice d' « ou bien sûr faux » vient renverser toute possibilité d'ontologie. Dire que le vrai peut s'avérer faux revient à dire qu'Harry peut s'avérer non-Harry, qu'il n'y a pas de permanence de l'être, pas de causalité, pas de déterminisme qui vaille en ce qui concerne l'ipséité, ramenée alors à une forme minimale, larvaire. On bascule d'une logique de l'être à une logique purement référentielle. Pour comprendre cette affirmation, il faut revenir à ce que nous avons, un peu vite, qualifié de tautologie : « le fait que Tom est Tom, et Dick Dick, et Harry Harry, et cet autre cet autre. » Cette formulation parodique indique, nous l'avons vu, les limites de l'ontologie. Mais considérée d'un point de vue pragmatique, elle met en lumière un certain fonctionnement du nom propre. Harry, l'individu désigné par le nom propre et inscrit dans un contexte spatio-temporel, possède certaines qualités qui sont cause, à l'instant considéré, d'un certain état de faits. « Harry » est une charnière elle-même vide qui n'a pour fonction que de lier le référent et ses qualités ou significations. Ces significations, dans les hypothèses évanouissantes de Watt, sont toujours vouées à l'extinction, jamais possibles, jamais « en acte » une fois pour toutes. L' « essence » de Harry n'est qu'une coïncidence dans le temps, d'un référent et de ses attributs, coïncidence jamais permanente – un événement. « Harry arrive »: cette blague potache, gratuite, et absolument accidentelle, si typique de l'humour beckettien, trouvaille de la traduction française[45], serait alors le modèle de cette ipséité chancelante. La coïncidence du nom et de l'événement semble être motivée par une relation ontologique, mais ne relève que de l'arbitraire, de l'accident. Le nom propre est

---

45   L'original est simplement: "then Harry comes" (*Watt, op. cit.*, p. 134).

donc le garant de cette ipséité minimale, vidée de son substrat ontologique : il n'est que la cheville langagière, le signe caractéristique arrimé au référent, qui signale sa continuité en des temps différents.

Dans ce grand roman du doute en série, rien ne vaut, toute chose se délite au moment même où elle semble établie : pas de perception, pas de signification qui tienne. La seule chose qui permette au narrateur, et par extension aux lecteur·rice·s, d'échapper à ce naufrage du réel, est cette minime amarre qui ne tient qu'à un fil : le nom propre, garant énucléé de la permanence des êtres : « [...] la forme que Watt entrevoyait parfois, dans le vestibule, dans le jardin, était rarement la même d'une entrevision à l'autre, mais variait tellement, à en croire les yeux de Watt, en corpulence, taille, teint et même chevelure, et bien sûr dans la façon de circuler, et de rester sur place, que Watt ne l'aurait jamais crue la même, s'il n'avait su que c'était Monsieur Knott[46]. » À l'issue de l'expérience du doute intégral, le nom propre résiste comme la trace bien entamée d'un référent fantomatique.

Dans un contexte où le langage est soumis à un processus intraitable d'érosion, où toute certitude est liquéfiée au moment même où elle pourrait atteindre un seuil de coalescence, les noms propres, chancelants dans la tempête du doute généralisé, résistent néanmoins ; les rafales de la critique l'ébranlent, mais ne peuvent le déraciner tout à fait. Tandis que tous les rapports constitutifs de l'espace, du temps, du réel, sont dissous dans l'indifférenciation généralisée, il maintient, ne serait-ce que par pétition de principe, l'assise référentielle minimale sans laquelle l'expérience même du doute serait impossible. Comme le suggère la comparaison citée en exergue de cette section, le nom propre dans *Watt* est bien comme un « palmier », un « atoll », qui « émerge du discours » dont « la grammaire, la syntaxe, la prononciation, l'élocution » s'effritent[47]. Comme le palmier dans le désert, l'atoll est un point de repère dans une étendue désertique, qui peut offrir au voyageur une halte temporaire. Mais un atoll est moins qu'une île, à peine un îlot ; pire : un vestige d'île. En effet, ce type d'île corallienne résulte d'un processus de formation singulier. Après que du corail vient coloniser le pourtour d'une île et forme un récif, l'île s'enfonce progressivement sous l'océan, ne laissant à la surface qu'une ceinture corallienne entourant un lagon. Cet écosystème labile est donc le produit d'un naufrage ; le voyageur qui vient y chercher la terre ferme y trouve un sol instable, une plage friable ; pas la promesse du continent retrouvé, mais, enserré dans une ceinture sablonneuse, un nouveau gouffre d'eau. Comme l'atoll, le nom propre est une stabilité en proie à l'engloutissement. S'il permet le repérage *a*

---

46   *W*, p. 152-153.
47   *W*, p. 160.

minima du réel dans une étendue indifférenciée, liquéfiée, il est toujours menacé, en son sein même, des mêmes écroulements.

Dans *Watt*, le lien du pronom personnel à son référent semble épargné de l'expérience du doute intégral. Dès l'abord du roman, une note précise, dans un renversement paradoxal : « Il a été gagné, dans cet ouvrage, un temps précieux, un espace précieux, qui sans cela eussent été perdus, par l'omission systématique, après le verbe dire, du pléthorique pronom réfléchi[48]. » Le remplacement pronominal du nom propre est donc systématiquement évité, induisant des lourdeurs et redondances infinies, contribuant à l'impression de manie, oui, l'impression « pléthorique » qui se dégage de la narration. Ce choix s'inscrit dans le droit fil de cette fonction stabilisatrice *a minima* du nom propre qui vient d'être dégagée. Si Watt est déjà en chemin vers une instabilité référentielle de la voix narratoriale, la boîte de pandore de la référentialité du pronom et de son lien au nom propre qu'il remplace ou au sujet qu'il désigne n'a pas encore été ouverte. Ce sera chose faite avec *L'Innommable*.

2   La *deixis* impossible et le naufrage du sujet

2.1   « *Sans noms propres pas de salut* » : le nom, le sujet (L'Innommable)

Là où *Watt* évidait le nom propre de toute propriété essentielle, *L'Innommable* franchit un pas de plus en posant la question de sa stabilité référentielle. Peut-on en effet affirmer que le nom propre désigne un référent unitaire ? Le nom propre permet aux locuteurs de prendre ce référent pour objet de leur discours. Mais qu'est-ce qui assure que ce référent corresponde toujours au nom, au-delà de la convention linguistique qui les a noués une fois pour toutes ? Qu'est-ce qui m'assure que je suis Watt dans tous les temps où je dis « je » ? Qu'est-ce qui m'assure, dans tous les temps où je dis « je », que je suis la même ?

Descartes avait déjà formulé cette interrogation, avant de l'écarter : « *Je suis, j'existe*, cela est certain ; mais combien de temps ? À savoir, autant de temps que je pense ; car peut-être se pourrait-il faire, si je cessais de penser, que je cesserais en même temps d'être ou d'exister[49] ». Le sujet, fondement de l'édifice de la raison, dont la permanence, chez Descartes, est garantie par Dieu, n'affleure que dans la pensée – Benveniste spécifiera : la subjectivité n'est qu'un effet du langage. En questionnant le pronom, Beckett remet en cause l'unité du

---

48   *W*, p. 8.
49   René Descartes, *Méditations métaphysiques*, Méditation seconde (« de la nature de l'esprit humain et qu'il est plus aisé à connaître que le corps »), §7.

sujet : il n'est plus localisé dans une transcendance pré-linguistique, mais dans le langage lui-même. Or, déboulonner la transcendance du « je » comme fondement, et aggraver cette attaque par une remise en cause de l'unité subjective dans tous les moments où je dis « je », revient à s'attaquer à la possibilité même de la synthèse de l'expérience, où la phénoménologie, après Descartes, localise la fonction du sujet[50]. *Watt* interrogeait la stabilité du réel comme un fait extérieur au sujet ; si le sujet était porté au bord de la folie, son unité en tant qu'opérateur de synthèse n'était pas remise en cause. Dans *L'Innommable*, la barrière du « crâne » est franchie : c'est la stabilité intérieure au « sujet » qui est interrogée. L'Innommable refuse de dire « je[51] » : le « je » ne recouvre plus une instance identique en deux instants différents, comme l'atteste la prolifération des noms qui ne fait que masquer l'absence radicale de nom unifiant, cachée en plein jour, en plein titre. Le seul nom propre possible attesterait de l'impossibilité du nom. Mais là encore, le doute subsiste, laissé entier par la typographie toute en lettres capitales sur la couverture du roman : l'I/innommable est-il un nom propre ou un nom commun[52] ? Si « L'Innommable » est un nom propre, alors on peut considérer qu'il fédère un nuage diffus d'agence, qu'il sauve une bribe de subjectivité assurant cette synthèse de l'expérience qui permet d'instituer la réalité. S'il est un nom commun, en revanche, alors la voix narrative se fragmente et se dissémine en une pluralité de sources équivoques, inassignables, indistinctes, risquant d'entraîner le réel après soi dans son naufrage, dans la mesure où l'instance ferait défaut qui pourrait le constituer comme tel.

Admettons d'abord, pour faciliter l'analyse, que « L'Innommable » corresponde de manière univoque au « je » narratorial – qu'il soit, donc, un nom propre, désignant un référent stable qui serait la voix narratoriale. Cette hypothèse permet dans un premier temps de mettre en lumière le caractère composite et polymorphe de la subjectivité dans le roman. Cet éclatement passe par une multiplication des noms propres auxquels le « je » doit tour à tour s'identifier. Il semblerait que « l'Innommable » ait bien un nom, même si celui-ci reste toujours caché. À l'orée du roman, lorsqu'il évoque des leçons qu' « ils » lui ont apprises dans un passé indistinct, il mentionne pour la première fois Basile : « L'un d'entre eux, de nom Basile je crois, m'inspirait une forte répugnance. [...] *Usurpe-t-il encore mon nom*, celui qu'ils m'ont collé, dans leur siècle,

---

50 Voir notamment Edmund Husserl, *Méditations cartésiennes. Introduction à la phénoménologie*, Paris, 1929.
51 *Inn*, p. 94.
52 La critique est partagée. Selon Bruno Clément, la majuscule est inéluctable. Selon Denis Gauer, au contraire, « L'innommable » est un nom commun, sans quoi le problème inhérent au nom propre redeviendrait entier. *Cf.* Gauer, *Discours de la première personne*, p. 159.

patient, de saison en saison[53]? » Le nom propre de « l'Innommable » lui a été assigné par des tiers et se rattache à son « existence historique[54] ». Il assure sa permanence en tant que référent pour les autres dans le temps et l'espace, inexorablement. Pourtant, un nom s'usurpe. Ici, Basile est accusé de s'approprier le nom de « je » ; plus loin, c'est « je » qui devra emprunter les noms des autres, comme on enfile un vêtement. « Je ne suis, est-ce besoin de le dire, ni Murphy, ni Watt, ni Mercier, non, je ne veux plus les nommer, ni aucun des autres dont j'oublie jusqu'aux noms, qui m'ont dit que j'étais eux, que j'ai dû essayer d'être[55] ». Il n'y a jamais de nom que d'emprunt. L'identité s'essaye, s'adopte et s'abandonne, elle est intrinsèquement pseudonymique. Le « je » vient se loger sous le nom comme un bernard-l'hermite, endossant les qualités qui lui sont attachées. Ces qualités ne sont donc pas essentielles au « je », mais corollaires du nom propre qu'elles définissent. Mais il y a pire : ces qualités elles-mêmes ne sont pas attachées fixement à un nom propre, et peuvent se déplacer d'un nom à l'autre – sans que l'on sache avec certitude s'il s'agit d'un nouveau personnage ou du même personnage simplement rebaptisé. Si le nom propre paraît essentiel dans la structuration du donné, il est fondamentalement arbitraire. Dans la série des personnages ou « représentants en existence[56] », les noms sont interchangeables à volonté, tant qu'ils correspondent à un certain ensemble de qualités. Mahood était dénommé Basile avant d'être rebaptisé d'un autre nom que le narrateur préfère[57]. Il est l'avatar le plus récent d'une longue série « d'autres, se prenant pour moi[58] ». Le principe de dépropriation du nom à l'œuvre dans *Watt* est ici poussé à l'extrême : le nom n'est plus lié intrinsèquement ni à ce qu'il désigne, ni à ce qu'il signifie.

Il est tentant de définir le « je » de *L'Innommable* par une oscillation dans l'identification à deux principes apparemment exclusifs l'un de l'autre, « incarnés » par Mahood et consorts d'une part et d'autre part par Worm, un nouveau délégué, cette fois unique en son genre. « [Worm] sera mon nom aussi, quand je n'aurai plus à m'appeler Mahood, si jamais j'y arrive[59]. » Plusieurs études lisent dans ces deux « représentants » des pôles de la subjectivité[60]. Mahood serait le tenant-lieu de la subjectivité telle qu'elle affleure dans l'histoire, prise dans la discursivité. Il affirme la coïncidence du référent et de son nom, il

---

53 *Inn*, p. 19, mes italiques.
54 *Inn*, p. 53.
55 *Inn*, p. 65.
56 *Inn*, p. 47.
57 *Inn*, p. 37.
58 *Inn*, p. 47.
59 *Inn*, p. 85.
60 Voir à ce sujet notamment Gauer, *Discours de la première personne*, p. 601.

postule la fixité du moi, l'équivalence du nom et de l'identité. Mahood, c'est l'état civil. Au « je » qui s'escrime à rejeter toute identification, il proteste :

> Mais voyons, mon cher, voilà, voilà qui vous êtes, regardez cette photo, et voici la fiche, pas de condamnations, je vous assure, faites un effort, à votre âge, être sans identité, c'est une honte, je vous assure, regardez cette photo[61]

Le nom propre, dans cette perspective, est comme une photographie : il fixe le référent et le fige dans un ensemble de caractéristiques objectives susceptibles d'être reconnues, décrites et inscrites dans une histoire. Worm est tout le contraire de cette discursivité proliférante et intarissable : « Il murmure, je n'ai cessé d'entendre son murmure, pendant que les autres discouraient[62]. » Sans parole, sans voix, sans raison, sans histoire, Worm, comme son nom l'indique, est une forme d'existence larvaire. Ignorant de tout langage, il n'a d'existence que par ce bruissement minimal et inarticulé, que « je » repère en lui donnant un nom : « Mais il va falloir que je lui donne un nom, à ce solitaire. Sans noms propres pas de salut[63]. » Worm serait une forme de subjectivité hors discours.

Mais il faut se garder de cantonner trop rapidement le « je » à cette oscillation entre deux pôles identificatoires. Car l'identification à ces pôles ne se fait jamais à plein, elle est toujours contestée : « Mahood lui-même a failli m'avoir plus d'une fois. J'ai été lui un instant [...] Puis j'ai retiré mon adhésion, ça devenait grotesque[64] ». Le « je » demeure toujours en retrait de tout nom, de toute concrétisation subjective, sans lieu. « Nous serions cent qu'il nous faudrait être cent un. Je nous manquerai toujours[65]. » On touche ici à la dissociation inéluctable du sujet de l'énoncé et du sujet de l'énonciation, qui condamne tout·e locuteur·rice à ne parler de soi qu'en se posant comme objet de son énoncé, et donc à se manquer toujours soi-même. On aura beau scinder le « sujet » en une multitude de pôles dont la somme composerait l'unité, il se manquera toujours dans le moment même où il parle. Le « je » lui-même est englouti par le phénomène de pseudonymie et d'emprunt décrit plus haut. L'emploi de la troisième personne, dans une narration, a au moins l'avantage de rendre manifeste

---

61 *Inn*, p. 150.
62 *Inn*, p. 85.
63 *Ibid.* Michiko Tsushima rapproche Worm de la notion d'enfance (telle qu'elle est développée chez Giorgio Agamben), la décrivant comme l' « Ur-limit in language », in « The Appearance of the Human at the Limit of Representation : Beckett and Pain in the Experience of Language », in *Samuel Beckett and Pain*, éds. Mariko Hori Tanaka, Yoshiki Tajiri et Michiko Tsushima, Amsterdam, New York : Rodopi, 2012, p. 219.
64 *Inn*, p. 49.
65 *Inn*, p. 87.

cette dissociation infernale du sujet dont on parle et du sujet parlant – si tant est, bien sûr, que sujet il y ait. Ce que montre *L'Innommable*, c'est que le nom, le pronom et le référent ne sont pas unis par un lien transparent d'équivalence. « Je ne dirai plus moi, je ne le dirai plus jamais, c'est trop bête. Je mettrai à la place, chaque fois que je l'entendrai, la troisième personne, si j'y pense. Si ça les amuse. Ça ne changera rien. Il n'y a que moi, moi qui ne suis pas, là où je suis[66]. » Dire « je » ou dire « il », quelle importance, où est la différence ? Que le locuteur parle en première ou en troisième personne, l'énoncé renvoie toujours à un sujet de l'énonciation, qui est l'utopie inaccessible de tout énoncé. Mais alors, si « je » n'est jamais vraiment, fixement « je », un nom est-il possible pour le sujet de l'énonciation ? Est-il même possible de l'appeler « Innommable » ?

Dans une lecture largement inspirée des travaux de Jacques Derrida et de Paul de Man, Daniel Katz propose d'envisager la subjectivité et son expression nominale et pronominale chez Beckett selon les tropes de la catachrèse et de la prosopopée[67]. La catachrèse, définie comme « la création de noms pour ce qui n'en a pas au moyen de l'emprunt d'autres noms[68] », est à cheval entre le propre et le figuré. En effet, la catachrèse « solidifie » une expression figurée, dans la mesure où l'objet ne possède de nom que métaphorique : son sens propre est aussi un sens figuré, emprunté, comme on le voit dans les exemples communs de la catachrèse tels que « le pied de la chaise » ou « les ailes du moulin ». En tant que ce creuset d'indistinction où se fondent le littéral et le figuré, la catachrèse serait donc la forme privilégiée d'une pensée de la non-originarité de la voix, du sujet, de la conscience chez Beckett. Si l'on accepte de considérer le sujet comme ce sens « littéral » toujours déjà manquant, on voit alors que toute position du sujet dans la narration – à travers le nom ou le pronom – n'est pas la représentation d'une réalité stable préexistante, mais revient à un acte figural ou performatif : une prosopopée[69], dans la mesure où la narration fait parler un absent. Dans cette structure, la subjectivité est donc envisagée comme une catachrèse originaire qui met en branle une chaîne figurale. Il n'y a pas de subjectivité préexistante, puisqu'elle est toujours déjà manquante ; le « je » doit sans cesse être endossé à nouveau, faire l'objet d'une réappropriation, et ne peut l'être que sur un mode métaphorique. Le sujet n'est plus qu'une figure dans la chaîne catachrestique, et non plus son origine ou bien même sa destination. Analysant ces phénomènes dans *L'Innommable*,

---
66 *Inn*, p. 113-114.
67 Katz, *Saying I No More*, p. 11.
68 « the coining of names for the nameless by means of the borrowing of other names », *Ibid.*, p. 13 (ma traduction).
69 *Ibid.*, p. 15.

Daniel Katz s'oppose à un postulat communément admis dans la critique du roman selon lequel la voix narrative est unitaire, et recoupe l'ensemble des histoires énoncées sous couvert de plusieurs noms propres. Comment le croire, en effet, quand la voix ne cesse d'affirmer qu'elle ne s'appartient pas, qu'elle n'est pas elle-même ? La voix ne peut pas même être envisagée comme une source unique, unifiée, qui circulerait sous ses « délégués » comme sous des masques. Ainsi, Daniel Katz refuse de lire « l'innommable » comme un nouveau nom propre (qui serait rattaché à un référent, tout dé-subjectivé qu'il soit), mais préfère y voir l'*espace* où la possibilité d'effets nominationnels, la possibilité même du nom propre est examinée[70]. Si Beckett rejette les noms propres, ce n'est pas, comme l'affirme David Connor, un premier pas vers un rejet total du langage comme fausse expression de la subjectivité, rejet du figuré pour aller vers le littéral[71]; ce n'est pas non plus, comme l'affirme Leslie Hill, parce que, imposés de l'extérieur, les noms sont aliénants[72]. S'il les rejette, c'est bien plutôt parce qu'ils échouent à garantir la stabilité ou la sécurité que promet le système des noms. Pour Daniel Katz, Beckett ne s'attache pas à ce que serait un « nom véritable », mais s'intéresse plutôt aux « mécanismes par lesquels tout nom propre peut être approprié ou circonscrit référentiellement dans ce que Derrida appelle des 'structures atomiques relativement stables et unitaires'[73] ». Ainsi, chez Beckett, pas de stabilité référentielle, pas de source, même du nom propre. Dans cette logique, « l'innommable » serait un nom commun, définissant une caractéristique dynamique de cette voix composite. Mais en même temps Daniel Katz reconnaît que demeure chez Beckett la nécessité de témoigner de cette source. Car si toute subjectivité est impossible, elle est tout aussi impossible à éliminer. Est-ce à dire que « l'I/innommable » peut tout de même être considéré comme le nom propre de ce résidu tenace ?

Dans un article intitulé « 'The subject doesn't matter, there is none' : Language, Subjectivity and Aporia in Beckett's *Unnamable*[74] », Derval Tubridy envisage elle aussi la question de la subjectivité à travers le prisme de la *deixis*.

---

70   *Cf. ibid.*, p. 79-80.
71   *Cf.* David Connor, *Samuel Beckett: Repetition, Theory and Text*, London: Basil Blackwell, 1988, cité par Katz, *Saying I No More*, p. 80.
72   Leslie Hill, *Beckett's Fiction: In Different Words*, Cambridge, Cambridge University Press, 1990, cité par Katz, *Ibid*.
73   « Beckett is not interested in the 'true name', but rather in the mechanics by which any name may be appropriated or referentially circumscribed into what Derrida calls 'relatively stable, unitary, atomic structures'. » Katz, *Saying I no more*, p. 81 (ma traduction).
74   Derval Tubridy, « 'The subject doesn't matter, there is none': Language, Subjectivity and Aporia in Beckett's *Unnamable* », in *Other Becketts. Journal of Beckett Studies* 10, no.1-2, éds. D. Caselli, S. Connor, L. Salisbury, Talahassee : Florida State University, 2001, p. 196-206.

Si Daniel Katz conclut sur l'aporie de l'impossibilité/nécessité de la subjectivité, c'est de ce constat d'aporie que Derval Tubridy fait le point de départ de son analyse. En effet, elle interroge la méthode aporétique déclarée à l'entrée de *L'Innommable* en montrant, avec Derrida, que l'aporie est le lieu paradoxal d'un passage, d'un frayage à travers une impasse, passage qui revêt le caractère d'un événement. Ici, le passage en jeu serait celui de la transgression de la limite de la langue et de la parole au sens de Saussure. Il y va du passage entre la structure discrète de la langue, où la valeur de chaque terme dépend entièrement des autres termes du système clos sur lui-même, et l'actualité de la désignation. Après Lacan, Derval Tubridy montre que le « Je » en tant que *shifter* désigne le sujet de l'énonciation mais ne le signifie pas. Ainsi, comme nous l'avons déjà montré, le sujet s'approprie sa position de subjectivité grâce au langage, mais la subjectivité n'est jamais fixée, et donc, par extension, elle n'est pas attachée au sujet comme sa possession propre. Mais l'auteure complémente son point de départ derridien d'une référence à l'analyse lyotardienne de la *deixis*, s'appuyant sur un passage de *Discours, figure* qu'elle rapproche de la fameuse Lettre Allemande de Beckett : « Avec ces 'indicateurs', le langage est comme percé de trous par où le regard peut se glisser, l'œil voir au dehors et s'y ancrer, mais cet 'au-dehors' renvoie lui-même à l'intimité première du corps et de son espace (et de son temps)[75]. » Tubridy note qu'avec ces « trous » percés dans le langage, Lyotard confère aux déictiques la fonction exacte que Beckett assignait à la littérature dans sa lettre à Axel Kaun de 1937 : « Ma langue m'apparaît de plus en plus comme un voile, qu'on doit déchirer pour arriver aux choses (ou au Rien) qui reposent derrière. [...] Y forer un trou après l'autre, jusqu'à ce que ce qui se tapit derrière, que ce soit quelque chose ou rien, commence à s'infiltrer – je ne peux pas m'imaginer de but plus haut pour un écrivain aujourd'hui[76]. » Le détour par Lyotard permet d'envisager l'emploi des déictiques dans *L'Innommable* comme l'instrument de cette torture du langage ouvrant sur son dehors. Le déictique dissout la certitude de la langue, la rendant dépendante de l'instance contingente de la parole, l'ouvrant à la profondeur du champ de la perception, à la corporéité de l'énonciation. Le refus de dire « je » correspondrait ainsi à un refus de l'incarnation, dont le parallèle

---

75   Jean-François Lyotard, *Discours, figure,* Paris : Klincksieck, 1971, p. 39 (Tubridy, *« 'The Subject Doesn't Matter' »*, p. 201).

76   « [I]mmer mehr wie ein Schleier kommt mir meine Sprache vor, den man zerreissen muss, um an die dahinterliegenden Dinge (oder das dahinterliegende Nichts) zu kommen. [...] Ein Loch nach dem anderen in ihr zu bohren, bis das Dahinterkauernde, sei es etwas oder nichts, durchzusickern anfängt – ich kann mich für den heutigen Schriftsteller kein höheres Ziel vorstellen. » [*sic*] Samuel Beckett, Lettre à Axel Kaun du 9 juillet 1937, in *Disjecta*, p. 52 (ma traduction).

dans le roman se trouve dans la dissolution du corps dont il ne reste plus qu'une voix. Pour Derval Turbidy, l'innommable est le seuil entre le monde et le mot, le viscéral et l'abstrait. Ce seuil n'est ni séparation exclusive d'un extérieur et d'un intérieur, ni gage de leur perméabilité l'un à l'autre – « je » n'est ni l'un ni l'autre, et un peu des deux tout à la fois, aporie-passage : « je suis le tympan[77] ». Ni idéal, ni réel, « je » se tient en dehors des deux domaines, interagissant avec eux dans la distance de son retranchement.

« L'innommable », dans cette lecture, pourrait donc être considéré comme le nom, impossible, recouvrant l'aporie. « Je », « tu », « il » sont les facettes d'une entité impossible à la fois une et multiple, qui perce dans le moment de l'aporie. Quelque chose fait percée dans la structure du *logos*, déchire le voile de la langue[78]. Dans la définition que Jean-François Lyotard donne du nom propre après Saul Kripke, il est un *quasi*-déictique : il appartient au système de la langue dans la mesure où il est attaché à un référent qu'il désigne invariablement à travers les univers de phrase, indépendamment de la présence dudit référent dans le contexte de l'énonciation. Mais il a en même temps la capacité de désigner directement ce référent en contexte. Comme le « je » de *L'Innommable*, il a la faculté d'ajointer la langue et le réel, le monde et le mot. Derval Tubridy remarque, dans un autre article, que l'énonciation du nom propre et celle du « je » sont tout aussi problématiques. Le narrateur du roman ne peut pas être nommé, car « nommer revient à amplifier un peu plus la force du déictique qu'il s'agit précisément d'abolir. Comme un déictique, le nom déborde le langage et s'étend dans le monde des corps. À travers le nom, le mot se fait chair, mais c'est là une situation impossible pour le narrateur[79]. » « L'innommable », s'il est donc un nom commun définissant un principe de circulation identificatoire polymorphe sous des noms d'emprunt, est tout aussi bien le nom propre paradoxal marquant le lieu d'une aporie, qui ne fait que rendre possible l'ouverture d'un passage singulier sur la membrane. « L'I/innommable » est encore un signe linguistique, car on ne saurait détruire le

---

77 *Inn*, p. 160.
78 Là est la différence majeure entre la lecture proposée par Daniel Katz et celle proposée par Derval Tubridy. Celle-ci propose une version dynamique du déictique, faisant droit à la « force viscérale » qu'il véhicule, là où celui-là repère des mécanismes qui se détachent d'une absence (ou d'une trace) originaire.
79 « The narrator of the novel cannot be named for to name is to further amplify the strength of the deictic term that he seeks to abolish. Like a deictic, the name reaches beyond language into the world of bodies. Through the name, the word becomes flesh, but this is an impossible situation for the narrator ». Derval Tubridy, « 'Words Pronouncing Me Alive': Beckett and Incarnation », in *Samuel Beckett Today/Aujourd'hui 9: Beckett and Religion; Beckett/Aesthetics/Politics*, éds. Mary Bryden et Lance St. John Butler, Amsterdam, Atlanta : Rodopi, 2000, p. 98 (ma traduction).

langage que du dedans du langage. Mais il désigne également quelque chose hors du discours, qui grouille à son entour, et qui lui demeure fondamentalement hétérogène. En ce sens il est le nom propre, qui n'en est pas un, qui correspond à ce « je », qui n'en est pas un, et permet de le prendre en référence. Le déictique, et le quasi-déictique qu'est le nom propre, ne marquent plus le lieu de l'émergence du sujet dans le langage, mais au contraire éloignent le locuteur de lui-même, et « perpétuent le décalage infini dans lequel 'je' est toujours 'il/elle'[80] ».

La question de départ, celle de savoir si l'Innommable est un nom propre ou un nom commun, s'avère donc mal posée. Le trouble introduit au sein du système déictique dans le roman place « l'I/innommable » en position de « superdéictique ». Il est le faisceau de voix irréconciliables qui ne sont propres à personne, la précipitation quasi-chimique, inéluctable, de tous les instants et de tous les lieux incommensurables où « je » est propulsé à la surface du discours, de tous les « il », de tous les masques, sans jamais qu'aucune identification soit possible. L'Innommable, c'est l'x du roman, la grande inconnue nécessaire à tout énoncé, dont nul ne figurera jamais ni les parties ni la somme, un x à la fois réel et imaginaire, discret et non-discret, matriciel et pointilliste, le point de contact des parallèles, ou, pour citer une expression chère à Beckett, une figure dont le centre est partout et la circonférence nulle part[81]. Il est le minimum qui permet que quelque chose soit dit, car il faut dire. Il est le postulat d'une identité qui permet le langage, et pourtant la marque que ce langage et que cette identité sont impossibles. « L'I/innommable » est l'opérateur par lequel le commun est structuré par le propre et sorti du chaos, le propre miné en retour par le commun qui l'entraîne avec soi dans les profondeurs de l'indistinction. Il est le paradigme de tout nom propre, qui n'est propre qu'en tant qu'il est impropre, (dé)figuré.

L'Innommable est le grand roman de l'indécidabilité. Cela tient sans doute à une nécessité de la forme romanesque, qui implique que la question de la référentialité du nom et du pronom soit liée à la question de l'énonciation narratoriale. J'avance l'hypothèse que cette question continue à être développée dans l'œuvre de Beckett alors même qu'elle tend de plus en plus vers l'abstraction et vers l'ascèse, et s'ouvre à de nouveaux media. Derval Tubridy remarque que la pièce *Pas moi* représente le contrepoint scénique de *L'Innommable*[82]: la bouche (seul élément du corps de l'actrice visible sur la scène), dans son soliloque, profère une voix toujours multiple, frappée d'incohérence référentielle,

---

80   Derval Tubridy, « Vain reasonings: *Not I* », in *Samuel Beckett: A Casebook*, éd. Jennifer Jeffers, New York and London : Garland, 1998, p. 125.

81   Voir Samuel Beckett, « La peinture des van Velde ou le Monde et le Pantalon », in *Disjecta*, p. 127.

82   *Cf.* Tubridy, « 'Words Pronouncing Me Alive' », p. 98.

jamais « moi », ni pleinement « je » ni pleinement « tu », ne pouvant être « soi » qu'en tant qu' « elle », cet autre créé dans le discours[83]. Le passage aux formes dialoguées permet également une représentation spatiale de la fragmentation de la voix dont la source demeure indécidable dans *L'Innommable*, corollaire d'une spatialisation des pôles pragmatiques de l'énonciation.

2.2   *Permutations* (Pas)

La courte pièce *Pas*[84], écrite en anglais en 1974 et créée en 1976, présente un dispositif formel étrange qui glisse du théâtre au récit[85]. Le plateau est plongé dans le noir à l'exception d'une « aire de va-et-vient » d'une largeur d'un mètre à l'avant-scène. Une femme parcourt cette aire de gauche à droite et de droite à gauche selon un schéma et un rythme millimétrés. La pièce est structurée en trois moments séparés par un instant de noir sur le plateau, à l'exception d'un rai de lumière vertical qui reste toujours allumé. Dans la première partie de la pièce, une voix parvient à la femme du fond du plateau. Cette voix, notée « V. » dans le script, répond d'abord au nom de « Mère ». La femme visible sur le plateau répond au nom de « May » – un nom simplement noté « M. » dans le script. La pièce commence par un dialogue entre May et sa mère (la voix), avant que May n'aille et ne vienne en silence tandis que seule la voix continue à parler. Elle parle de May, décrit sa posture présente, évoque son passé. Dans un dernier moment du texte, la voix disparaît. Seule May continue à parler, annonçant qu'il s'agit d'un « épilogue ». Or voilà qu'elle se met à parler d'un nouveau personnage, Amy, et à rapporter un entretien d'Amy avec sa mère, tantôt « Madame Winter », tantôt « Madame W. » Cette dernière partie répète, avec variations, des éléments du premier temps de dialogue et du second temps du « monologue » de la voix. Le dialogue, dont les participantes étaient séparées dans l'espace et marquées comme deux voix énonciatives distinctes dans la première partie, se tient maintenant dans le même espace, énoncé par la même bouche. L'épilogue provoque une interprétation rétrospective de la première partie, dialoguée, de la pièce : s'agissait-il depuis le début d'un dialogue intérieur ? Tout se passe comme si le processus de multiplication des voix à l'œuvre dans *L'Innommable* venait contaminer à rebours la forme théâtrale : là où le roman voyait éclater le postulat traditionnel de l'unité de la voix narrative énonçant un discours en première personne, le théâtre voit

---

83   *Cf.* Tubridy, « Vain Reasonings », p. 125.
84   Samuel Beckett, *Pas, suivi de Fragment de théâtre I et II – Pochade radiophonique – Esquisse radiophonique*, Paris : Minuit, 1978.
85   Une version de cette section a été publiée en anglais sous le titre « Esse ? Percipi? Referentiality and subjectivity in *Footfalls*, » in *(Dis)embodied Beckett*, éds Patrick Bixby et Seán Kennedy, *Journal of Beckett Studies*, n°27.1 (Printemps), p. 40-53.

progressivement ramenée à une seule source d'énonciation la polyphonie qui lui est propre. La femme sur le plateau se parle à elle-même. Ou plutôt, elle entretient un dialogue « dans [s]a pauvre tête » : elle « ressasse tout ça[86] », étant à la fois mère et fille, selon un mécanisme complexe reposant sur des permutations de positions énonciatives, qui ont pour corollaire des permutations dans l'ordre des lettres des noms propres.

Observons de plus près le dispositif énonciatif de la pièce et les glissements opérés entre le dialogue, le récit de V. et l'épilogue. Dans le dialogue de M. et V., les postes d'énonciation semblent clairement identifiés. Les pronoms de première et deuxième personne permutent selon le schéma usuel de la conversation : May s'adresse à sa mère en tant que « je » s'adressant à un « tu ». La mère en retour devient « je » s'adressant à May grâce au pronom « tu ». Les référents sont affirmés de manière stable d'entrée de jeu, puisque les deux participantes valident leur identification en répondant à leur appellation :

M. – Mère. (*un temps. Pas plus fort.*) Mère.
V. – Oui, May[87].

Dans le récit de la voix (second temps de la pièce), il semble d'abord que la stabilité référentielle permise dans le discours par la correspondance du nom et du pronom soit maintenue. La voix continue à dire « je », et prend maintenant May pour référent de son énoncé. Elle attire l'attention du public sur la figure en déplacement sur le plateau à travers des expressions comme « voyez » ; elle compte le nombre de ses pas, la désignant logiquement par le pronom « elle ». La voix affirme même que May est le « nom de baptême de l'enfant » : la permanence de l'identité semble garantie grâce à la stabilité du nom propre qui recouvre ces permutations dans la pragmatique de l'énonciation. Pourtant, un trouble est introduit dans le récit de la voix : « jusqu'à la nuit où, à peine sortie de l'enfance, elle appela sa mère et lui dit, Mère, ceci ne suffit pas[88]. » Là où la première partie dialoguée avait établi un lien apparemment stable entre la mère et May, et où cette stabilité semblait étendue au système pronominal correspondant, le « je » ne correspond plus avec certitude à la position « mère de May ». Nous n'avons pas, comme la logique l'imposerait ; « elle m'appela », mais « elle appela sa mère ». Un premier flottement, à peine perceptible, est introduit dans la référentialité de la voix.

Ce phénomène est systématiquement aggravé dans l'épilogue, avec l'introduction, dans le récit de May, d'un nouveau couple mère-fille : « La vieille

---

86   *Pas*, p. 10, p. 16.
87   *Pas*, p. 8.
88   *Pas*, p. 12.

Madame Winter, dont le lecteur se souviendra » et « Amy – nom de baptême de l'enfant, comme le lecteur s'en souviendra[89] ». L'introduction d'un « lecteur » paraît au premier abord simplement humoristique, puisqu'il s'agit d'une pièce de théâtre. Pourtant il semble aussi qu'un va-et-vient soit à l'œuvre entre le script de la pièce et son actualisation scénique. Ni le lecteur ni le public ne peuvent se souvenir du nom de personnages qui n'ont pas encore été mentionnés. La similarité des noms de May et d'Amy, construits par simple anagramme, et la récurrence de l'expression « nom de baptême de l'enfant », induit toutefois un trouble. Dans le script seul, un phénomène similaire est à l'œuvre avec le nom de la mère, dont le nom est abrégé en « Madame W. » après sa première occurrence complète. Lisant le script, on avait été accoutumé à associer la position de la mère à la lettre « v. » Là où la lettre « m » avance d'un cran dans le nom pour former un nouveau nom de fille, un nouveau personnage de mère est créé par l'avancement d'un cran dans l'ordre de l'alphabet. Dans ce dispositif étrange, tout se passe comme si un nouveau degré de réalité narrative avait été créé sous le simple effet d'une permutation par avancée de lettres dans un ensemble contingent préétabli. Car cette permutation graphique correspond à une permutation dans la pragmatique de l'énonciation. Dans l'épilogue, M. parle pour la première fois d'un référent désigné par un pronom de troisième personne. Des indices dans le texte laissent à penser qu'elle parle d'elle-même. À la fin de son récit, juste avant l'épilogue, la voix indique que May « parle encore », « dit comment c'était, tâche de dire comment c'était[90] ». Au début de l'épilogue est évoquée l'habitude du personnage objet du récit de « rôder », « allant et venant, allant et venant ». Tout porterait donc à croire que ce personnage est bien May, cette femme sur le plateau qui ne fait qu'aller et venir sur la même ligne droite, et que l'histoire qui suit dans l'épilogue est une tentative de parler du passé, tantôt en le décrivant, tantôt en reproduisant une situation de dialogue entre mère et fille. Dans cette hypothèse, cela impliquerait alors que M. ne puisse parler d'elle-même, se prendre elle-même pour référent de son discours, qu'en changeant de nom propre – et donc en parlant d'elle-même comme d'une autre. Mais si l'hypothèse de la permutation de la lettre désignant la mère est valable, cela signifie que le référent « mère » n'est pas non plus le même selon qu'il est en position de destinataire ou de référent de l'énoncé. Il semble qu'en dehors de l'adresse directe, qui voit la destinatrice et la destinataire échanger leurs positions dans le dialogue et adopter alternativement la position d'un « je » et d'un « tu », toute stabilité référentielle inhérente à un nom propre soit fondamentalement remise en cause. Dans la seconde

---

89   *Pas*, p. 14 et p. 15.
90   *Pas*, p. 12.

partie de la pièce, il semblerait que le nom de « May » ait pu être conservé grâce à la présence physique du personnage qui répondait au nom de « May » dans le contexte d'énonciation, sur le plateau. Mais alors, pourquoi la voix doit-elle exclure pour elle-même la possibilité de l'identité ? Est-ce simplement du fait que sa source n'est pas localisable physiquement ? Ce qui a changé entre le premier et le second épisode est la situation d'interlocution. Dans le récit de la voix, il n'y a plus de destinatrice et de destinataire qui permutent, mais une voix qui décrit le personnage silencieux sur la scène, désormais soustrait au dialogue. Ce qui a disparu, c'est la destinataire qui assure la destinatrice de son identité, de la coïncidence de son « je » et de son nom. Il semblerait alors que le « je » ne puisse recevoir une stabilité qu'en tant que situé dans une situation d'interlocution, et adressé en retour, c'est-à-dire identifié, par un « tu ». Le contenu du récit de la locutrice met en scène le fait que d'une phrase à l'autre, il est possible de « ne plus se sentir soi-même ». C'est seulement pour l'autre, par le nom sous lequel elle m'appelle, que je conserve une permanence référentielle, que mon identité perdure. Cette permanence de phrase en phrase, d'instant en instant, a quelque chose de miraculeux. Elle est si fragile qu'elle aussi chancelle, engloutie dans l'abîme du doute : il n'est même plus certain que l'autre ait été là : « Amy: ... je n'ai rien vu, rien entendu d'aucune sorte. Je n'étais pas là. Madame W. : Pas là ? Amy : Pas là. Madame W. : mais je t'ai entendue répondre[91]. »

Le nom propre, dans *Pas*, ne garantit pas l'identité d'un référent selon qu'il est « je », « tu » et « elle ». « Il n'y a pas de pronom... Le *je*, le *il*, le *nous*, rien ne convient », comme l'affirmait Beckett dans un entretien avec Charles Juliet portant sur *Pas*[92]. Tout changement de point de vue ou de position énonciative hors de l'interaction directe (je/tu en contexte) supposera alors un changement de nom. Tout se passe alors comme si chaque profération de nom ou de pronom avait valeur de « création de réalité », comme si la locutrice inventait un nouveau monde. De *Malone Meurt* à *Compagnie*, le monde de Beckett est peuplé de ces personnages inventés par les personnages, plus vrais que nature, plus vrais qu'eux-mêmes : « Inventeur de la voix et de l'entendeur et de soi-même. Inventeur de soi-même pour se tenir compagnie[93] ». Je peux affirmer la stabilité référentielle d'autrui, mais jamais la mienne. Après tout, « être, c'est être perçu », selon la doctrine berkeleyenne qui fournit le fil directeur de *Film*. Ce qui implique en retour une position bien précaire de la stabilité référentielle d'autrui : comment puis-je affirmer l'identité d'autrui si je ne suis pas sûre

---

91   *Pas*, p. 16.
92   In Juliet, *Rencontres*, p. 67.
93   Beckett, *Compagnie*, p. 33.

d'avoir été là, d'avoir été la même, entre la phrase *p* et la phrase *p+1* ? Le dispositif de *Pas* porte à sa limite l'assertion de *L'Innommable* selon laquelle « sans noms propres, pas de salut ». Le nom propre est révélé comme une convention ; la fixité de la relation qui l'unit à son référent est encore érodée. La réalité du référent est remise en cause : a-t-il vraiment été perçu ? Ce qui est perçu est-il bien stable d'instant en instant, de phrase en phrase ? Dans *Pas*, l'instabilité du nom entraîne derrière elle toute la stabilité du réel. La forme théâtrale permet à Beckett d'expérimenter cette stabilité du pronom et du nom propre : le réel chavire, et la seule chose qui pourrait en empêcher le naufrage intégral est la trace ténue du corps du personnage sur scène, « la chute des pas » dont la récurrence régulière aux oreilles du spectateur est l'index, aussi fragile et intermittente soit-elle, de la réalité d'une présence. Ironie qui fait d'une « chute » le rempart contre un naufrage.

Beckett travaille donc la *deixis*, l'exhibe sous toutes ses coutures au moment même où il les défait. Le nom, dans sa fonction d'unification, sur la peau du langage, d'une subjectivité factice – unité de principe dont le postulat, même réduit à son plus simple appareil, est pourtant requis pour continuer à dire – est inexorablement démantelé. Le trouble semé dans la pragmatique référentielle renverse le sujet par une opération de transbordement qui le rend « innommable » ; il est à la fois débordé et évidé, en son dehors et en son dedans, sous les attaques du doute intégral, qui, au fil des média rencontrés, réduit la certitude à la seule rencontre d'un corps et d'un nom, qui ne peut être « propre » qu'en tant que son incarnation est attestée par un tiers. Le nom propre, qui devrait être le garant de mon identité, est de plus en plus consumé par l' « illogisme brûlant » auquel aspire l'auteur.

3   Le nom propre, zone d'inintelligibilité

3.1   *Le nom enclavé* – Pochade radiophonique

Pochade Radiophonique, sorte de fable dont la date de création est incertaine[94], peut être envisagé comme une parodie du geste créateur et de sa relation à la critique, ou encore d'une relation herméneutique à l'œuvre dans une certaine pratique psychanalytique. Un « animateur » et une dactylo, accompagnés d'un personnage muet, Dick, en charge de distribuer les coups de fouet, torturent un personnage nommé Fox, pour l'amener à raconter des histoires qu'ils

---

94   *Pochade radiophonique* [PR], in *Pas, op. cit.* Les éditions de Minuit assortissent le texte de la mention: "années 60?" (p. 85). Le texte, d'abord écrit en français, a été traduit par Beckett en anglais peu avant sa première diffusion sur BBC3 le 13 avril 1976.

prennent très soigneusement en note. En dehors de ces séances, Fox est baillonné, séparé du monde extérieur par une cagoule, alimenté par voie de sonde. La pièce représente le déroulement de l'une de ces séances, où, pour la première fois, Fox « *nomme* quelqu'un[95] ». L'animateur et la dactylo parviennent à lui arracher le nom d'une certaine « Maud », cryptonyme où ils voient la clé de toute l'entreprise, et dont le déchiffrement devrait amener leur libération. Celle-ci, bien entendu, ne viendra pas, malgré les tentatives d'associations intra- et intertextuelles, les demandes de complément, les interpolations et autres forçages herméneutiques. Cette parodie de l'interprétation nous laisse avec un sentiment d'ambivalence. Pourquoi le sens est-il si radicalement, si cruellement refusé ? Peut-être est-ce tout simplement que l'animateur et la dactylo, que l'interprète, se trompent de quête, que le sens n'est pas là où on le cherche. Peut-être que le nom propre n'est pas fait pour révéler le secret dont il a été fait dépositaire, que la singularité qui le constitue ne renvoie pas seulement à un référent « réel », mais à tout un champ dont la signification n'est pas tant attachée au sujet auquel il réfère qu'au sujet qui le profère, et pour qui le nom véhicule cette signification. La signification du nom se déplacerait dans ce cas d'une qualité du référent à une qualité attachée de manière subjective, dans l'esprit du·de la locuteur·rice, au nom lui-même, le nom devenant d'autant plus opaque que le faisceau des significations qui lui sont attachées peut inclure des associations affectives, inarticulées, et donc éminemment singulières.

Par contraste, on voit que le nom de « Maud », lâché par Fox dans son récit, est intelligible du locuteur seul. Il s'agit d'une occurrence unique, sortant de nulle part, qui n'est accompagnée d'aucun contexte qui permette de l'identifier ni de lui attribuer des significations. Or ce nom semble associé à une forte dimension affective : après avoir relaté l'épisode où vient s'inscrire le nom de Maud, Fox se met à pleurer. Ce seul fait ne permettrait pas de lire la charge affective libérée comme étant liée au seul nom propre. Mais plusieurs éléments du dialogue qui suit immédiatement l'épisode semblent localiser cette charge sur le nom.

Le premier élément est véhiculé par une dimension intertextuelle. L'animateur évoque « les œuvres de Sterne », car il lui semble « qu'il y a là, quelque part, une larme qu'un ange vient recueillir[96] ». Beckett inscrit la référence intertextuelle dans une stratégie complexe, qui vise à la fois à jeter le discrédit sur la pratique citationnelle tout en en tirant des effets très sérieux. C'est la larme qui motive apparemment la référence à Sterne. Pour l'animateur, la

---
95   *PR*, p. 76.
96   *PR*, p. 76.

référence n'est qu'une digression inefficace (et pédante). Un second niveau de signification, plus cryptique, est pourtant véhiculé par le nom « Sterne », portant sur l'opération même de la nomination. En effet, dans *Tristram Shandy*, Le père du personnage éponyme affirme que le nom d'une personne exerce une influence importante sur sa nature et sur son destin, et décrète que son fils recevra le nom particulièrement positif de Trismégiste. Mais la femme de chambre chargée de déclarer la naissance se trompe de nom auprès du curé, qui baptise l'enfant Tristram – le pire nom possible selon la théorie du père, condamnant l'enfant à une vie de souffrances, et le privant de la faculté de comprendre les sources de ses malheurs[97]. L'animateur demande à la dactylo de noter sa référence à Sterne, avant de revenir au cœur du débat : « Qui est cette femme[98]... » ? Encryptée dans le texte à travers ce phénomène gigogne complexe, l'impossibilité de sonder le nom est placée au premier plan. Le nom de « Maud » résiste à livrer son programme, à expliquer le destin – et l'identité – de son référent, comme il le devrait dans la « logique » de Monsieur Shandy Père. Cette résistance du nom est transposée au niveau de la pratique citationnelle elle-même, puisque l'animateur, derrière le nom « Sterne », associe la signification « larme », et non la signification « nom » – aveugle à ce qu'il a devant les yeux. On voit encore une fois qu'une multitude de significations peuvent être associées à un nom propre, et que ces associations sont largement subjectives.

Le second élément permettant d'associer la charge affective au nom propre a des conséquences plus radicales pour l'étude des mécanismes référentiels du nom. À l'animateur qui demande confirmation que le nom de « Maud » a été proféré par Fox pour la première fois, la dactylo répond : « Tout à fait sûre, monsieur. Voyez-vous, ma nounou s'appelait Maud, ce qui fait que le nom m'aurait frappé, s'il l'avait prononcé[99]. » Pour la dactylo, le nom de « Maud » est associé à un souvenir de la première enfance – un souvenir affectif, qui « frappe ». Ici le fonctionnement pragmatique du nom propre est renversé. Il ne sert plus à désigner de manière stable un référent unique et fixe à travers les permutations de l'interlocution et les univers de phrase. Au contraire, il ouvre un horizon référentiel et émotif *à l'intérieur* du locuteur. Dès lors, le nom n'est pas susceptible d'entrer dans l'échange, dans la communication, dans la mesure où il recouvre un noyau affectif, hors discours, absolument personnel et singulier. Comme l'indiquait déjà la larme de Fox, sa profération déclenche

---

[97] Laurence Sterne, *The Life and Opinions of Tristram Shandy, Gentleman*, Volume 4, ch. XI, <http://www1.gifu-u.ac.jp/~masaru/TS/iv.100-119.html#ch.11> (accès le 13 février 2019).
[98] *PR*, p. 76.
[99] *PR*, p. 76.

une réaction affective qui n'est pas partagée, qui résiste à la prise logique et dialogique. Le nom n'est plus attaché à des qualités du référent lui-même, mais à une expérience subjective qui a été éprouvée dans le passé à l'occasion d'un référent porteur du même nom, et que la profération du nom suffit à raviver. S'il y a partage, cela ne peut être que de la conscience de la singularité non partageable de l'affect lié au nom, par empathie. Tout l'enjeu du texte est de montrer que rien ne peut être dit de ce nom qui cristallise une expérience, qu'il se dérobe toujours à la saisie, tout en répercutant pourtant ses effets à l'affleurement du discours.

Le récit de Fox est fragmentaire, décousu, agrammatical. Dans la séance précédente, dont la dactylo fait la lecture pour mémoire, il avait évoqué une taupe qu'il avait recueillie, soignée et nourrie. Au début de la séance présente, tout se passe comme si Fox avait intériorisé le point de vue de cet animal : « j'allais dans les galeries. [...] moi j'arrivais, par les couloirs[100] ». Ce récit étrange, dont le contexte demeure absolument obscur, amorce plusieurs thèmes majeurs : labilité du point de vue, déplacement souterrain, et temporalité du « mortvif[101] ». Ce réseau thématique est condensé et compliqué dans le fragment central du récit de Fox :

> F. – ... fatigue, quelle fatigue, j'avais mon frère dans le ventre, mon vieux jumeau, être à sa place et lui à – ah mais non, mais non. (*Un temps. Coup de règle.*) Moi, me relever, repartir, vous voulez rire, c'était lui, il avait faim. Fais-toi ouvrir me disait Maud, on t'ouvre le bide, ce n'est rien, je lui donne le sein s'il vit encore, ah mais non, mais non. (*Un temps. Coup de règle.*) Mais non[102].

Le nom de Maud est pris dans une scène fantasmatique récurrente dans les œuvres de Beckett, selon laquelle un autre, un « jumeau », un « double », est prisonnier à l'intérieur de soi, non-né, à peine vivant[103]. À son grand regret, le locuteur ne peut pas changer de place avec son jumeau en lui. Il semble aspirer à cette existence larvaire et intra-utérine, gage d'immobilité et de silence

---

100   *PR*, p. 74.
101   *PR*, p. 74.
102   *PR*, p. 75.
103   On retrouve cette obsession, par exemple, dans la seconde des *Autres foirades*: « J'ai renoncé avant de naître, ce n'est pas possible autrement, il fallait pourtant que ça naisse, ce fut lui, j'étais dedans, c'est comme ça que je vois la chose, c'est lui qui a crié, c'est lui qui a vu le jour, moi je n'ai pas crié, je n'ai pas vu le jour », in Samuel Beckett, *Pour finir encore et autres foirades,* Paris : Minuit, 2004 [1976], p. 39. Worm pourrait également être lu comme un cas de cet être larvaire enclavé.

– à défaut, il préfèrerait aussi bien mourir : « Laissez-moi partir ! Je veux aller claquer dans les galets[104] ». Mais c'est précisément cette larve enclavée en lui, qui pourrait tout aussi bien être déjà morte, qui semble l'obliger à continuer à se mouvoir – qui fait durer le supplice. Le locuteur, par cet autre mort-vif en lui, n'est ni tout à fait mort, ni tout à fait vif lui-même. Ce jumeau est-il « la... chose » dont l'expression mettrait fin à la torture ? Si l'extraction du jumeau permet enfin au locuteur d'être rendu « à ses chères solitudes », alors Maud, qui propose une césarienne et offre d'allaiter le rejeton, est à la fois une figure nourricière et une figure meurtrière. Au-delà de cette double fonction possible, qui s'inscrit dans l'association courante chez Beckett de la mère et de la mort (*naître/n'être* ; *womb/tomb*[105]), Maud demeure pleinement énigmatique. Là où le nom propre, inscrit dans un réseau de noms propres, devrait garantir l'inscription d'une réalité partagée, Beckett en fait une bulle de singularité inaccessible à tout échange, un point d'affect aveugle et muet. Ici, le nom déclencheur d'affect est un nom féminin associé à la fonction maternelle : il est question de parturition, d'allaitement, de soins. Ouvrant sur une relation archaïque, pré-linguistique, tant dans le récit de Fox que pour la dactylo, le nom de « Maud » est incrusté dans le langage en tant qu'il en est forclos, enclavé dans le récit comme le jumeau est enclavé dans Fox : inaccessible source de tourments.

Cette scène du jumeau enclavé résonne avec une scène bien connue évoquée par Beckett à plusieurs reprises, liée à une conférence à laquelle il assista le 2 octobre 1935 en compagnie de Wilfred Ruprecht Bion, avec qui il avait entamé une psychanalyse peu après Noël 1933[106]. C. G. Jung, invité à la clinique Tavistock de Londres pour y parler des rapports de la psychopathologie et de la création artistique, évoqua le cas d'une petite fille morte apparemment d'une maladie infectieuse peu après l'avoir consulté. Dans un entretien avec Charles Juliet, Beckett se souvient que Jung s'interrompit, et dit, comme s'il venait de le comprendre : « Au fond, elle n'était jamais née[107] ». Beckett précise à Charles Juliet : « J'ai toujours eu la sensation qu'il y avait en moi un être assassiné. Assassiné avant ma naissance. Il me fallait retrouver cet être assassiné. Tenter de lui redonner vie... » « J'ai toujours eu le sentiment que moi non plus, je n'étais

---

104   *PR*, p. 79.
105   *Cf.* Sardin, *Passions maternelles*, p. 12.
106   *Cf.* James Knowlson, *Damned to Fame. The Life of Samuel Beckett,* New York : Grove Press, 1996, p. 168.
107   Reproduit dans Juliet, *Rencontres*, p. 15-17. Cette formulation est également présente dans la bouche du personnage de Maddy Rooney dans la réécriture fictionnelle de l'épisode incluse dans *Tous ceux qui tombent*.

jamais né[108]. » L'écriture, pour Beckett, consisterait à retrouver cet embryon mort-vif[109].

Dans le cycle de cinq conférences qu'il donne à la clinique Tavistock du 30 septembre au 4 octobre 1935, Jung présente son modèle de la psyché et de l'inconscient personnel et collectif[110]. Dans la troisième conférence – celle à laquelle Beckett assiste – il commence par revenir sur le modèle de la psyché qu'il schématise selon des cercles concentriques, représentant les fonctions ecto- puis endopsychiques, agencées autour d'un noyau de noir total représentant l'inconscient.

Jung développe ensuite ses théories sur l'inconscient personnel et l'inconscient collectif (avec la notion d'archétype), tout en continuant d'insister lourdement sur le fait que l'inconscient ne peut pas être connu, mais peut seulement être pressenti par ses effets. C'est lors de sa réponse à la première question, portant sur les rêves des enfants, que Jung aborde le cas de la petite fille, qui a tant impressionné Beckett. Il commence par expliquer les rêves « archétypaux » (ou mythologiques) des enfants par la proximité de l'enfant qui commence à prendre conscience de son existence avec « le monde psychologique original » dont il vient à peine d'émerger, et qu'il définit comme « une condition d'inconscience profonde[111] » – une union avec l'inconscient collectif. Des problèmes peuvent survenir si un·e enfant conserve ces contenus à la surface de sa conscience pendant trop longtemps, auquel cas il·elle sera frappé·e d'une incapacité à s'adapter : « [l'enfant] est hanté·e par le désir ardent et constant de rester avec ou de retourner à la vision originelle. Il y a de magnifiques descriptions de ces expériences chez les mystiques et les poètes[112]. » C'est précisément ce qui est arrivé à cette petite fille de dix ans, une « enfant éthérée » (*ethereal child*) sujette à des rêves mythologiques, et en qui Jung reconnaît un défaut d'arrachement à cette forme d'inconscient profond[113].

Dans cette conférence, les contenus psychiques, qu'ils soient conscients ou inconscients, sont présentés comme des assemblages de composants, des complexes non unitaires ayant chacun une vie indépendante, presque un

---

108   *Ibid.*, p. 15.
109   Didier Anzieu voit dans la scène « elle n'était jamais née » une « révélation » à la fois « initiale et initiatique », in *Beckett et le psychanalyste*, p. 193. Voir aussi Bizub, *Beckett et Descartes*, p. 45 ; p. 268.
110   Carl Gustav Jung, *Analytical Psychology: its Theory and Practice. The Tavistock Lectures*, London, Routledge, 1968.
111   « a condition of deep unconsciousness ». *Ibid.*, p. 106. (ma traduction).
112   « he is haunted by a constant yearning to remain with or to return to the original vision. There are very beautiful descriptions of these experiences by mystics and poets. » *Ibid.* (ma traduction).
113   *Ibid.*, p. 107.

corps. Cette théorie de l'inconscient résonne avec des enjeux présents au cœur de l'écriture beckettienne. Peut-être peut-on voir dans cette zone inaccessible de l'inconscient ce jumeau mort-vif qui oblige à vivre, à écrire ? Comment comprendre le dispositif du récit de Fox, qui combine ce sentiment d'avoir en soi un être jamais né à une présence féminine extérieure, à la fois nourricière et meurtrière ? Sans doute la question est-elle mal posée. Comprendre, c'est l'affaire de l'animateur et de la dactylo – une affaire toujours manquée. Ce qu'il s'agirait plutôt de cerner à travers ce dispositif d'enclave, serait ce fait que « la... chose[114] », source et destination de l'écriture, n'apparaîtra jamais qu'en tant qu'elle se refuse à toute saisie, éternellement retranchée. Ici, nous allons le voir, l'inconscient et le nom ont partie liée.

La figure de l'enclave constitue le cœur du dispositif de *Pochade radiophonique*. Si le terme de « pochade » désigne une peinture esquissée en quelques coups de pinceaux, ou une œuvre écrite à la va-vite, on y retrouve aussi le mot « poche ». La pièce tourne autour de poches de résistance incompressibles et inaccessibles, aussi bien pour Fox que pour l'animateur et la dactylo, et dont l'incrustation semble autant inopérable qu'opérante. Car pour pouvoir faire cesser la torture de devoir dire, il faudrait pouvoir extraire cette chose indistincte, apparemment indicible :

> A (*avec douceur*). – [...] C'est dur, nous le savons. Cela ne dépend pas entièrement de vous, nous le savons. Vous pourriez couler de source jusqu'à votre dernier soupir sans que pour autant la... chose soit dite qui vous rende à vos chères solitudes, nous le savons. Mais, cela dit, une chose est sûre. Plus vous parlerez, plus vos chances seront grandes[115].

Pourtant, l'échec de toute parole est inscrit dans le texte même, à travers de nouvelles images empruntées aux sciences naturelles. L'animateur continue ainsi à exhorter Fox à parler :

> Traitez le sujet ! – quel qu'il soit ! (*Il renifle.*) Plus de variété ! (*Renifle.*) Ces éternels sites sauvages, c'est beau (*renifle*), mais ce n'est pas là que gîte le lièvre, ça m'étonnerait. (*Renifle.*) Ces schistes micacés, si vous saviez (*renifle*) l'effet que ça peut faire, à la longue. (*Renifle.*) Et votre faune ! Ces rats à poche[116] !

---

114 *PR*, p. 80.
115 *PR*, p. 79-80.
116 *PR*, p. 80.

Il faudrait « traiter » de Maud, il faudrait « traiter » du jumeau, il faudrait « traiter » de « la...chose », mais Fox ne fait que décrire des paysages, peuplés d'animaux. Or ces descriptions sont minées par des images d'inclusion, comme celle du « rat à poche ». Ce rongeur possède des « abajoues » qui s'ouvrent sur l'extérieur et lui servent à stocker la nourriture, qu'il vide à l'aide de ses pattes avant. La poche du rat n'a pas pour fonction de « traiter », d'ingérer, de transformer la nourriture, mais de la transporter[117]. L'animal porte la nourriture dedans-dehors : la poche est un repli dans son corps dont la membrane préserve pourtant cette nourriture de tout contact avec l'intérieur, de toute influence nourricière. Dans l'abajoue, l'intégrité du corps étranger est préservée à même le corps hôte dans lequel il est temporairement enclavé. Mais c'est surtout la métaphore géologique, filée de manière souterraine dans toute la pièce, qui vient inscrire des effets de sens. Le schiste micacé est en effet un type de roche métamorphique. Sous l'effet de très fortes pressions et températures, des argiles subissent des transformations de plusieurs ordres. Une transformation mécanique conduit à la présentation d'un feuilletage en plans parallèles. Elles subissent également des transformations chimiques : les composants minéraux sont modifiés, et conduisent à l'apparition de micas, particules rocheuses incrustées au sein du plan de schistosité, le tout résultant d'un unique processus de formation. Ce processus est irréversible. Pour faire parler Fox, l'animateur tente de « RÉDUIRE la pression, au lieu de l'augmenter[118] ». Mais si l'on suit strictement le fil de la métaphore rocheuse, tant qu'il y a pression, même réduite, le processus métamorphique continue à opérer. Pour pouvoir atteindre le mica enkysté, il faudrait faire exploser l'ensemble de la roche, désagréger le sujet – autant dire « claquer dans les galets ».

La version anglaise de ce dernier syntagme renforce encore la métaphore : « *Peter out in the stones*[119] ». Le terme *to peter out*, apparu en 1846 dans l'argot des mineurs américains, en pleine période de ruée vers l'or, signifie « s'éteindre », « se tarir », « s'émousser ». Plusieurs étymologies ont été suggérées, qui permettent toutes, combinées, de jeter une nouvelle lumière sur le texte qui nous occupe. « *To peter* » (s'épuiser, 1812) pourrait provenir de « *St. Peter* », Saint Pierre, ou encore du français « péter », ou encore de « *salpeter* », le salpêtre, ingrédient de la poudre explosive utilisée dans les mines. Il s'agit bien de tout dynamiter, mais on n'obtiendra qu'une nouvelle « foirade » : la ruine de tout « fondement », la réécriture à l'envers de l'évangile selon Mathieu (16 : 18) :

---

117 La version anglaise ne parle pas de poche, mais insiste sur le caractère souterrain et le fait de creuser : « fodient rodent ». Samuel Beckett, « Rough for Radio II », in *Samuel Beckett, The Complete Dramatic Work*, Londres : Faber and Faber, 1986, p. 282.
118 *PR*, p. 73.
119 *Ibid*., p. 281.

« *Thou art Peter, and on this rock I will build my church* » – « Tu es Pierre, et sur cette Pierre je bâtirai mon Église ». Toute fondation est emportée par le souffle de l'explosion – *petered out*. Plus de pierre stable où construire, mais un éboulement généralisé, des galeries souterraines, du sable, de la boue[120]. Car la pierre où l'on bâtit ne saurait être recouvrée par aucun métamorphisme, aucune modification de pression : elle est escamotée du texte, amputée du sujet fragmentaire qui ne porte sa complétude en lui qu'en tant que perdue : Fox crève du désir de retrouver « les galets », mais peut-être aussi cette pierre fondatrice : le *rock* qui manque à Fox pour donner « Foxrock », le nom de la banlieue de Dublin où Beckett est né et a grandi.

Les images d'enclavement conduisent donc à l'excavation du nom, mais une excavation qui n'ouvre que sur un site évidé, éventré d'un contenu qui n'est présent qu'en tant qu'absent. Fox tant qu'il sera vivant sera amputé de ce *-rock*, son membre fantôme. Fox est la partie émergée de la personne, la partie discursive, vouée à chercher cet autre inaccessible en soi. La scène du jumeau mort-vif, dans sa résonance avec la conférence de Jung, permet de rapprocher cette partie escamotée du nom propre d'une conception fragmentaire de la psyché qui fait droit à une vision dynamique de l'inconscient. Toujours enclavé, inaccessible, il se laisse sentir par ses effets sur le texte : ce *-rock* manquant, pierre de touche de l'œuvre, est disséminé dans le texte comme cette figure d'inclusion opérante. Pour regagner la paix intra-utérine, il faudrait que « la... chose » soit enfin dite, dissoute, prélevée par opération pour être rendue inopérante. Pour regagner l'enfance il faudrait procéder à une lithotomie – le dispositif de la pièce n'est pas sans rappeler le fameux tableau de Bosch intitulé *L'excision de la pierre de folie*. Pour regagner la complétude de *Foxrock*, il faudrait mourir.

La présence-absence de *-rock* ouvre une perspective tout à fait nouvelle, souterraine cette fois, sur la question de la pragmatique du nom propre. Le nom de Fox n'est que la partie émergée dans le discours de l'iceberg référentiel. Une partie émergée qui est aussi une partie amputée. Fox le renard n'atteindra jamais, malgré toutes les tortures exégétiques, le lièvre qui gîte dans sa tanière, le *-rock* qui gît en lui. Dès lors, quelle réalité peut être établie autour de noms toujours grevés, inadéquats ? L'animateur voudrait un « sujet traité » – or *Pochade radiophonique* nous montre précisément qu'il n'y a de sujet que « poché ». L'animateur, image de la critique, tente « scientifiquement » de rétablir les faits quant à Fox, de recouper des informations (inexistantes) quant à la signification et quant au référent de Maud, d'échafauder des hypothèses. Tâche

---

120   Sur l'importance des images du sable et de la boue dans l'œuvre de Beckett, *cf.* Anzieu, *Beckett et le psychanalyste*, p. 140-141.

vaine s'il en est, puisque cette pierre de folie qu'il tente « d'exciser » a été perdue au moment où Fox est sorti de la « zone du noir central », de la relation primordiale, où il est entré dans le discours et devenu Fox au prix du sacrifice de -*rock*. La pierre sur laquelle construire le réel est évanouie, poche vide et pourtant active dans les souterrains de la conscience – toute certitude sur laquelle on pense pouvoir construire l'édifice de la réalité est laminée par la possibilité d'un glissement de terrain.

3.2 *Le nom propre, « zone dangereuse » au carrefour de la communication ?* – Quad

Au terme de cette exploration du fonctionnement pragmatique du nom propre au fil de l'œuvre de Beckett, on pourrait voir dans la pièce pour la télévision *Quad* une mise en scène qui récapitulerait son fonctionnement, à la fois comme instance prise dans un réseau de communication et comme poche absolument singulière et inaccessible d'inintelligibilité.

Quad est une entreprise combinatoire sans paroles « pour quatre interprètes, lumière et percussions[121] », visant à l'épuisement des possibilités du dispositif de départ. Quatre personnages, vêtus de tuniques de couleurs différentes, circulent sur les côtés et les diagonales d'un carré (noté ABCD), chacun se voyant attribuer une couleur de lumière et un son particuliers. La pièce finit quand toutes les possibilités de circulation et de croisement de ces personnages (en solo, duo, trio ou quatuor), et toutes les combinaisons de lumière, de percussions et de costumes corollaires, ont été épuisées. Cependant, un espace reste radicalement inexploré, intouchable : le centre E, où les personnages doivent se croiser. (Figure 1.1). Dans le script décrivant le dispositif, Beckett mentionne le « problème » suivant : « Négociation de E sans rupture de rythme lorsque trois ou quatre interprètes se rencontrent en ce point. Ou, si ruptures admises, comment exploiter au mieux[122] ? » Et, dans une note, il vient résoudre ce problème technique en conférant à ce point de friction E une caractéristique non plus technique, mais qualitative : « E supposé zone de danger. D'où déviation. Manœuvre établie dès le départ par le premier solo à la première diagonale (CB)[123]. » Même lorsqu'un seul personnage parcourt la diagonale, il ne franchit pas le point E, alors qu'aucun obstacle ne l'en empêche. Le centre E, rebaptisé « zone de danger », est toujours contourné, selon le schéma suivant :

---

[121] Samuel Beckett, *Quad et autres pièces pour la télévision*, Paris : Minuit, 1992, p. 9.
[122] *Quad*, p. 14.
[123] *Ibid.*

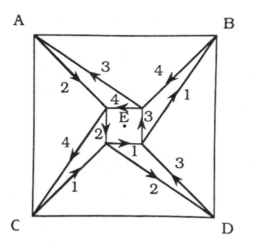

FIGURE 1.1
Samuel Beckett, *Quad et autres pièces pour la télévision.*
© ÉDITIONS DE MINUIT, 1992.

Le « ballet » muet dessine un espace logique de relations dont le point focal est aveugle. Comme le nom propre dans sa pragmatique chez Beckett, le point E fonctionne comme une poche intouchable, inintelligible, et pourtant nécessaire à l'ordonnancement du donné, point de mire autour duquel tout gravite.

Comme dans les séries de *Watt*, toutes les possibilités sont épuisées dans *Quad*, méthodiquement, l'une après l'autre. *Quad* est l'épure mathématique qui spatialise l'étalement des possibilités multiples incluses sous tout donné. Dans les conditions définies à l'entrée du dispositif, voici toutes les combinaisons possibles, et voici comment sera épuisé le réel. La combinatoire est la formule qui permet à Deleuze d'avancer sa théorie sur les « disjonctions inclusives », qui trouve ici son expression formelle la plus claire. Aucune configuration n'est préférée à une autre ; toutes se succèdent, sans hiérarchie, mécaniquement. Toutes les manières dont les personnages peuvent se croiser en E sont accomplies. Si l'on accepte de comparer ce fonctionnement à celui du nom propre, alors on voit que le dispositif présente, étale, toutes ses configurations possibles – toutes ses virtualités, sans sélection d'une option privilégiée d'actualisation. Pourtant, ces configurations n'existent que par les permutations des éléments *autour* de E. Le nom propre, comme le point E, n'est accessible que du dehors ; ses contours sont tracés par les allées et venues des interprètes qui permutent autour de lui sans jamais en pénétrer l'intérieur. Comme le nom propre, le point E est donc défini, dessiné de l'extérieur par la permutation des positions et des trajectoires des personnages : par une configuration, une position logique et non par une qualité essentielle.

Le ballet de *Quad* pourrait chorégraphier, par sa structure combinatoire, un espace logique de communication transparente. Pourtant, cette poche de résistance ménagée en son sein, cet espace inaccessible qu'est ce centre gravitationnel, vient miner du dedans cette transparence, la retourne comme un gant. Deleuze voit dans le décrochage des personnages en E le mouvement qui permet à Beckett de dépotentialiser l'espace, par suppression technique de tout événement, de toute rencontre[124]. L'événement ne peut pas se produire ; l'espace ne peut pas le réaliser. Le « réel », compris ici comme l'ensemble des configurations possibles dans un dispositif fini, est épuisé par l'accomplissement de ses virtualités, qui n'est qu'une actualisation dérisoire. L'événement est impossible : si le réel est la certitude quant à un état de faits, alors *Quad* montre que la certitude (mathématique) ne fait jamais que graviter autour d'un irrationnel dont elle trace l'orbe, son premier moteur immobile. Le nom propre fonctionne chez Beckett comme le point E : fixité nécessaire à la convergence des trajectoires, pôle de cohérence des possibles, moteur de leur actualisation, il se dérobe toujours à toute essentialité. Il est un *quod* sans *quid*. Quad. Atoll. Innommable. Pépite d'inintelligibilité irradiante. À l'autre extrémité de l'œuvre de Beckett, dans les premiers essais sur l'art, on retrouve l'image d'une « zone de danger » figurée comme espace irrationnel inaccessible au sein d'une figure géométrique. En effet, dans « Les Deux besoins », il parodiait déjà « les aposteriori foireux de l'Esprit et de la Matière », proposant pour définition de l' « autologie créatrice » cette figure du « dodécaèdre régulier » (Figure 1.2), dont le centre était qualifié de *lubricum et periculorum locus*[125].

Ce « dodécahèdre », « divine figure dont la construction dépend d'un irrationnel, à savoir l'incommensurabilité de la diagonale de carré avec le côté, sujet sans nombre et sans personne » (56), trace en son sein un trou qui est un « enfer d'irraison d'où s'élève le cri à blanc » (56), un cri qui n'est pour autant jamais une réponse, qui serpente autour du trou noir qui est à la fois son origine, son principe et sa fin inassignables, et qui comme la mort ne saurait se regarder en face. Dans *Quad*, le point E est situé sur la diagonale du carré, cette même diagonale dont on dit qu'Hippasos fut lynché par les disciples de Pythagore pour avoir découvert qu'elle dépendait d'un irrationnel. La « zone de danger », le « *lubricum et periculorum locus* », est dangereuse en tant qu'elle est ce principe d'inintelligibilité absolu au cœur de tout intelligible, la fondation même de tout réel, la face cachée du *cogito*[126]. Cette zone que personne ne veut

---

124 Deleuze, « L'épuisé », p. 82-83.
125 Samuel Beckett, « Les Deux besoins », in *Disjecta*, p. 55-57, ici p. 56 et p. 57. C'est E. Bizub qui attire l'attention sur la pertinence de ce rapprochement, dans *Beckett et Descartes*, p. 237-238.
126 D'autres hypothèses ont été bien sûr émises quant à cette « zone de danger » dans *Quad*. Cf. en particulier les analyses d'Edward Bizub qui rapproche cette zone de la *khôra* derridienne, cet X qui résiste à toute définition, et qui de par l'absence d'article en grec

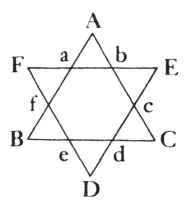

FIGURE 1.2
Samuel Beckett, « Les Deux besoins ».
© ÉDITIONS DE MINUIT.

ni ne peut voir, sous peine de voir tout le réel englouti sous la vague de l'indistinction. Et nous avons vu, avec *Pochade radiophonique*, combien cette « zone dangereuse » a partie liée à l'inconscient, au matriciel, au pré-linguistique – à l'enfance. Chez Beckett, le nom propre a partie liée à cette structure duelle : élément logique servant à désigner un individu singulier à l'exception de tous les autres dans une structure d'échange, une combinatoire, il réfère toujours aussi à une part éminemment obscure dans cet individu, qui toujours sera en retrait de la saisie logique, et qui pourtant oriente, polarise, tout le discours.

ressemble à un nom propre, mais qui, privé de référent réel, ne fait que désigner un référent qui a pour propriété de n'avoir rien en propre et de rester informe (*Beckett et Descartes*, p. 273-275), ou encore celles de Rina Kim qui y voit la localisation de « l'autre perdu », voire de la mère comme objet internalisé (« *the internalized (m)other* », in *Women and Ireland as Beckett's Lost Others. Beyond Mourning and Melancholia*, Londres : Palgrave MacMillan, 2010, p. 19).

CHAPITRE 2

Réalités suspendues – Édouard Levé

Comme l'œuvre de Samuel Beckett, l'œuvre d'Édouard Levé est ancrée dans le doute[1]. Dans *Suicide*[2], court texte qui décrit un personnage similaire par bien des aspects à la description que Levé fait de lui-même dans *Autoportrait* (au point que l'œuvre a pu être caractérisée d' « autofiction spéculaire[3] »), il écrit : « Tu te livrais à d'interminables séances de doute. Tu te disais expert en la matière. Mais douter te fatiguait tant que tu finissais par douter du doute[4]. » Ce scepticisme, élevé au rang de discipline, pourrait caractériser l'ensemble de la démarche artistique de Levé. Ses photographies, ses œuvres littéraires, ses propositions d'œuvres plastiques, introduisent un trouble dans les apparences, dont elles font vaciller la certitude de manière systématique.

Pourtant, son art s'inscrit dans une perspective éminemment réaliste. Photographe, il reste fidèle à la technique argentique. Dans une « interview par lui-même », publiée en marge de ses séries photographiques de *Reconstitutions*, il affirme : « j'ai choisi un médium, la photographie, *qui duplique le réel*, et je n'ai rien retouché[5]. » Comment douter de la réalité d'une photographie pensée comme le duplicata direct de la réalité ? Écrivain, il aspire à une « écriture blanche », dénuée de toute marque de subjectivité, et cherche la poésie dans « le compte rendu factuel[6] ». Il déclare : « Tout ce que j'écris est vrai[7] ». Difficile en effet de ranger dans la catégorie traditionnelle de la fiction[8] une

---

1   Une version exploratoire de ce chapitre a été publiée sous le titre « Neutralisations : Le nom propre dans les 'fictions' figeantes d'Édouard Levé », in *Fiction et virtualité(s)*, éds Anne Besson et Richard Saint-Gelais, *Revue critique de fixxion française contemporaine* n°9, 2014, <http://www.revue-critique-de-fixxion-francaise-contemporaine.org/rcffc/article/view/fx09.10/891>, accès le 1er mai 2019.
2   Édouard Levé, *Suicide,* Paris : Gallimard, coll. Folio, 2009, [P.O.L., 2008] [*S*].
3   Laurie Laufer, « Le suicide à l'adolescence. Édouard Levé, anatomie d'un suicide », in *Adolescence*, no. 72 (2010/2), p. 410-411.
4   Édouard Levé, *Autoportrait,* Paris : P.O.L., 2013 [2005], p. 30 [*Au*].
5   Édouard Levé, « Interview d'Édouard Levé par lui-même », in *Angoisse/ Reconstitutions*, Paris : Éditions Nicolas Chaudun, 2008, p. 84 (mes italiques), [*I*].
6   *Au*, p. 43-44.
7   *Au*, p. 82.
8   Françoise Lavocat rappelle combien la définition traditionnelle de la fiction, souvent comprise au sens d'une histoire fondée sur des faits imaginaires, est restrictive, et peu représentative des pratiques littéraires à travers les cultures et les âges. Elle propose une classification des usages de la fiction qui s'inspire en la modifiant de la distinction établie par Thomas Pavel dans *Univers de la fiction* (Paris : Seuil, 1988) entre une vision de la

œuvre de photographie argentique non retouchée, un *Autoportrait* constitué d'assertions « vraies » mises bout à bout sans autre logique que l'accumulation, un collage d'articles de presse dont ont simplement été effacées les indications contextuelles (*Journal*[9]), une série de 533 descriptions d'œuvres réalisables quoique pour la plupart non réalisées (*Œuvres*[10]), ou bien même un volume, pourtant appelé *Fictions*[11], qui comprend à la fois des fragments poétiques et leur pendant photographique[12]. Et *Suicide*, seul texte de Levé à se rapprocher d'une narration traditionnelle, est encadré par deux morts violentes bien réelles : celle de l'ami suicidé à qui s'adresse le narrateur[13], et celle de l'auteur lui-même, qui a mis fin à ses jours le 15 octobre 2007, dix jours après avoir déposé le manuscrit chez son éditeur. Impossible de ranger ces textes dans une catégorie rassurante, indépendante d'une actualisation des écrits dans le monde « réel », où spéculation et scepticisme n'affecteraient pas la réalité du réel protégé par son autonomie en regard de la « fiction ».

C'est du sein même de cet art réaliste que Levé vient faire planer le doute sur la réalité. En effet, dans ses photographies comme dans ses textes, Levé part « d'un registre réaliste et documentaire, [qu'il fait] glisser vers l'étrange[14]. » Mais pas question, chez cet admirateur de Borgès, de glisser vers une forme de « réalisme magique », ou d'emprunter les codes du fantastique. S'il ébranle la réalité, ce n'est pas en la doublant d'une nappe fictionnelle qui l'ouvrirait à une surnaturalité quelconque, c'est au contraire en plongeant dans les entrailles de la réalité qu'il démembre et neutralise au seuil de sa constitution pour en interroger l'étoffe. L'hypothèse qui anime ce chapitre est que l'art « réaliste » de Levé sème le doute sur la réalité en l'ouvrant de l'intérieur à une instabilité référentielle. Parce qu'elle est constamment située à la croisée des arts visuels et

---

fiction qui oppose le factuel et le fictionnel comme deux mondes hétérogènes et une vision qui pose un continuum entre les deux. « Introduction », in *Fiction et cultures*, éds. Françoise Lavocat et Anne Duprat, Paris : Société Française de Littérature Générale et Comparée, 2010, p. 11-31.

9   Édouard Levé, *Journal,* Paris : P.O.L., 2004, [*J*].
10 Édouard Levé, *Œuvres,* Paris : P.O.L., 2002 [*Oe*].
11 Édouard Levé, *Fictions,* Paris : P.O.L., 2006.
12 Les fragments font part du point de vue de l'un des personnages de l'image sur la scène photographiée. Chloé Conant décrit et analyse le dispositif dans « Histoires d'images et de textes : les œuvres photo-fictionnelles de Sophie Calle et d'Édouard Levé », in *Littérature et Photographie*, éds. Jean-Pierre Montier, Liliane Louvel, Danièle Méaux et Philippe Ortel, Rennes : Presses Universitaires de Rennes, 2008, p. 366-367. Dans la mesure où le nom propre n'entre pas en jeu dans *Fictions*, je l'écarterai du corpus d'étude.
13 À l'avant dernière page d'*Autoportrait*, le lecteur apprend l'existence d'un ami de l'auteur qui ressemble trait pour trait à celui dont le suicide et la vie seront relatés dans *Suicide. Cf.* L. Laufer, *Suicide à l'adolescence*, p. 410-11.
14 *I*, p. 87.

des arts du langage, son œuvre dispose de nombreux leviers pour travailler le lien qui unit le référent aux processus de nomination, de désignation et de signification qui en établissent la réalité. Et, en déboulonnant ainsi les mécanismes de la référence, Levé touche aussi aux questions de la contingence, de la potentialité et de la nécessité, en situant son œuvre à la frontière poreuse du virtuel et de l'actuel.

Pour comprendre le sens ici attaché à ces termes, observons l'*œuvre* numéro 72, dont la description est la suivante : « Les résidus de gommage des dessins de tous les élèves d'une école des Beaux-Arts sont recueillis pendant un an et agglomérés en cube[15]. » Cette proposition montre, d'une part, qu'une œuvre d'art est d'ordinaire réalisée à travers une série de décisions corollaires de l'élimination de caractéristiques germinales imparfaites. L'œuvre d'art achevée se donne à voir, à lire, à entendre dans une actualité aveuglante, qui repose sur l'oubli des potentialités multiples qui ont été niées tour à tour pour faire de l'œuvre ce qu'elle est. Et, en proposant une *œuvre* à partir des résidus de ces éliminations qu'il recueille, Édouard Levé donne à voir ce processus d'escamotage du virtuel qui est constitutif de toute actualité, il cristallise ces virtualités dans l'actualité paradoxale d'une œuvre sapée par son matériau même. Mais l'affaire est encore bien plus vertigineuse, puisque l'œuvre n°72 n'est pas réalisée, mais demeure à l'état de description littéraire, *fictive*. Elle décrit au présent dit « de vérité générale » une œuvre qui n'existe pas dans la réalité, mais qui pourrait être réalisée. Chez Levé, l'opposition de la fiction et de la réalité semble se dissoudre, là où le virtuel n'est qu'un actuel inaccompli, et où le réel ne semble à son tour être que l'actualisation d'un possible parmi d'autres. Prises ensemble dans des œuvres tantôt littéraires, tantôt photographiques, tantôt multimédia, ces notions sont compliquées au bord de leur indistinction. L'objet, qu'il soit *réel* ou *fictif*, est figé dans l'instant où affleure son partage entre actualité et virtualité, et, de par cette neutralisation qui le fige, est déréalisé.

L'analyse du fonctionnement du nom propre dans les œuvres d'Édouard Levé fournit un point d'ancrage privilégié pour la compréhension de ces processus de neutralisation. De manière générale, Levé place le nom propre et la question de la référence au premier plan de ses travaux aussi bien photographiques que littéraires. Il désarticule ou perturbe les opérations qui allient le nom propre à son référent ou à ses significations, aboutissant ainsi à des effets de déréalisation ou d'étrangeté – et ceci même, voire surtout, lorsque ses dispositifs ne reposent pas sur la mise en avant du nom mais sur l'opération inverse d'effacement de tout nom propre. L'enjeu de ce chapitre est d'observer la

---

15   *Oe*, p. 37.

manière dont Édouard Levé, en travaillant la matérialité, la référentialité et la signification du nom propre, perturbe profondément et durablement l'accès à la « réalité » dont il met en lumière l'établissement.

Si les œuvres d'Édouard Levé sont l'objet d'un intérêt toujours croissant, comme en témoignent les traductions récentes de ses textes dans plusieurs langues, elles ont fait l'objet de peu d'études universitaires. Outre des articles de quotidiens ou de fanzines, qui incluent des comptes-rendus d'exposition et des faire-part du suicide de l'artiste, quelques études académiques ont paru, dans des articles portant sur la combinaison de la photographie et de la littérature[16], sur les questions de la fictionnalité et du réalisme[17], sur la question du lieu dans ses photographies[18], ou qui analysent la figure du suicide[19]. Dans *Esthétique du stéréotype. Essai sur Édouard Levé*, Nicolas Bouyssi affirme lui aussi que « les œuvres de Levé tournent toutes autour de cette question du nom [...][20]. » L'objectif de l'auteur est « de prendre Levé comme exemple [...] afin d'enquêter [...] sur ce que pourrait être un certain art contemporain et une certaine littérature actuelle[21] ». Dans ce cadre, la tension du propre et du commun est considérée comme symptomatique d'une tendance contemporaine à la muséification, à la pétrification des êtres et des choses, au stéréotype, qu'il relie à l'évolution de nos sociétés sous l'effet de l'accélération de la communication. Il situe son analyse du nom propre chez Levé autour « de son aspect qualitatif (propre) et de son aspect quantitatif (commun)[22]. » Selon lui, les œuvres de Levé « répètent que le nom est devenu commun », que la spécificité du propre est réduite à du commun afin d'être communicable immédiatement et sans perte, dans une logique de *name dropping*. Pour Bouyssi, les neutralisations de Levé exhibent ce gel des êtres et des choses dans une uni-

---

16 *Cf.* Conant, « Histoires d'images ».
17 *Cf.* Pascal Mougin, « La fiction à force de réel : Jean-Charles Massera/ Édouard Levé, in *Fiction et réel*, éds. France Fortier, Francis Langevin, *@nalyses. Revue de critique et de théorie littéraire* 4, n°2, Printemps-été 2009, <https://uottawa.scholarsportal.info/ojs/index.php/revue-analyses/article/view/629>, accès le 3 septembre 2014.
18 *Cf.* Muriel Berthou Crestey, « L'Esprit des lieux dans les photographies d'Edouard Levé », « L'Esprit des lieux dans les photographies d'Edouard Levé ». *Le regard à Facettes. Carnet de recherches visuelles* (blog), 7 juin 2010, <http://culturevisuelle.org/regard/archives/94>, accès le 29 août 2014.
19 Laurie Laufer, « Le suicide à l'adolescence »; mais aussi Etienne Ruhaud, « Édouard Levé, écrire le suicide », in *Opéra Fabuleux* (blog), 16 janvier 2013, <http://etienneruhaud.hautetfort.com/archive/2013/01/16/critique-ecrire-le-suicide-d-edouard-leve-note-parue-dans-di.html>, accès le 30 août14.
20 Bouyssi, *Esthétique du stéréotype*, p. 14.
21 *Ibid.*, p. 20.
22 *Ibid.*, p. 15 (déjà cité).

vocité réductrice impliquée par la tyrannie de la transparence communicationnelle, tout en lui opposant une opacité énigmatique qui permet de se soustraire à la tentation stéréotypique. Ses œuvres visent à rechercher le propre dans le commun tout en montrant ce qu'il y a de commun dans ce qui devrait nous être propre, et s'installent dans l'espace oxymorique, dans le champ de tension entre ces deux propositions[23].

Bouyssi identifie lui aussi la question de la coïncidence du nom propre et de son référent comme étant un levier essentiel du travail de Levé. Et lui aussi s'appuie partiellement sur la théorie développée par Jean-François Lyotard, en montrant que « même quand le nom et le référent sont une même chose[24] », le sens délivré par ce « quelque chose » varie de phrase en phrase. Le recours à Lyotard lui permet d'opposer la logique « nominaliste et castratrice » (oedipienne et négatrice de la pluralité (et) du désir) du *name dropping*, qui soude l'individu dans l'univocité fixe du référent, du nom et du sens, à une logique « photographique et partouzarde » (désirante et ouverte à la polyvocité) qui serait celle de Levé, tolérant plusieurs référents et plusieurs sens sous un seul nom élastique, comme dans le cas des *Portraits d'Homonymes* ou de la série *Angoisse*[25]. Bouyssi fait coïncider cette opposition avec la distinction, cette fois tirée des travaux de Deleuze et Guattari, entre nom propre et signature. Le nom propre « ceinture l'individu » dans la problématique familiale oedipienne. Selon Bouyssi, cette « version psychanalytique » du nom propre réduit l'individu « à du commun (du plus que 1) parce que le nom, dans cette version, est toujours ce à quoi on se réfère (le nom du père), et il contraint à se retourner vers le passé afin de savoir qui l'on est[26]. » Au contraire, la signature, ouverte au devenir et à la multiplicité, est « tournée vers l'événement et non la répétition ». Comme l'a montré Jacques Derrida (que Nicolas Bouyssi ne cite pas), la signature est marquée par ce paradoxe de devoir avoir « une forme répétable, itérable, imitable » pour pouvoir fonctionner et être rattachée à la source d'un énoncé et marquer l'événement singulier de sa production : paradoxe de « la reproductibilité pure d'un événement pur[27]. » Bouyssi convoque les théories dans une constellation sur mesure qui lui permet d'analyser cette tension de la logique nominaliste travaillée chez Levé par une logique qui défait l'identité du dedans. Et cette opposition recoupe également les questions du virtuel et de l'actuel, dans la mesure où la coïncidence stricte du nom propre, de son référent et de sa signification ignore les potentialités multiples

---

23   *Cf. ibid.*, p. 98.
24   *Ibid.*, p. 43.
25   *Ibid.*, p. 45.
26   *Ibid.*, p. 12.
27   Jacques Derrida, *Marges de la philosophie*, Paris : Minuit, 1972, p. 392-393.

dudit référent, qui coexistent à l'affleurement de sa facette réalisée. « Le propre n'est pas dans le nom mis en commun, communicable, du *name dropping*, parce qu'il n'y a alors propriété qu'à condition de figer en un stéréotype ce qui ne peut pas l'être, à savoir un référent soumis au temps, à la fois actuel et virtuel[28]. »

Le présent chapitre s'engouffre et s'installe dans cette brèche. Là où Nicolas Bouyssi utilise cette constellation théorique pour souligner la distinction de deux logiques sous-jacentes à deux modes d'appréhension de l'identité, je propose de focaliser l'attention, non pas sur ce qui fait la propriété ou la singularité d'un individu, mais sur la manière dont les perturbations des opérations touchant à la coïncidence de la désignation, de la nomination et de la signification, en élargissant la question de la référentialité à l'inclusion de la virtualité, affectent la constitution et la compréhension même de la réalité.

1 La réalité à l'index : actualiser la virtualité (Gros plan sur le nom)

1.1 *Un art de la référence*

Dans *La Chambre claire,* Barthes résumait une caractéristique essentielle de la photographie dans l'expression « *ça a été*[29] ». Le référent « adhère » à l'image photographique, qui agit ainsi comme une garantie de la réalité, une preuve d'existence du référent qu'elle indique – à moins d'être truquée. En tant que désignateur rigide, le nom propre est également arrimé à son référent de manière fixe. Mais contrairement à la photographie, il doit être associé à des opérations de désignation et de signification pour garantir la réalité de son référent. Perceptive *et* linguistique, la réalité est indexicale.

La situation de l'œuvre de Levé à la croisée des arts visuels et des arts du langage est particulièrement propice à un travail de la référence. Dans l'œuvre n°180, qui présente une série de « *Regardeurs* », « un enfant de deux ans regarde l'image d'un hamster sous laquelle est écrit 'hamster' en gros caractères[30]. » Cette proposition présente une donnée anthropologique selon laquelle nous apprenons à appréhender la réalité en associant une image visuelle et une image verbale. C'est cette association que Levé s'attache à faire disjoncter dans nombre de ses photographies en manipulant les légendes, ou le texte inscrit

---

28   Bouyssi, *Esthétique du stéréotype,* p. 45.
29   Roland Barthes, *La Chambre claire. Note sur la photographie,* Paris : Gallimard, coll. Cahiers du Cinéma, 1980, p. 124.
30   *Oe,* p. 79.

dans l'image elle-même[31], par des distorsions qui placent l'accent tantôt sur la référence, tantôt sur la signification, tantôt sur la matérialité même du nom, mais qui affectent toujours ces trois pôles en même temps.

En effet, il se plaît à décomposer des mécanismes pour en restituer une épure, non sans y introduire au préalable un grain de sable qui vient en bloquer les rouages. On le voit dans la proposition d'*Œuvres* n°446 : « Un objet appelé *Ornul* est accompagné d'un mode d'emploi incompréhensible, malgré, ou à cause de ses descriptifs[32]. » La convention du tiroir verbal du présent actuel qui pose la présence de ce qui est décrit dans un champ perceptif, invite à se représenter un objet singulier. Cet objet est nommé[33]. On peut lui attacher des descriptions. L'objet subit donc trois opérations : désignation, nomination, signification. À travers cette proposition si succinte et si simple, Édouard Levé énonce en fait une théorie du nom propre qui lui permet en même temps d'en démanteler le fonctionnement, et qui informe en grande partie son traitement de la virtualité, de l'actualité et de la réalité. Désigné, nommé, signifié, cet objet est donné comme réel. Et pourtant, ces trois opérations ne semblent pas coïncider, puisque sa signification, à travers les descriptions qui lui sont attachées, résiste à la compréhension. Donné comme réel, cet objet frappe en retour la réalité d'opacité. Par extension, cette œuvre implique que, si la profération du nom a valeur de création de réalité, le nom est comme une coquille vide, arbitraire, où viendrait se loger, comme un bernard-l'hermite, le référent, traînant après lui ses significations possibles. Cette coquille abrite désormais un hôte singulier, mais elle aurait très bien pu héberger un hôte différent. Dans un autre monde possible, la signification attachée au référent désigné par le nom aurait pu être compréhensible. Pas de nécessité dans la réalité, donc, mais la contingence de cet embrayage du référent et de sa ou ses significations sous l'égide du nom, qui, s'il permet l'établissement de cette réalité, pourrait aussi bien permettre une réalité alternative. C'est au carrefour de ces trois opérations de désignation, de nomination et de description qu'une très grande partie des œuvres de Levé se situe. La perturbation de ces opérations peut aller dans le sens d'une mise en exergue du nom, ou au contraire de sa disparition – ces deux tendances apparemment contradictoires convergeant souvent dans un effet de neutralisation du réel.

---

31 Muriel Berthou Crestey a analysé spécifiquement l'effet de l'inclusion d'un signifiant linguistique au sein des photographies des séries *Angoisse* et *Amérique*, notant que le signe linguistique confère au territoire un « esprit des lieux ». (Article cité).

32 *Oe*, p. 169.

33 Si l'emploi métalinguistique du nom « Ornul » ne permet pas ici d'affirmer s'il s'agit d'un nom propre ou d'un nom commun, son unicité en tant qu'objet fictif dans ce contexte restreint lui attribue un fonctionnement similaire à celui du nom propre.

1.2 *Distorsion de la référence*

Dans la série de photographies *Portraits d'Homonymes*[34], réalisée en 1997, Levé perturbe la référence en introduisant un dédoublement dans le nom propre. Levé photographie des personnes *du commun* qui portent le même nom qu'une célébrité (Raymond Roussel, Georges Bataille, Yves Klein…). L'œuvre n°77 décrit le procédé de la sorte :

> Des homonymes d'artistes et d'écrivains trouvés dans l'annuaire sont photographiés. Sous le tirage couleur du visage, cadré comme sur un portrait d'identité, une plaque métallique indique leur prénom et leur nom. Se trouvent ainsi juxtaposés deux signes d'identité contradictoires : le visage, inconnu, et le nom, célèbre[35].

Les canaux habituels liant ostension et nomination sont détournés, ou plutôt sortis de leurs rails pour être mis sur des rails adjacents. L'image désigne bien son référent, le Georges Bataille de l'annuaire. Dans la mesure où la photographie de l'auteur de *L'expérience intérieure* est peu médiatisée, il est douteux que la plupart des membres du public aient immédiatement à leur disposition une représentation mentale de son visage qui leur permette de vérifier la coïncidence ou la contradiction de ces « signes d'identité ». Cependant, le titre de la série avertit que le Georges Bataille photographié n'est pas l'auteur célèbre. L'image contrecarre la singularité du propre en l'ouvrant à la pluralité et suspend le public dans la contemplation de cette coexistence étrange, simultanée et pourtant impossible, de deux termes contradictoires. Le lien fixe du nom et du référent n'est pas tout à fait dénoué, puisque l'homme de l'annuaire s'appelle bien Georges Bataille ; il est parasité par une réalité alternative. Dès lors, c'est comme si deux parallèles se rencontraient : la multiplication des potentialités attachées au nom propre, qui ne renvoie plus exclusivement à un référent unique, brouille le processus d'identification. Le déraillement de la référence, oscillant entre l'association mentale tirée de la culture commune et l'image perçue sur la photographie, fige l'image et qui la contemple dans un suspens irréel.

De manière générale, l'œuvre de Levé est hantée par le double, à l'instar de cet Edward Lee photographié à Versailles, dans l'Etat de New York[36]. Le nom

---

34   Cette série n'a pas été publiée, mais est accessible sur le site de la galerie Loevenbruck : <http://loevenbruck.com/media/download/leve/files/edouardleve_low.pdf>, accès le 11 mars 2019.
35   *Oe*, p. 38.
36   Édouard Levé, *Amérique,* Paris : Éditions Léo Scheer, 2006, pas de pagination ; voir également *Au*, p. 28.

propre est une condition de possibilité de la réalité, indépendante de son arrimage à un référent et de ses possibles descriptions. Il est donc la charnière de mondes possibles, puisque, sous lui, peuvent venir se loger différents référents auxquels s'attacheront différentes significations. Édouard Levé pourrait être bien des choses dans ce monde-ci, et pourrait être une personne entièrement différente dans un autre monde possible. Ainsi, comme l'a montré Nicolas Bouyssi, Édouard Levé « suggère […] que le nom propre n'est pas ce qui fédère un être et encore moins une existence[37]. » S'il permet l'embrayage de descriptions qui pourraient être attachées à un référent avec sa désignation dans un plan d'existence singulier, il agit aussi comme agirait un lien hypertexte permettant de naviguer entre plusieurs mondes possibles. Pire : là où le lien hypertexte permet de changer de contexte tout en maintenant l'attache rigide du nom et du référent, le nom propre, chez Levé, n'est plus fixement et exclusivement lié à un référent singulier. Il est la condition de possibilité *a priori* où peuvent venir s'actualiser des réalités – actualisation qui n'est jamais nécessaire ni stable.

1.3   *Distorsion de la signification*

Dans la série *Angoisse*[38], réalisée en 2001, la déformation porte à la fois sur la signification et sur la référence. Levé photographie différents lieux du village de Dordogne, en pleine désertification, nommé Angoisse. On voit ainsi une suite de clichés intitulés « place d'Angoisse », « Église d'Angoisse », … Le lien bijectif du nom propre et de son référent, qui ne devrait signifier qu'une détermination spatiale, est débordé, envahi de l'intérieur par la signification du nom commun. Étymologiquement, le mot *angoisse* provient du latin *angustia*, qui signifie *étroitesse*. Appliqué au territoire, le terme peut désigner un défilé, des gorges, un détroit. C'est de ce sens que provient le nom de la commune d'Angoisse, par l'intermédiaire de l'occitan *engoissa*[39]. Au pluriel et au figuré, l'étymon latin correspond à *gêne* et conduit au sens moderne de malaise physique et moral, ainsi que l'indique le *Dictionnaire historique de la langue française*. L'image fixe ensemble les bifurcations de l'étymologie ; elle en manifeste le mystère. Mais surtout, elle contamine le référent d'un surcroît de signification : cette église, cette place, cette discothèque, sont-elles *angoissées* au sens commun ou au sens propre ? À Yannick Vigouroux qui l'interroge sur ce qu'il a photographié dans le village, Levé répond : « La mairie, l'église, le dancing…

---

37 Bouyssi, *Esthétique du stéréotype*, p. 16.
38 Édouard Levé, *Angoisse/ Reconstitutions*.
39 « Le nom occitan des communes de la Dordogne, Site internet réalisé par le Conseil Général de la Dordogne, 2009, <http://communes-oc.cg24.fr/cantons/lanouaille/ANGOISSE.htm>, accès le 2 septembre 2014.

FIGURE 2.1 Edouard Levé, *Angoisse, Angoisse de Nuit*, 2000. Photographie, Tirage Lambda couleur contrecollé sur aluminium 100 × 100 cm. Edition à 5 exemplaires. Courtesy galerie Loevenbruck, Paris. © ADAGP, PARIS 2019. COURTESY SUCCESSION EDOUARD LEVÉ ET GALERIE LOEVENBRUCK, PARIS.

C'est vrai que c'est un village un peu surréaliste, car si l'on ajoute ce terme à chaque mot – *un grillage d'Angoisse* par exemple – tout devient intéressant. L'indice d'une énigme possible[40]. » L'ambivalence du *de* qui introduit le complément du nom dans les légendes, pouvant être interprété comme un génitif objectif ou subjectif, laisse l'énigme entière. Dans les photographies « entrée d'Angoisse », « Angoisse de nuit » et « sortie d'Angoisse », c'est le panneau indicateur, élément indexical par excellence, qui est photographié. Qu'indique ce panneau ? Un affect ? Un village ? Là encore, la photographie fige celui·celle qui la regarde dans le suspens d'interprétations contradictoires, neutralisant la possibilité d'une réponse tranchée. La référence persiste, mais très largement parasitée par une signification surajoutée, induite par la remotivation du nom propre.

---

40   Édouard Levé, « La langue iconique d'Édouard Levé. Entretien avec Édouard Levé en 2001 », propos recueillis à Paris le 2 décembre 2001 par Yannick Vigouroux, mis en ligne le 24 octobre 2007 in *Lacritique.org*, <http://www.lacritique.org/article-la-langue-iconique-des-reves-d-edouard-leve>, accès le 16 mai 2014.

1.4 Travail de la matérialité

Dans *Portraits d'homonymes* comme dans *Angoisse*, la perturbation de la référence et de la signification opacifient le nom propre, contre la transparence que la règle de la communication assigne au désignateur rigide. Le nom propre est un fait mystérieux, dont Levé apprécie la matérialité. Dans *Autoportrait*, il affirme : « les noms propres me fascinent parce que j'en ignore la signification[41] », et confesse parfois feuilleter l'annuaire téléphonique sans but précis[42]. Le nom propre est un objet insolite que l'on peut collectionner[43], dont on peut apprécier la résonance poétique, émotive, qu'il produit en nous, sans que l'on sache vraiment pourquoi, comme dans l'œuvre numéro 268, où un motard se laisse guider par « l'attrait qu'exercent sur lui les noms de lieux[44] ». Chez Levé, le nom propre est toujours énigmatique, que ce soit par sa matérialité, par sa signification ou par sa référence.

Les œuvres de Levé qui placent le nom propre au premier plan ont donc ceci en commun qu'elles consistent en une certaine manifestation de virtualités. Par le trouble qu'elles induisent dans la référentialité et la signification du nom propre, par les distorsions qu'elles infligent aux opérations de signification et de désignation qui ne peuvent plus s'embrayer de manière fluide, elles bloquent la constitution normale et sans reste de la réalité qu'elles figent, comme sous un verre grossissant. Autour du nom propre se crée une nappe imprécise mais sensible de références et de significations possibles, le halo rendu palpable des virtualités d'ordinaire refoulées sous l'ombre de l'accompli. Le nom propre ne réfère plus de manière univoque à une seule réalité partagée ; il porte avec lui une foule infinie de réalités possibles, qui affleurent côte à côte à la surface de l'œuvre. La neutralisation de la constitution du réel permet donc la manifestation, bien que figée dans un flou étrange, irréel, de virtualités. Ce qui est actualisé n'est pas un possible privilégié parmi d'autres, mais l'affleurement de ces possibles ensemble, sans sélection.

À l'opposé de ces œuvres où le nom propre est travaillé dans le sens de son hypervisibilité, Édouard Levé a également produit des œuvres où il escamote le nom propre. Là où l'hypervisibilité du nom conduit à cette manifestation de virtualités, son escamotage conduit à la virtualisation de l'actualité, selon des modalités qu'il s'agit maintenant d'examiner.

---

41 *Au*, p. 10.
42 *Au*, p. 60.
43 *S*, p. 28.
44 *Oe*, p. 112.

2 Virtualiser l'actualité. (Disparition du nom propre)

Pour analyser les enjeux de cet escamotage du nom propre, je me focaliserai sur le doublon constitué par la série photographique *Actualités*[45] et sa « version textuelle[46] », *Journal*. Série photographique et texte ont été élaborés selon des techniques comparables, et lient la problématique du traitement médiatique de l'information à celle de la constitution de la réalité. *Journal* est constitué de onze sections qui reproduisent les rubriques qui constituent habituellement la trame d'un quotidien : International, Société, Faits divers, Économie, Science-Technologies, Annonces, Météo, Sports, Culture, Guide, Télévision. L'ensemble a été construit par collage, en sélectionnant des articles de quotidiens réels, dont tout indice permettant de rattacher les faits décrits à l'actualité ont été gommés. Ainsi, aucun nom propre, aucune date. Même les noms de monnaie sont remplacés par le neutre « unité monétaire ». On a donc une signification sans nomination et par conséquent sans ostension, ce qui induit un effet de déréalisation. La décontextualisation, précisément parce qu'elle induit ce trouble dans la perception du réel par oblitération du nom et des capacités ostensives qui lui sont en partie attachées, permet d'exhiber, sous la forme d' « archétypes[47] », les codes de l'information et la manière dont nous nous y rapportons. La série photographique *Actualités*, au titre aussi condensé qu'ambigu, réalise une opération similaire, en présentant cette fois une ostension sans signification ni nomination : des scènes typiques de la vie politique où le pouvoir met en scène sa propre image (une inauguration, un discours, …), sont reconstituées à partir de centaines d'images de presse. Dans son auto-interview, Levé indique à propos de cette série :

> Je suis parti de ce constat : la presse témoigne d'événements chaque jour nouveaux, mais les photographies qui les illustrent se répètent tant que, sans légendes, on pourrait les confondre. J'ai supprimé les signes distinctifs qui caractérisent ces images : date, lieu et identité des personnages. Le fond est gris, on ne sait pas où se déroule l'action, et les modèles sont anonymes. Le titre, abstrait, ne fait pas référence à une date ou à un événement spécifiques. Enfin, les modèles sont inexpressifs, pour ne pas dramatiser l'action, et la rendre plus abstraite[48].

---

45 Édouard Levé, série photographique *Actualités*, in *Reconstitutions* (ouvrage cité). [*Ac*].
46 D'après un mot de Levé dans un entretien avec Mathilde Villeneuve pour *ParisArt*, « Edouard Levé », 15 juin 2003, <http://www.paris-art.com/interview-artiste/édouard-leve/edouard-leve/31.html#haut>, accès le 16 mai 2014.
47 *I*, p. 84.
48 *I*, p. 84-85.

Son projet s'inscrit dans une réflexion sur le traitement de l'image dans un monde où la prolifération et l'accélération de l'information en neutralisent le contenu. En supprimant les noms propres de *Journal*, et les indices contextuels d'*Actualités*, Levé obtient un résultat en plusieurs temps. Tout d'abord, en tirant d'une foule de faits singuliers des caractéristiques communes, il met en lumière les archétypes du traitement de l'information. Cette simplification, obtenue par suppression de tout indice contextuel, aboutit une nouvelle fois à un effet de déréalisation de la scène. *Journal* et *Actualités* propulsent les scènes reconstituées dans une réalité virtuelle, sans ancrage concret. Pour Pascal Mougin, cette démarche vise à « transformer le réel en espèce de fiction de lui-même », en « visit[ant] de l'intérieur les discours dominants » pour « rendre opaque, c'est-à-dire visible, leur transparence habituelle[49] ». Reconnaissant que la série photographique *Actualités* constitue la « matrice formelle » du texte, il la décrit comme « une critique du réel comme prétexte à image » en pointant de manière générale des phénomènes de « codification du réel en vue de sa représentation médiatique[50] ». À ses yeux, le travail sur le texte effectué dans *Journal* est « plus complexe » dans la mesure où la neutralisation de toute référentialité définie, dont il analyse en détail les nuances et les effets, « fictionnalise » le texte et le monde et déclenche une « expérience » de défamiliarisation chez le·la lecteur·rice. Il s'agit ici de montrer que le pan photographique du projet, bien plus qu'une simple critique de la représentation médiatique du réel, inclut également cet effet de « fictionalisation ». La représentation médiatique, elle-même une forme de fictionnalisation du réel, en ce qu'elle intègre les faits dans ses codes de présentation et de narration, est ici exposée. Pour analyser les mécanismes et les enjeux de cette fondamentale remise en cause, je propose de concentrer l'analyse sur une photographie en particulier : *La Conférence*, qui ouvre la série *Actualités*.

Pour mieux cerner les enjeux de cette photographie, il est utile de contraster sa construction et ses opérations référentielles avec l'une des photographies de presse dont elle aurait pu être inspirée, sélectionnée arbitrairement parmi une banque d'images, en se laissant guider dans cette étude par les critères dégagés par Roland Barthes dans ses écrits sur la photographie (en particulier son essai fondateur de 1961 intitulé « Le Message photographique[51] »). En effet, les écrits de Barthes constituent, de manière implicite et explicite et au niveau même de

---

49 Mougin, « Fiction à force de réel », p. 12. Nicolas Bouyssi affirme au sujet des *Reconstitutions* qu'« il ne s'agit pas seulement d'accentuer l'éternelle béance qui existe entre les noms et ce qu'ils désignent, mais d'annuler ce qui fonde l'assurance quotidienne et naturalisée de notre regard devant le réel », *Esthétique du stéréotype*, p. 78.
50 Mougin, « Fiction à force de réel », p. 17.
51 Roland Barthes, « Le Message photographique », in *Communications*, n°1 (1961), p. 127-138.

FIGURE 2.2 Edouard Levé, *Actualités, La Conférence*, 2001. Photographie, Tirage Lambda couleur contrecollé sur aluminium, 40 × 100 cm. Edition à 5 exemplaires. Courtesy galerie Loevenbruck, Paris. © ADAGP, PARIS 2019. COURTESY SUCCESSION EDOUARD LEVÉ ET GALERIE LOEVENBRUCK, PARIS.

la configuration de ses images, une référence constante dans les travaux de Levé. Nouvelle forme de référentialité, elle aussi détournée.

2.1 *Pragmatique de l'image de presse*

Dans « Le Message photographique », qui porte expressément sur la photographie de presse, Barthes définit son objet comme un « message » dont le contenu est, « par définition, la scène elle-même, le réel littéral[52]. » S'il admet une « réduction » de perspective, de proportion ou de couleur, entre l'objet et son image, l'image n'en est pas moins « l'*analogon* parfait » du réel. « Ainsi apparaît le statut particulier de l'image photographique : *c'est un message sans code*[53]. » Barthes met en garde contre une tentation « mythique » : si ce « message dénoté » se transmet sans code, il coexiste avec un « message connoté[54] », codé, qui se développe à partir de lui. L'image est d'une part produite, « traitée selon des normes professionnelles, esthétiques ou idéologiques », et d'autre part « elle est *lue*, rattachée plus ou moins consciemment par le public qui la consomme, à une réserve traditionnelle de signes[55] ». Au-delà des procédés de connotation internes à l'image (tels le trucage ou la pose), le paratexte (légende ou article) vient également en infléchir la lecture. Barthes conclut son analyse par cette remarque :

> en essayant de reconstituer dans sa structure spécifique le code de connotation d'une communication aussi large que la photographie de presse, nous pouvons espérer retrouver, dans leur finesse même, les formes dont

---

52 *Ibid.*, p. 128.
53 *Ibid.*
54 *Ibid.*, p. 130.
55 *Ibid.*

notre société use pour se rasséréner, et par là-même saisir la mesure, les détours et la fonction profonde de cet effort[56]

Avec ses *Reconstitutions*, Levé semble bien s'engouffrer dans ce projet d'une reconstitution d'un code de communication visant à éclairer, par-delà sa structure même, ses motivations anthropologiques. Étudier les moyens de communication revient – c'est l'enjeu de toute médiologie – à repérer la constitution de configurations aussi bien sociales et épistémologiques que techniques du réel.

Dans *La Chambre claire,* Barthes distingue de manière bien connue trois pôles pragmatiques de toute image photographique[57] (l'instance *operator* qui réalise la photographie, l'instance *spectator* qui la contemple, l'instance *spectrum* dont l'image est capturée) ; ainsi que deux modalités possibles de la réception (le *studium* et le *punctum*). Avec le *studium*, les intentions de l'instance *operator* sont reconnaissables : informer, représenter, surprendre, donner une signification, susciter le désir. La visée intentionnelle du sujet est donc centrale : l'objet (*spectrum*) est capturé par un sujet (*operator*) afin d'être assujetti à l'intentionnalité, au regard d'un autre sujet qui le·la vise (*spectator*). Lorsque la réalité, le *spectrum*, est capté sans filtre stylistique par l'*operator*, on obtient ce que Barthes nomme une image « unaire » : « La Photographie est unaire lorsqu'elle transforme emphatiquement la « réalité » sans la dédoubler, la faire vaciller (l'emphase est une force de cohésion) : aucun duel, aucun indirect, aucune disturbance[58]. » L'image unaire se veut objective et entend restituer la réalité « telle quelle ». Les images de presse, par leur fonction documentaire, sont un cas exemplaire de ces images unaires[59]. Construites intentionnellement dans le seul but d'être « reçues (d'un seul coup) », elles sont destinées à être déchiffrées sans interruption, sans qu'aucun « détail » vienne « couper ma lecture[60] ». Le *studium* de la photographie de reportage doit être immédiatement lisible, sans que rien de superflu au message voulu par l'*operator* ne vienne interpeller, parasiter l'attention des destinataires. Au contraire, le *punctum* n'est pas visé par l'intentionnalité de l'instance *spectator*, mais surgit

---
56 *Ibid.*, p. 138.
57 « faire, subir, regarder ». Roland Barthes, *La Chambre claire. Note sur la photographie,* Paris : Gallimard, coll. Cahiers du Cinéma, 1980, p. 22.
58 *Ibid.*, p. 69.
59 L'autre exemple donné par Barthes est la pornographie – autre sujet qui fait l'objet d'une série des *Reconstitutions*. Là encore, tout se passe comme si Levé inscrivait son entreprise dans un dialogue ludique avec Barthes, en s'installant de manière systématique dans les interstices des opérations référentielles qu'il identifie pour les faire exploser.
60 Barthes, *La Chambre claire*, p. 70.

de l'image de manière aléatoire et contingente pour dessaisir le sujet qui la contemple : le *punctum* jaillit d'une image où il n'a pas été mis volontairement et s'impose à moi sans avoir été visé.

Revenons vers l'archétype de la conférence, en nous arrêtant d'abord à l'une des images de presses entre mille qui en est à la fois, virtuellement, la source et l'instanciation, pour observer le fonctionnement pragmatique de ces catégories barthésiennes dans un cas concret d'image unaire (Figure 2.3).

L'*operator*, le photographe de presse Karim Jaafar, a cadré l'image de telle sorte que des éléments contextuels permettent de la comprendre immédiatement. D'emblée, on peut dire qu'en 2012, une conférence sur le climat des Nations Unies a eu lieu à Doha, et que le gouvernement français y a délégué plusieurs personnalités politiques dont le nom est indiqué, qui ont pris part à une session où des questions politiques ont été débattues. Cette image est perçue comme le document de cet événement, comme la preuve de la réalité de cette conférence ; on peut y associer des significations – comme par exemple les explications et commentaires qui accompagnent cette image dans le quotidien *Sudouest,* dont elle est tirée[61].

Dans un entretien avec Mathilde Villeneuve, Levé affirme à propos de ce type d'images :

> L'abondance et la vitesse nuisent à l'attention, donc à l'information. Pour produire une image vite compréhensible, les journaux demandent aux photographes des archétypes que l'œil du lecteur comprendra d'un trait. D'où cette multiplication d'images presque identiques sur des sujets distants historiquement et géographiquement. L'actualité internationale, les sports collectifs, et même la pornographie sont traitées de manière pavlovienne : les images que nous regardons sont supposées, à partir des mêmes constructions, produire les mêmes effets. Je me suis intéressé à ces archétypes, parce que me fascinait ce paradoxe : la presse montre ce qui est nouveau, mais le montre sans nouveauté[62].

La logique de la communication implique qu'un message soit transmis de manière transparente, sans perte, d'un pôle émetteur à un pôle récepteur, et puisse être reproduit à l'infini sans déformation. Et pour ce faire, comme l'a également montré Nicolas Bouyssi, le message doit être réduit à un stéréotype[63].

---

61 Photographie illustrant l'article « Climat : accord surprise à la conférence de Doha », *Sud Ouest*, 9 décembre 2012 à 11h24, <http://www.sudouest.fr/2012/12/09/climat-accord-surprise-a-la-conference-de-doha-903945-706.php>, accès le 1er mai 2019.
62 In Villeneuve, « Édouard Levé ».
63 Bouyssi, *Esthétique du stéréotype,* notamment p. 31-34

FIGURE 2.3   La délégation française à la conférence de l'ONU à Doha : Delphine Batho, Laurent Fabius et Pascal Canfin, décembre 2012. Photo Karim Jaafar
© KARIM JAAFAR / AFP.

2.2   *Pragmatique de l'archétype*

En déduisant les caractéristiques communes de centaines d'images de presse qu'il remet en scène dans ses *Reconstitutions*, Levé reconstitue de tels stéréotypes. Les scènes archétypales, réduites à une gestuelle minimale, aboutissent à un effet d'irréalité produit par la friction de plusieurs systèmes référentiels dont la présence, seulement virtuelle, affleure à la surface d'une image pourtant construite dans le sens de la plus grande univocité. Il s'agit maintenant d'observer les modalités et les effets de ce parasitage dans *La Conférence*.

Que se passe-t-il au niveau de la référentialité du *Spectrum* ? Le référent (ici les modèles anonymes photographiés en studio) adhère bien sûr à l'image. Pourtant, il est impossible de contextualiser cette image. Les noms propres ont disparu des panonceaux dédiés à cet effet. Les visages de ces acteurs inconnus n'ont jamais été rencontrés par le public. À part la séance de prise de vue en studio, l'image ne renvoie à aucun événement réel. La référence a été tronquée. Et pourtant, l'image archétypale renvoie à toutes les images de presse similaires référant à des événements réels dont elle a été abstraite, et qu'elle contient de manière virtuelle. Ces images sont elles aussi le référent de l'image reconstituée. Ainsi, l'archétype propose deux degrés de référentialité superposés. Le référent immédiat de l'image archétypale est à la fois, virtuellement, le dérivé et la source de toutes les images contextualisées. Un degré supplémentaire de séparation du référent « réel » a été introduit. Et ce degré de séparation est un code. Car l'abstraction du dénominateur commun de centaines d'images de conférences implique l'abstraction d'une grammaire, d'un code de ces images. La référence immédiate, le *spectrum* de l'image, est alors l'incarnation du code qui régit la constitution des centaines d'images dont il a été abstrait, et dont la présence persiste dans l'image sur un mode secondaire, spectral. La référence est brouillée par l'interférence de ces deux systèmes référentiels concurrents, l'un virtuel, l'autre actuel, et donc neutralisée. Neutre, *ne-uter* : ni ici, ni là, ni présent, ni absent, flottant.

Un problème similaire se pose au niveau de l'*operator*. Cette photographie a été prise par Édouard Levé. Mais parce que c'est une image archétypale qui a été reconstituée d'après une multitude d'images, elle contient aussi l'agence de tous les *operators* d'images similaires référant à des événements réels. L'*operator* actuel (Levé) orchestre son propre parasitage par une multitude virtuelle d'*operators*, et met en scène une image qui implique son annulation en tant que sujet auctorial. L'archétype, en produisant la coexistence de ces deux systèmes référentiels au sein de la même image, implique donc un dessaisissement partiel du sujet au moment même où la simplification de l'image devrait asseoir le pouvoir immédiat de sa visée intentionnelle.

Une telle ambivalence affecte également la réception par l'instance *spectator*. Tout indice contextuel que le·la spectateur·rice pourrait utiliser pour en interpréter la référentialité a été éradiqué de l'image, conduisant à ce que Levé appelle, dans son auto-interview, une « impression d'irréalité[64] ». Là encore, l'étrangeté de l'image provient du fait que sa référence est dédoublée, à la fois présente et absente. Ces modèles sont la marque, présente, de l'absence des centaines de référents virtuels auxquels ils sont substitués, qui ont été oblitérés, mais dont l'absence hante l'image. Ce dispositif emprisonne l'instance *spectator* dans enfer logique, la prend en tenailles entre cette absolue présence et cette absence palpable, la renvoie sans cesse de l'une à l'autre, et la rend incapable de développer le processus linéaire et cohérent qui lui permettrait d'attacher des significations stables ou univoques à l'image. Le *studium* est irrecevable, indéchiffrable, énigmatique. Le trouble produit par le paradoxe de cette accessibilité à la fois immédiate et empêchée du *spectrum* dans sa double dimension actuelle et virtuelle est encore redoublé par la neutralisation de tout trait expressif, de toute caractéristique potentiellement saillante – effacement rendu nécessaire par la visée archétypale de la reconstitution, qui, pour contenir virtuellement toutes les inflexions des images de référence, bref, pour devenir le modèle de ses modèles, doit revenir au degré zéro, non seulement de la référentialité, mais aussi de l'expressivité.

L'inexpressivité de cette composition, qui permet le décrochage de sa référentialité s'ouvrant du sein de la référentialité la plus restreinte et la plus

---

64 *I*, p. 86.

immédiate à une référentialité secondaire et infinie, produit également sur le public un effet glaçant, presque mortuaire. Ces modèles figés et sans expression ressemblent, au mieux, à des statues de cire. Tout se passe comme si Levé avait éradiqué de sa composition tout point d'accroche qui pourrait venir résonner avec l'émotivité des membres du public. Dans cette image minimale, pas de « détail donné par chance et pour rien[65] » : tout est soigneusement millimétré, tout est *studium*. Rien qui vienne « annuler » la photographie « comme médium », comme « signe », pour donner « la chose même » à un corps[66]. Même le regard du personnage central est soigneusement décentré pour ne pas fixer l'objectif de la caméra, et va se perdre hors-champ, ne s'attachant à rien, flottant dans le vide, déjouant toute possible apostrophe des spectateur·rice·s venue du dedans de l'image. La composition lisse est agencée en vue d'interdire le jaillissement d'un *punctum*. Mais peut-être est-ce précisément en cela que l'image dans sa totalité a la capacité d'agir comme un *punctum* : elle fige son audience par une glaciation en miroir et la frappe de stupeur, voire de stupidité. La froideur de la composition réverbère et catalyse le trouble référentiel qui empêche, du moins dans un premier temps, la constitution d'une chaîne interprétative ou signifiante à son sujet. L'intelligence et l'émotivité des spectateur·rice·s sont capturées, captivées par l'image dans un mécanisme de fascination.

Ainsi, au niveau de la fonction *spectator*, comme au niveau des fonctions *spectrum* et *operator*, la maîtrise du sujet sur le donné est remise en cause à travers cette image. Rendu interchangeable[67] à tous les niveaux de la pragmatique de la communication par cette nappe fantôme de référentialité qui court le long de l'archétype, le sujet en est aussi presque évincé sous l'effet de la prééminence du code, alors même que la communication était organisée par et pour lui en vue d'une efficience maximale. Dans un entretien avec Michel Poivert, Levé résume l'opération à l'œuvre dans ses reconstitutions photographiques en s'appropriant une remarque formulée par Roland Barthes au sujet du théâtre, qu'il reformule ainsi :

> Pour le photojournalisme, la photographie est la pure expression d'un contenu, elle est considérée comme la communication transparente d'un message indépendant d'elle. Pour la reconstitution, au contraire, la

---

65   Barthes, *La Chambre claire*, p. 72.
66   *Ibid.*, p. 77. Barthes ajoute : « Certains détails pourraient me poindre. S'ils ne le font pas, c'est sans doute qu'ils ont été mis là intentionnellement par le photographe. » (p. 79)
67   *Cf.* Bouyssi, *Esthétique du stéréotype*, p. 37.

photographie est un objet opaque détaché de son message, se suffisant pour ainsi dire à lui-même. En somme, de moyen, le langage devient fin[68].

Barthes définissait la photographie argentique comme un message sans code, qui présente le référent avec l'image à laquelle il adhère. Ici, Levé transforme la photographie en un code sans message. Le parasitage des pôles pragmatiques de l'image démantèle les mécanismes de la communication. L'image ne véhicule aucun message : elle ne véhicule plus qu'elle-même en tant que véhicule. *The medium is the message*. Modèle, *archê* virtuel amené à être actualisé, instancié dans une référentialité concrète, cette image flotte à la dérive, irréelle.

2.3 Illimitation référentielle et mise en question de la référentialité

Décrivant cette « impression d'irréalité » qui se dégage de ses *Reconstitutions*, et notamment de la série *Rugby* (construite selon le même procédé qu'*Actualités*), Levé évoque la multiplication de niveaux de perception impliquée par ce flottement :

> Bien que le référent soit reconnaissable, les images de cette série évoquent d'autres univers que celui du rugby. On peut penser à des scènes de violence urbaine, à des images de morts entassés, à des peintures religieuses, à une scénographie de danse contemporaine... Des impressions contradictoires se superposent, l'œil percevant à la fois la scène de référence (le rugby), la mise en scène que j'ai réalisée, et les univers parallèles qui viennent contaminer ces deux registres. Le travail de soustraction produit paradoxalement une prolifération du sens[69].

La décontextualisation produite par l'escamotage de l'indice référentiel, en neutralisant les possibilités d'actualisation, induit donc une virtualisation de l'actuel qui ne tient pas seulement, en photographie, à une déréalisation, mais à une prolifération des réalités possibles affleurant parallèlement au sein de la même image – certaines jaillissant au gré de la fantaisie des spectateur·rice·s, d'autres étant inscrites directement dans l'image par des phénomènes de citation.

---

68   Édouard Levé, Entretien avec Michel Poivert, « Principe de reconstitution. Entretien avec Édouard Levé », *Bulletin de la* SFP, 7e série, n°18, avril 2004, <http://www.sfp.photographie.com/bull/bull-leve.htm>, accès le 16 mai 2014.
69   *I*, p. 86-87.

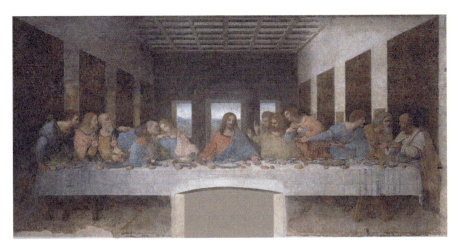

FIGURE 2.4 Leonardo da Vinci, *La Cène*, 1495-98. VIA WIKIMEDIA COMMONS.

C'est à l'une de ces références picturales inscrite dans la composition même de *La Conférence* que je souhaite m'attacher ici. Dans sa composition générale, la photographie rappelle le dispositif frontal qui structure « La Dernière Cène » de Léonard de Vinci.

La position des mains du personnage central de *La Conférence* reproduit presque exactement la position des mains de Jésus dans cette célèbre fresque. En outre, Levé est familier des références à des toiles de maîtres cachées dans une scène quotidienne. Ce procédé guidait déjà l'une de ses premières séries photographiques, intitulée *Transfert*[70]. Tout porte donc à valider l'hypothèse d'un phénomène citationnel. L'histoire de l'art s'accorde à considérer *La Dernière Cène* comme la représentation des réactions des apôtres à la parole du Christ : « En vérité, je vous le dis, l'un de vous me livrera[71]. » L'une des innovations majeures de Léonard consisterait à avoir représenté les mouvements de l'âme des personnages à travers leurs gestes. Or, en supprimant tout indice référentiel de sa photographie, Levé ramène le *studium* à un ensemble minimal de gestes et de postures. Dans son auto-interview, il affirme :

---

70   Édouard Levé, *Transferts*, in *Images au Centre 04 – Photographie, vidéo & patrimoine*. Valérie Belin, Sarkis, Édouard Levé, Bernard Plossu, (collectif), Cherbourg, Le Point du Jour, 2004. Catalogue d'une exposition au Musée des Beaux-Arts de Tours. Par ailleurs, Levé confie à Yannick Vigouroux que ses photographies ne sont pas influencées par le cinéma mais par la peinture des XVIème, XVIIème et XVIIIème siècles, dont il aime la dimension narrative. Vigouroux, « langue iconique ».

71   Daniel Arasse, *Léonard de Vinci : le rythme du monde,* Paris : Hazan, 1997, p. 362s.

> Lorsqu'une scène est décontextualisée, et que ne restent, comme signes d'identification des personnages, que les vêtements et quelques accessoires, leurs poses et leurs gestes deviennent les éléments sémiologiques essentiels. La position des corps, leur disposition dans l'espace, *le placement des mains* et le jeu des regards fonctionnent comme des indices de représentation du pouvoir. [...] En politique, si vous êtes un homme âgé, assis, placé au premier plan et au centre, vous êtes plus important que si vous êtes une femme debout, au second plan, sur le côté[72].

La citation de *La Cène* serait donc, dans un premier temps, une nouvelle indication de l'importance à accorder à la position et à la gestuelle des personnages dans la réception de la photographie. « La Conférence » est la première photographie de la série *Actualités*, dont elle fournirait comme le guide de lecture. La référence à la théorie des mouvements de l'âme de Léonard viendrait réaffirmer un principe déjà contenu dans le dispositif même de la série : il faut savoir lire, déchiffrer, la manière dont le pouvoir est chorégraphié, car cette chorégraphie obéit à des codes. N'oublions pas que la série s'attache à des « images que le pouvoir donne de lui-même en se mettant en scène pour les médias[73] ». En tant que telle, cette image rend manifeste le fait que le pouvoir est exercé par des hommes blancs d'au moins une cinquantaine d'années et pour la plupart mariés – donc, en 2001, où la photo a été prise, hétérosexuels. L'orateur y est distingué par plusieurs signes distinctifs. Sa position centrale est soulignée par la symétrie des positions corporelles des deux couples de conférenciers placés de part et d'autre, et dont les têtes légèrement inclinées, en continuité parfaite avec l'orientation de leurs bras, forment les pentes d'une série de triangles qui rythment et structurent la composition. La sobriété élégante de son costume le détache encore des autres conférenciers dont les costumes, moins bien assortis, ont aussi un contraste moins tranché. Il est le seul personnage dont les mains indiquent un mouvement accompagnant un acte d'élocution. Les autres conférenciers ont une position d'écoute plus ou moins attentive, leurs visages inclinés dans la direction de l'orateur, à l'exception du personnage de gauche, qui prend des notes – le flou entourant sa main indiquant la rapidité de cette action. Pourquoi prend-il des notes ? Est-ce pour aller dans le sens de l'orateur, une fois que son tour sera venu de parler ? Est-ce pour le contredire ? Est-il Judas, qui trahira l'orateur ? Par la gestuelle des conférenciers, l'image renvoie donc aux figures du consensus et du dissensus, et au jeu du dialogue politique.

---

72   *I*, p. 85 (mes italiques).
73   *I*, p. 85.

L'image interroge également la légitimité de la parole de pouvoir. D'où vient l'autorité de l'orateur ? Chez Léonard comme dans toute la peinture religieuse, Jésus a une double nature, divine et humaine. Il est l'incarnation du Verbe. En démocratie, l'orateur·rice, s'il ou elle est élu·e, a également une double nature, puisqu'il·elle est investi·e par le peuple qui l'élit comme son représentant. Il est donc une personne qui parle au nom d'une force qui le dépasse. Mais absolument rien, dans cette image, ne nous permet d'affirmer que l'orateur a été délégué par suffrage. Il pourrait tout aussi bien être bureaucrate, oligarque, ou même universitaire. Ce que l'image archétypale de Levé indique, c'est que la centralité de l'orateur n'est pas une conséquence de son pouvoir. Bien au contraire, il dérive son pouvoir de la structure de l'image qui lui donne sa centralité. L'image archétypale, en supprimant les noms propres pour mettre en lumière la chorégraphie du pouvoir, ne propose pas seulement une représentation de la manière dont le pouvoir se met en scène. Elle ouvre aussi à une interrogation sur la représentation politique en général. Peu importe son nom, son affiliation politique, peu importe le contenu de son discours, les orateur·rice·s sont investi·e·s de leur pouvoir par la seule force structurelle de l'image. Ici plus que jamais, c'est le médium qui est le message. Qui maîtrise le médium, possède le pouvoir.

Poussons encore un peu plus loin le parallèle structurel entre *La Conférence* et *La Cène*. *La Cène* ne renvoie pas seulement à l'épisode de l'annonce de la trahison de Judas. Elle dépeint aussi l'institution de l'Eucharistie. Chez Léonard, la main gauche de Jésus pointe vers le pain et le vin[74]. L'épisode du dernier repas du Christ, où il fonde son Église sur l'institution de l'Eucharistie, est la scène d'origine qui se trouve instanciée à chaque nouvelle messe (ou à chaque nouvelle cène). Lors de la communion, les fidèles reçoivent le corps du Christ – qu'il soit consubstancié, transsubstancié ou présent seulement de manière symbolique. Le pain est le médium qui porte avec lui, qui *actualise* (du moins dans le rite catholique) la présence réelle du Christ, elle-même incarnation, actualisation du Verbe. La fresque de Léonard est une représentation de cette scène originaire biblique qui la précède chronologiquement. Au contraire, *La Conférence* ne renvoie à aucune scène originaire. Elle est moins une représentation qu'une incarnation de l'archétype de la conférence, dans le sens où cet archétype n'a pas d'existence historique concrète, mais est un idéal abstrait. Ici, l'image n'est pas construite d'après un événement, mais différents événements seront représentés d'après des codes, tels qu'ils sont incarnés dans cette image. D'une image l'autre, on a donc ce que Jean Baudrillard, dans *L'échange symbolique et la mort*, identifie comme « un renversement d'origine

---

74   *Cf.* Arasse, *Léonard de Vinci*, p. 363.

et de finalité[75] ». L'actualisation de la scène visible dans *La Conférence* n'est pas dérivée d'un modèle d'origine, elle n'est que la mise en scène d'un modèle dont s'origineront des effectuations en contexte. On passe d'un monde de la représentation du réel, où l'image tire sa référence et sa finalité du monde réel, à un monde inversé, où la représentation devient le paradigme de toute réalité : l'image archétypale y devient le moule qui imprimera sa forme à toute réalité future, puisque toute image référentielle n'est que l'application du code qu'elle définit comme paramètre de cadrage du réel. D'une image l'autre, c'est tout le système de la référentialité qui bascule : toute transcendance disparaît, y compris la transcendance du référent auquel le « réel » de l'image ne renvoie plus à proprement parler. En reconstituant sous forme plastique l'archétype de la conférence, Levé semble donner corps à ce que Baudrillard identifiait comme un « noyau générateur », noyau « d'où procèdent toutes les formes selon des modulations de différences[76] », ne référant pas au réel, mais lui substituant au contraire sa réduplication minutieuse[77]. Un message médiatique n'est pas conçu en vue d'une représentation de l'objet « réel », mais en vue de la réponse qu'il produira chez le·la récepteur·rice. L'image n'a plus d'autre fonction que celle d'un « test », puisqu'il s'agit pour le·la récepteur·rice de décoder le message qui y a été encodé[78]. La réalité se délite, dans la mesure où l'image médiatique y sélectionne seulement ce qui sera nécessaire en vue de sa lisibilité directe. Sous l'influence de ce modèle cybernétique de la communication[79], la réalité est absorbée par son traitement médiatique, phagocytée par le code – satellisée.

Ainsi, parce qu'elle est une telle image archétypale, et aussi parce qu'elle résonne avec une image proposant un autre mode de référentialité et de représentativité, *La Conférence* organise cette dissipation de la référentialité et suggère les conséquences inouïes de cette mise en orbite du réel. Pourtant, par cette multiplication des référentialités possibles qu'elle tolère, elle pointe également vers une mise en échec de l'hégémonie du code qu'elle met en scène. L'exhibition visuelle des codes de la communication conduit à l'empêchement de toute communication. Le réel, poussé à l'extrême de sa logique, s'en trouve déréalisé. Là où le propre de l'image contextuelle était réduit à du commun, à du communicable, l'archétype commun, parce que cette image lui donne corps, parce qu'elle a une matérialité énigmatique, rejoint la singularité du propre dans tout ce qu'elle a d'opaque. La double référentialité de l'image – la

---

75 Jean Baudrillard, *L'Échange symbolique et la mort,* Paris : Gallimard, 1976, p. 87.
76 *Ibid.*
77 *Cf. ibid.*, p. 115.
78 *Ibid.*, p. 98.
79 *Ibid.*

reconstitution en studio et les multiples images de presse dont la mise en scène est abstraite – conduit à cet effet paradoxal. Certes, l'image met en lumière les rouages implacables du fonctionnement de l'information à l'ère cybernétique que Baudrillard définit comme l'ère de la simulation, et ouvre au questionnement des conséquences politiques de ce fonctionnement médiatique dans la mesure où elle a pour objet la représentation du pouvoir par lui-même. Mais précisément parce que cette image s'exhibe en tant qu'image au carré et flotte dans une irréalité privée de référentialité, elle rend possible l'inscription d'autres références plus ou moins subjectives (comme par exemple celle de la fresque de Léonard), qui viennent en court-circuiter l'univocité. Là où le modèle contient déjà virtuellement *a priori* tout *feedback* possible, là où l'émission dévore d'avance la réception, chaque membre du public est invité·e à proposer sa propre association, et donc à opposer au code de lecture inclus dans l'image son propre code de lecture. Comme Levé l'affirme à Mathilde Villeneuve, en photographie comme en littérature, « jusqu'à un certain point, moins l'auteur en dit, plus le lecteur imagine[80]. » En supprimant tout nom propre, en neutralisant tout indice référentiel, Levé ménage donc dans ses images une part d'opacité irréductible à la transparence de la communication qu'elles donnent à voir, libérant la possibilité, même ténue, d'un envol de l'imaginaire et d'un déraillement du sens hors des pistes prévues par l'agencement communicationnel. Les *Actualités* d'Édouard Levé procèdent à ce retournement inouï : elles font basculer la réalité tangible du commun, celui de l'information transparente dont le quotidien des sociétés occidentales est tramé, dans une virtualité neutre, tandis qu'elles font de l'opacité irréelle de l'image le gage d'une actuelle singularité. Cette opacité accueille une résistance possible à l'hégémonie du code. *Actualités* pointe donc vers cette tension d'une réalité quotidienne virtuelle en ménageant l'événement d'une actuelle réalité.

Les photographies d'*Actualités* neutralisent la signification de ce qu'elles montrent en créant des scènes ambigües ou opaques, en sorte que chaque spectateur·rice peut associer plusieurs significations, de multiples réalités possibles, qui ne correspondent pas uniquement aux instanciations singulières du modèle archétypal dont elles sont comme les hypostases. Au contraire, le texte de *Journal* supprime la référence, mais emprisonne la signification dans une certaine univocité. Voici un exemple, pris au hasard : « Ses parents, son frère, sa sœur, ont la joie d'annoncer la naissance d'un garçon[81]. » Le message, décontextualisé, est cependant conservé. Si, comme le montre Pascal Mougin, l'effet d'étrangeté qui se dégage de la neutralisation contextuelle de ce texte au

---

80   In Villeneuve, « Édouard Levé ».
81   J, p. 96.

présent peut conduire à hésiter quant à la localisation de la situation énonciative de ce discours (entre la proximité d'un commentaire en direct et l'éloignement du compte rendu[82]), il est pourtant difficile d'imaginer l'ouverture de ce prototype à un autre contexte référentiel qu'à celui d'un faire-part de naissance. Pour permettre l'embrayage de différents champs de signification sous un seul référent dans un texte, il faudrait un point d'ancrage qui soit aussi fixe que le référent photographique, point d'ancrage qui permette l'affleurement de plusieurs nappes de référentialité parallèles. Or, nous l'avons vu dans la première partie de ce chapitre, c'est exactement le sens dans lequel Levé travaille le nom propre dans le pan de son travail photographique où il met en avant le nom propre. Dans une œuvre littéraire, le nom propre du personnage, du·de la narrateur·rice, de l'auteur·e, pourraient fournir ce centre rigide d'où peuvent rayonner les possibles. Il semble que dans *Œuvres*, *Autoportrait* et *Suicide*, le matériau littéraire soit travaillé dans ce sens.

3 L'aleph : identité, temporalité, virtualité[83]

« Tu cochais les mauvaises cases de formulaires administratifs pour jouer à te fabriquer une autre identité sous ton propre nom[84]. »

« 181. *L'Aleph*. Une sphère en verre dépoli flotte au milieu d'une pièce obscure. Sur sa surface sont projetées, de l'intérieur, des images vidéo de toutes natures puisées dans des archives cinématographiques et télévisuelles. Paysages, maisons, animaux, automobiles, supermarchés, livres, images d'actualité, scènes de famille, de guerre, d'amour[85]... »

3.1 *Nom propre et preuve d'existence*

Ainsi, pour Levé comme pour Barthes, « l'ordre fondateur de la Photographie » n'est « ni l'Art, ni la Communication, mais la Référence[86] ». Parce qu'elle « duplique le réel », la photographie (du moins la photographie argentique non retouchée) constitue une preuve d'existence, elle atteste de la réalité du

---

82　Mougin, « Fiction à force de réel », p. 20.
83　Une version initiale de cette section a paru en anglais sous le titre « In Search of 'the Aleph of the Other'. Photographic Archive and Narrative Structuring in the Biographic Prose Édouard Levé », in *Borders of the Visible II. Intersections Between Literature and Photography*, éds. Giuliana Ferreccio et Luigi Marfè, *CoSMo – Comparative Studies in Modernism*, 14 (Juin 2019), pp. 65-74.
84　Édouard Levé, *Suicide* © P.O.L Editeur, 2008, p. 59.
85　Édouard Levé, *Œuvres* © P.O.L Editeur, 2002, p. 80.
86　Barthes, *La Chambre claire*, p. 120.

référent à un instant *t* du passé et dans un lieu *x* de l'espace : *ça a été*. Rassembler les photographies d'un individu dans un album, c'est donc documenter son existence en présupposant sa continuité. Nous allons voir qu'à l'exception de *Journal*, Levé façonne ses textes littéraires sur ce modèle d'une archive photographique, rassemblant sous le chapeau de son nom propre sur la couverture de l'ouvrage des listes de descriptions dont l'énonciation, attestée vérace, a une valeur de preuve d'existence qu'il s'agit d'interroger.

La collection est un thème récurrent dans les œuvres de Levé, où sont disséminées plusieurs figures de collectionneurs et d'archivistes. Une collection unifie en un ensemble cohérent des articles autrement épars. Collectionner revient à établir un lien d'appartenance entre chaque article de la collection et sa catégorie d'ensemble, dont la cohésion se trouve en retour renforcée. *Collectionner* des preuves d'existence d'un individu doit s'entendre, chez Levé, dans ce sens fort où le travail de rassemblement est un travail préalable et nécessaire à la construction, à l'unification de l'individu. On le voit à travers l'histoire de ce collectionneur loufoque dans *Suicide* :

> Tu t'émerveillais devant l'histoire de cet homme d'affaires parisien dont le loisir, obsessionnel, consistait à documenter son existence quotidienne. Il conservait les lettres, cartons d'invitation, tickets de train, de bus, de métro, de voyages en avion ou en bateau, ses contrats, notes d'hôtel, menus de restaurant, prospectus touristiques des pays visités, programmes de spectacles, agendas, carnets de notes, photographies... Une pièce de sa maison, tapissée de classeurs, servait de réceptacle à ses archives, en constante progression. Au centre, une table d'orientation chronologique déroulée en spirale signalait en couleurs différentes Paris, la France ou l'étranger, les continents, les mers, les mois et les jours. D'un coup d'œil, il pouvait visualiser son existence. Il s'était collectionné lui-même[87].

Chaque document de la collection de cet homme renvoie à une expérience spécifique de son existence, localisée dans l'espace et dans le temps grâce à des indications de lieux et/ou de dates. Et si tous ces documents ne sont pas nécessairement nominatifs (comme, par exemple, les menus de restaurants ou les brochures touristiques), leur inclusion, en ordre chronologique, dans la collection personnelle d'un individu singulier, les rattache par la force de la série à son expérience personnelle. Chaque article constitue une trace, une preuve de son passage, chaque article dit : *ça a été*, et, par extension, *j'ai été*. En

---

[87] S, p. 59-60.

rassemblant autour de soi des preuves de son expérience, l'homme d'affaires tenterait de garantir sa cohésion personnelle à travers le temps et l'espace, en s'attachant des propositions dont les preuves empêchent de dénier qu'elles sont vraies. Il se prémunit ainsi de toute falsification à posteriori – qu'elle soit le fruit de l'oubli, de la nostalgie, ou de la mauvaise foi. En effet, Derrida l'a montré, si l'archive est dotée d'une fonction d'unification, d'identification et de classification corollaire de son pouvoir de consignation, la pulsion d'archive est indissociable d'un « mal d'archive », et la pulsion de conservation, inéluctablement, implique toujours la pulsion de destruction qui la contredit. Selon Derrida, « [i]l n'y aurait pas de désir d'archive sans la finitude radicale, sans la possibilité d'un oubli qui ne se limite pas au refoulement[88]. » Pas d'inscription sans angoisse de la disparition, pas de collection sans crainte du morcellement.

Ce qui fait l'originalité de cette collection de l'homme d'affaire de *Suicide* est son mode de présentation. L'existence de l'individu est représentée sous forme d'une frise chronologique combinée à un système d'indications de lieux. Mais le dispositif de la table d'orientation centrale permet également une perspective synchronique sur l'existence, qui traverse la chronologie et permet de la naviguer dans tous les sens. Placé au centre du dispositif, l'homme d'affaires embrasse du regard la collection des preuves de son existence qui en sont aussi, en quelque sorte, le duplicata, la représentation. Il y gagne le sentiment de sa continuité et de sa cohésion chronologique, mais aussi peut-être une certaine assurance ontologique. Car le dispositif panoptique écrase aussi la durée qu'il déroule de manière spatiale, en la ramenant au point unique de la perspective centrale. L'homme d'affaires, posté à sa table d'orientation, peut se dire : « il est vrai de dire que j'ai été à tous ces endroits », rabattant ainsi l'éclatement pluriel des espaces et des temps sur un référentiel de base qui est ce centre de la spirale au moment précis où il s'y tient.

Tout délirant et illusoire que puisse paraître ce dispositif, il présente pourtant un aspect matriciel de l'écriture de Levé, en permettant de penser la collusion de l'instant et de la durée, et la négociation de leur rencontre dans une œuvre informée aussi bien par les arts plastiques que par les arts du temps. Cette anecdote définit l'architecture d'un centre d'observation panoptique d'un individu, que Levé compare ailleurs, empruntant le titre d'une nouvelle de Borgès, à un « aleph », c'est-à-dire à un point unique de l'espace contenant tous les points, « le lieu où se trouvent, sans se confondre, tous les lieux de

---

[88] Jacques Derrida, *Mal d'archive*, Paris : Galilée, 1995, p. 38 (p. 14-15 pour les remarques précédentes sur la fonction d'unification). Sur la compulsion archivistique et l'archive comme médium dans l'art contemporain, voir aussi Cristina Baldacci, *Archivi impossibili. Un'ossessione dell'arte contemporanea*, Johan & Levi Editore, 2016.

l'univers, vus de tous les angles[89] ». Instancié de manière concrète dans l'histoire de l'homme d'affaires, ce point idéal d'observation et de convergence est l'objet d'une recherche constante dans les travaux de Levé, et motive en partie la forme de ses textes, comme on le voit dans ce passage de *Suicide* où l'aleph vient orienter une certaine attitude par rapport aux récits, qui implique une reconfiguration de la narration traditionnelle et de sa chronologie :

> Ne croyant pas aux récits, tu écoutais les histoires d'une oreille flottante, pour en découvrir l'os. [...] Tu reconstituais les témoignages dans un autre ordre que celui énoncé. Tu percevais la durée comme on regarde un objet en trois dimensions, tournant autour pour te la représenter sous toutes ses faces en même temps. Tu cherchais le halo instantané des autres, la photographie qui résume en une seconde le déroulé de leurs années. Tu reconstituais les vies en panoramas optiques. Tu rapprochais les événements lointains en comprimant le temps pour que chaque instant côtoie les autres. Tu traduisais la durée en espace. Tu recherchais l'aleph de l'autre[90].

Cette attitude qui désarticule la narration biographique, dont on voit qu'elle emprunte à la photographie, définit une approche synthétique du donné narratif, qui peut être désarticulé, reconfiguré et condensé *a posteriori*. Comme les peintres cubistes déploient sur la même surface plane les multiples perspectives d'où peut être observé un objet en trois dimensions, le personnage (« tu »), récepteur des récits qu'on lui fait, cherche à rassembler en un même point de l'espace et du temps des éléments appartenant à des perspectives temporelles hétérogènes, afin d'en extraire le « halo instantané ». Ce point d'identité n'est pas une entité abstraite. Il ne s'agit pas de rechercher une substantifique moelle, mais un « os » ; pas un « être », mais un « halo ». L'identité ne découle pas d'une intériorité unificatrice qui serait comme une source ontologique au flux constant, mais d'une structure, d'une ossature bien concrète

---

[89] Jose Luis Borgès, « L'Aleph », in *Œuvres Complètes, vol. I* Paris : Gallimard, coll. Bibliothèque de la Pléiade, 1993, p. 660. Dans la nouvelle de Borgès, un double autofictionnel de l'auteur a l'occasion de contempler un aleph dans la cave de Carlos Argentino Daneri, qui grâce à ce point d'observation écrit une description de la planète sous la forme d'un poème épique (on reconnaît une évocation moqueuse du *Canto General* de Pablo Neruda, anagramme de cet écrivain fictionnel). Or l'ensemble de la nouvelle consiste en un réseau de considérations sur le portrait, le deuil et l'oubli. On a beau pouvoir contempler le vaste univers, et saisir l'instant dans une représentation, « notre esprit est poreux en face de l'oubli » (p. 666), et rien n'empêchera le souvenir des êtres aimés de s'éroder, pas même leurs « nombreux portraits » (p. 653).

[90] *S*, p. 38.

appréhendable du dehors comme la surimpression de plusieurs propriétés appartenant au même référent mais éloignées dans l'espace et dans le temps. « L'aleph de l'autre » n'est pas son essence, mais bien l'instantané qui contient tous les aspects de son existence : son archive donnée en un coup d'œil.

Qu'il vise l'aleph de soi ou l'aleph de l'autre, le récit, à l'image de ces biographies désarticulées et comprimées par le personnage de *Suicide*, peut donc, comme la photographie, spatialiser la durée en la ramenant à un point d'ancrage qui la comprime. À l'exception de *Journal*, Édouard Levé crée ses œuvres littéraires selon une démarche rigoureusement symétrique. C'est que « le monde n'est pas une suite cohérente d'actions, mais une constellation de choses perçues » – ce en quoi « [u]n dictionnaire ressemble plus au monde qu'un roman[91] ». Le dictionnaire, comme le monde, n'est pas chrono-logique ; il n'y a qu'une suite d'entrées, d'événements, qui communiquent certes entre eux, mais dont l'ordre n'a pourtant pas de logique, sinon l'arbitraire de l'ordre alphabétique surimposé après coup. Les écrits de Levé sont des collections de « fragments[92] » indépendants les uns des autres, mimétiques d'une telle constellation : paragraphes clos sur eux-mêmes dans *Œuvres*, juxtaposition paratactique d'assertions dans *Autoportrait*, suite de descriptions de faits sans souci de la chronologie dans *Suicide*. Qu'est-ce qui sauve ces fragments de la menace d'une dispersion ? Quelle puissance unificatrice, quel facteur de coalescence, quel aleph, sinon le nom propre du personnage, du narrateur, de l'auteur, centre rigide d'où peuvent rayonner les possibles ? Pourrait-on alors, et avec quels enjeux, considérer les textes de Levé, fragments, phrases ou séquences accumulées bout à bout, comme autant de possibles significations du nom propre – le nom du « Je » du narrateur, du « Tu » à qui il s'adresse, ou encore le nom de l'auteur sur la couverture du livre, qui a eu l'idée de ces fragments ?

3.2 *Enjeux de la signature « pré-posthume »* (Œuvres)

Ensemble de paragraphes numérotés au statut étrange, *Œuvres* présente une collection de 533 propositions d'œuvres, dont seules quelques-unes ont été réalisées. En intitulant le volume *Œuvres*, Levé condense une nouvelle fois sous un titre lapidaire des enjeux complexes et multiples nichés dans les détours de la polysémie. Ouvrant les *Œuvres* d'un·e auteur·e, on s'attend généralement à y trouver collectées plusieurs productions réalisées par cet·te auteur·e au cours de sa carrière. Ce genre de collection est le plus souvent le fait d'éditions qui cherchent à ramasser, en un seul volume, des travaux produits dans différents

---

91   *S*, p. 37.
92   *Au*, p. 75.

contextes, à différentes époques, afin d'en présenter un panorama évolutif. Et si ce travail éditorial, souvent posthume, peut également avoir lieu du vivant de l'auteur·e, c'est généralement à un moment avancé de sa carrière, dont il présente une sorte de rétrospective. L'apposition du nom de l'auteur·e sur la couverture, près du titre *Œuvres*, garantit l'unité de la source de ces textes qui ponctuent alors sa carrière, et ramène sur un plan unique différentes couches temporelles. Cette rétrospective n'est jamais véritablement accomplie qu'après la mort de celui ou celle qui signe – les *Œuvres* peuvent alors être dites *complètes*. Or *Œuvres* est le premier texte qu'Édouard Levé ait jamais publié. En choisissant ce titre, qu'il semble au premier abord amputer de ce sens commun pour le réduire au sens très littéral d'une accumulation de descriptions d'œuvres plastiques, il tire parti de l'horizon d'attente qu'il déjoue et fait vaciller plusieurs évidences. Tout d'abord, il porte une nouvelle fois la frontière du virtuel et de l'actuel à la limite où elle chancelle. Ce faisant, il ébranle également la linéarité du temps, en convoquant l'idée d'un « agenda pré-posthume[93] ».

C'est cette fois en jouant de l'autonomie et de la friction des diverses strates médiales impliquées dans *Œuvres,* qu'il échelonne en autant de plans d'existence (ou mondes de référence) aux statuts distincts, que Levé trouble profondément la distinction de l'actuel et du virtuel. La nature essentiellement plastique des œuvres qui y sont décrites a tendance à faire oublier qu'*Œuvres* est avant tout un travail de littérature. Levé s'amuse, dans *Autoportrait,* de n'être pas pris au sérieux en tant qu'écrivain : « Bien que j'aie publié chez lui deux livres, mon éditeur continue à me présenter comme un artiste, si j'étais comptable, en plus d'être écrivain, je me demande s'il me présenterait comme un comptable[94]. » Sans doute son écriture volontairement neutre tend-elle à se faire oublier au profit du message qu'elle communique, des images qu'elle convoque, des processus qu'elle décrit. Pourtant, il affirme à Michel Poivert : « C'est à l'origine un travail littéraire. Si certaines [œuvres] ont été réalisées – comme des images de la série *Pornographie* – ou bien si certaines images de cette même série ont donné lieu à des performances, il ne s'agit pas d'un programme de travail, ou d'un catalogue raisonné par anticipation[95] ». La nature

---

93 In Villeneuve, « Édouard Levé ». Ce terme n'apparaît pas précisément dans *Œuvres* mais y est thématisé explicitement par la proposition d'œuvre n°527 : « Un livre décrit, au présent, la vie de l'auteur. Anamnèse jusqu'au moment où il l'écrit, puis fiction jusqu'à sa mort, les deux parties, que séparent les semaines d'écriture, ont le style froid d'un constat. Plus tard, l'auteur peut décider ce qu'il a prédit. » (*Oe*, p. 190-1)

94 *Au*, p. 67-68.

95 In Poivert, « Principe de Reconstitution ». Pour la description littéraire qui a été réalisé en série photographique, voir *Œuvres*, n°149.

littéraire de l'ouvrage crée une référentialité double, entre le monde du texte et le monde physique, où les œuvres sont amenées à être ou à ne pas être réalisées. S'il existe une porosité entre ces deux mondes de référence, ils demeurent pourtant indépendants. Comme l'auteur l'explique à Mathilde Villeneuve : « je n'écris pas pour justifier mon travail plastique. Ma littérature est autonome. Je ne me critique pas, je ne me commente pas. Au mieux, je décris ce que je fais[96]. » Levé suggère par le dispositif d'*Œuvres* que la réalisation physique de l'œuvre décrite dans le texte n'a qu'une influence secondaire sur son statut en tant qu'œuvre « réelle ». Avant la distinction d'une œuvre actuelle ou virtuelle, il y a l'idée de l'œuvre et le travail littéraire. De l'inaccompli à l'accompli, de l'œuvre décrite à l'œuvre matérialisée, il n'y a alors plus, dans cette optique étrange, qu'une différence de degré, qui tient à l'actualisation d'un programme dans le monde physique.

En faisant d'*Œuvres* une œuvre littéraire, Levé place en effet son texte à la charnière indécidable entre cette actualité complète d'un morceau de littérature qui est à lui-même sa propre référence (et qui a sa propre existence concrète, dans le monde physique, en tant qu'œuvre littéraire) et cette virtualité d'un programme de travail à transposer, à réaliser sous forme plastique dans le monde physique. On le voit de manière exemplaire avec le fragment inaugural d'*Œuvres*, qui fait basculer l'ensemble du recueil dans cette zone trouble où actualité et virtualité semblent se chevaucher : « 1. Un livre décrit des œuvres dont l'auteur a eu l'idée, mais qu'il n'a pas réalisées[97]. » Cette proposition décrit le dispositif du livre, dont elle fournit comme le mode d'emploi. Pourtant, en tant que fragment numéroté, elle appartient pleinement à ce dispositif : elle est une description d'œuvre, et contient par conséquent une contradiction logique, dans la mesure où son énonciation réalise une œuvre dont son énoncé déclare qu'elle n'est pas réalisée. On pourrait objecter que l'indéfinition de la description (« un livre », « l'auteur ») empêche d'identifier *Œuvres* comme la réalisation de la proposition n°1 qui l'inaugure. Pourtant, cette proposition attribue l'ensemble des descriptions d'œuvres à un seul et même auteur. Les œuvres n°2, n°3, n°4 etc., sont attribuées à l'auteur dont le nom figure sur la couverture : Édouard Levé. L'exigence de la série attribue donc en retour la proposition n°1 à ce même auteur, désignant « un livre » comme *ce* livre intitulé *Œuvres*, et « l'auteur » comme *cet* auteur, Édouard Levé. On se trouve donc face à cette aberration : la réalisation et la non-réalisation sont tenues ensemble simultanément dans la même phrase, et l'auteur fait œuvre, fait *Œuvres*, de ne pas faire œuvre.

---

96   Villeneuve, « Édouard Levé ».
97   *Oe*, p. 7.

Parce que les 533 fragments sont réunis dans un même espace textuel, sans distinction, et collectionnés autour du nom de celui qui en a eu l'idée et qui figure sur la couverture de l'ouvrage, ils ont tous le même degré de réalité. Seule est déterminante la réalité tangible du texte ainsi rassemblé, qui prévaut sur le degré de réalisation dans le monde physique de l'œuvre décrite – virtuelle ou actuelle, inaccomplie ou accomplie. Cela ne revient pas à dissoudre complètement la distinction du virtuel et de l'actuel, mais la rend néanmoins extrêmement poreuse. Comme il le fera dans *Autoportrait* à travers une structure textuelle largement comparable, Levé étend l'acception commune de la réalité, qui implique son adéquation avec l'actualité du référent, en l'ouvrant à la prise en compte des multiples virtualités incluses en puissance dans le référent mais qui n'ont pas été concrétisées dans un processus d'actualisation. Ici, cette opération est réalisée par la collusion de différentes facettes médiales dont la stratification permet, pour une même œuvre, l'élaboration de deux strates de référentialité continues mais distinctes : celle du texte et celle du monde physique. Considérer *Œuvres* comme un texte littéraire permet donc de comprendre que monde du texte et monde physique ne s'opposent pas comme monde virtuel et monde actuel. Bien au contraire, dans sa structure même, *Œuvres* prétend élever la virtualité à la dignité de l'actualité.

Ceci a notamment des conséquences vertigineuses pour la conception de la temporalité. Car si la distinction entre le virtuel et l'actuel tend vers sa confusion, et si le primat de la réalité physique recule derrière la réalité textuelle qui prévaut, cela signifie que toute potentialité non accomplie peut tout aussi bien être considérée comme achevée, même si elle ne l'est que virtuellement. Pascal Mougin note que l'effectuation plastique de l'œuvre n'est pas inutile, mais qu'elle n'apporte aucune « valeur ajoutée [...] qui serait à mettre au compte d'une créativité, d'une idiosyncrasie ou d'un génie d'auteur[98]. » C'est toute la linéarité temporelle qui structure notre perception entre passé, présent et futur qui chancelle alors. Dans cette hypothèse, nul besoin de se projeter dans un futur où réaliser les potentialités que je me représente dans le présent, puisqu'imaginer ces potentialités équivaudrait à les réaliser. Si la frontière de l'accompli et de l'inaccompli se dissout de la sorte, alors sa dissolution entraîne avec elle la claire distinction du passé et du futur. On le voit dans cette expérience de pensée relatée dans *Suicide* :

> Tu voulais connaître ton avenir, moins pour te rassurer que pour vivre par anticipation la vie qui t'attendait. Tu rêvais d'un agenda exhaustif, dans lequel tes jours seraient écrits jusqu'à ta mort. Tu pourrais te préparer aux

---
98 Mougin, « Fiction à force de réel », p. 23.

joies et aux épreuves du lendemain, comme à celles des jours lointains. Tu pourrais consulter le futur comme on se souvient du passé, et y circuler à ta guise[99].

Par cette expérience de pensée, Levé étend au futur le fantasme d'une vue panoptique instantanée qui condenserait la durée d'une existence en un point de l'espace et du temps qui, dans la collection de l'homme d'affaires, était limitée au passé. Or ce fantasme est, d'une certaine manière, réalisé par le dispositif mis en place dans *Œuvres*. S'il affirmait à Michel Poivert qu'*Œuvres* n'est pas un catalogue raisonné par anticipation, afin de souligner l'autonomie proprement littéraire de ses écrits par rapport à leur réalisation plastique, il adopte un point de vue inverse dans son entretien avec Mathilde Villeneuve. Lorsque celle-ci cherche à savoir si l'écriture contient un pouvoir d'achèvement par rapport à l'œuvre matérielle qui n'a pas été réalisée, Levé répond :

> Je dirais au contraire que l'écriture révèle un manque : elle montre le travail qui me reste à faire. Je pourrais passer ma vie à réaliser les 533 œuvres que j'ai décrites. Le livre fonctionnerait alors comme un catalogue raisonné pré-posthume, un programme de vie à accomplir, un agenda jusqu'à ma mort dont toutes les pages seraient remplies[100].

Le retournement de point de vue entre les deux entretiens est symptomatique de cette double référentialité à l'œuvre dans *Œuvres*, qui veut que l'œuvre littéraire et l'œuvre plastique soient à la fois indépendantes et liées : indépendantes en ce qui concerne les espaces de leur réalisation(s), mais liées par la matrice qui est l'idée qu'en a eu l'auteur. Ce feuilletage des réalités a des conséquences incalculables. Car si une œuvre pensée est considérée comme virtuellement déjà achevée, alors rien n'a besoin d'être réalisé pour exister et être attribué à son auteur. Ce qui implique, d'une part, une multiplication virtuellement infinie des descriptions possibles attribuables à cet auteur, qui n'est plus limité par son existence physique et ses réalisations concrètes. Mais cela implique aussi, en contrepartie, qu'en tout point de son existence, une vie est déjà virtuellement vécue. « Quinze ans est le milieu de ma vie, quelle que soit la date de ma mort[101]. » Et si les œuvres n'ont plus besoin d'être accomplies, si le programme de vie peut être vécu par anticipation, on peut logiquement « s'achever » à tout moment, dans un sens aussi bien virtuel que terriblement concret.

---

99   *S*, p. 66.
100 In Villeneuve, « Édouard Levé ».
101 *Au*, p. 91.

3.3 Nom propre et matrice archivistique : le vertige documentaire d'Autoportrait

Dès la première page d'*Autoportrait*, l'auteur affirme laconiquement : « J'archive[102]. » À défaut d'objets, ce sont des affirmations qui sont collectionnées dans le livre, au sens où le collage d'éléments épars devrait, comme la collection de l'homme d'affaires que nous évoquions plus haut, assurer une unification panoptique de soi. En effet, *Autoportrait* met bout à bout sans hiérarchie une litanie d'assertions laconiques, triviales ou profondes, relatives au *je* qui les énonce – comme dans cet exemple, pris au hasard : « Je joue au squash et au ping pong. Quand je m'allonge après avoir bu de l'eau, mon estomac fait des bruits de waterbed. Je traverse certaines rues en apnée pour éviter les gaz polluants. Je ne suis pas pour ou contre la peinture, ce serait comme être pour ou contre le pinceau. Quand je suis heureux, j'ai peur de mourir, quand je suis malheureux, j'ai peur de ne pas mourir[103]. » Chaque phrase ajoute une nouvelle définition indépendante de la précédente, traçant en pointillés les contours d'une identité qui semble bien ne pouvoir être approchée que de l'extérieur, sous l'angle de cette sommation. Pas de *bio-graphie* donc, au sens d'une organisation discursive, linéaire et rétrospective de son existence rassemblée en un texte qui en illuminerait le sens, mais un portrait de mots établi essentiellement au présent selon un ordre aléatoire[104]. Pour pouvoir observer un objet sous toutes ses faces en même temps, il faut abolir le temps, figer l'instant, rapporter son infinie multiplicité de perspectives à l'unicité d'un point de vue. Dans cette suite d'entrées erratiques d'*Autoportrait*, comme dans un dictionnaire, « le temps n'existe pas[105]. » Quel est le point de vue, l'aleph, qui permet d'embrasser l'ensemble de ces propositions de manière panoptique, sinon le nom propre placé sur la couverture auquel réfère le « Je » ? Édouard Levé affirme : « Je n'aime pas ce qu'on m'impose, pourtant je n'imagine pas

---

102 *Au*, p. 7.
103 *Au*, p. 39.
104 L'autoportrait de Levé confirme donc en partie cette définition de l'autoportrait proposée par Michel Beaujour : « L'autoportrait se distingue de l'autobiographie par l'*absence* d'un récit suivi. Et par la subordination de la narration à un déploiement *logique*, assemblage ou bricolage d'éléments sous des rubriques que nous appellerons provisoirement 'thématiques' » (*Miroirs d'encre. Rhétorique de l'autoportrait*, Paris : Seuil, 1980, p. 8). Toutefois, chez Levé, aucun agencement, pas même thématique, ne vient ordonner la juxtaposition des phrases. Ainsi, si le genre de l'autoportrait s'inscrit, comme l'affirme Michel Beaujour, dans la continuité du *speculum* encyclopédique médiéval, les phrases rassemblées dans l'entreprise encyclopédique de Levé forment une concrétion anarchique plus qu'une collection logiquement hiérarchisée. Il restera à se demander dans quelle mesure une telle concrétion peut remplir une fonction spéculaire.
105 *S*, p. 38.

vraiment de porter un autre nom que le mien[106]. » Le nom propre est assigné à une personne pour la vie. Sa rigidité de désignateur en fait le garant d'une identité minimale au fil du temps et au fil des phrases, selon que la personne qui le porte est placé·e en position de destinateur·rice (« je »), de destinataire (« tu »), ou de référent (« il·elle ») de l'énoncé[107]. *Autoportrait* fonctionnerait donc comme un étalage d'une foule de descriptions qui peuvent être attachées au nom propre auquel renvoie le pronom « je », descriptions dont la multiplication permettrait une saisie panoramique du référent. L'ouvrage validerait donc la thèse de Philippe Lejeune d'un pacte autobiographique selon laquelle ce *je* rassemblerait les personnes du personnage, du narrateur et de l'auteur sous l'égide du nom propre figurant sur la jaquette de l'ouvrage[108], et laisserait entendre que le nom propre, parce qu'il rassemble toutes les propositions énonçables à son sujet en un point de l'espace et du temps, est l'aleph d'un individu, qui contient tous les points de vue sur cet individu non seulement en synchronie, mais aussi en diachronie.

Pourtant, rien de plus mystérieux que cette correspondance de l'individu à son nom propre. Déjà Descartes laissait entendre que je ne suis assuré d'exister que lorsque je pense[109]. Qu'en est-il des moments qui échappent à ma pensée ? À ma perception consciente ? À ma mémoire ? Qu'en est-il de l'existence de l'homme d'affaires, dans la série chronologique de sa collection, entre deux documents ? Chez Édouard Levé, si l'archive a valeur de preuve d'existence, son incomplétude implique qu'on peut toujours douter d'exister. Ainsi, on peut lire dans *Suicide* : « Tu conservais tes agendas des années passées. Tu les relisais quand tu doutais d'exister. [...] Tu t'inquiétais alors de ne pas te souvenir de ce qu'il y avait entre les choses écrites. Tu avais aussi vécu ces instants. Où étaient-ils passés[110]? » Si le nom propre semble fonctionner *en théorie* comme un aleph, qui rassemble virtuellement en un même point de l'espace et du temps toutes les assertions que l'on peut attacher à un individu, il ne peut *dans les faits* qu'être un aleph imparfait : effondré du dedans par l'élision d'un sujet toujours manqué d'une part, effrité du dehors par le vertige de son archivage impossible, tâche infinie d'un Sisyphe totalisateur dont toute marque consignée est déjà grevée par l'oubli de ce qui échappe à l'inscription.

---

106 *Au*, p. 57.
107 *Cf.* Lyotard, « Emma », p. 88.
108 Philippe Lejeune, *Le Pacte autobiographique,* Paris : Seuil, coll. Poétique, 1975, p. 22s.
109 Descartes, *Méditations Métaphysiques*, Méditation seconde, déjà cité.
110 *S*, p. 29. Ou encore, dans *Autoportrait* : « Je me demande où partent les rêves dont je ne me souviens pas. » *Au,* p. 90.

Du côté de la signification, l'illimitation des énoncés possibles questionne la capacité du nom propre à « résumer » une propriété essentielle[111] : parce qu'elle n'est plus prise dans la causalité logique d'un récit, la série énumérative des propositions d'*Autoportrait* est potentiellement infinie. Elle consiste aussi bien en affirmations qu'en négations : ce que l'auteur aime et n'aime pas, fait et ne fait pas, est et n'est pas. En neutralisant le temps qu'il fige dans l'instantané du portrait, *Autoportrait* nivelle, une fois de plus, l'actualité et la virtualité du sujet qu'il présente. « Édouard Levé » est ceci, mais il pourrait être autrement, et il est aussi potentiellement tout cela qui n'est pas énoncé, pas gardé en mémoire. Comme l'indique Nicolas Bouyssi, sous le nom se tapit aussi « l'essentiel [...] qui dure involontairement et accompagne comme son ombre l'instant et la fugacité du présent[112] ». Ceci vaut autant dans le passé qui n'a pas été documenté que dans l'avenir qui n'a pas encore été actualisé. Quand bien même la convention qui fédère tous les *je* énoncés dans l'unité d'une voix énonciative se référant au nom propre sur la couverture du livre garantit une fixité minimale et nécessaire du nom et du référent, l'identité est toujours manquée, car elle n'est pas la somme de moments conscients auxquels je peux adjoindre une description ou une signification. D'un point de vue logique, elle est aussi la somme, impossible car infinie, de tout ce qui n'est pas dit, pas fait, pas accompli, pas perçu, pas conservé par le souvenir, pas encore arrivé, de tout ce qui demeure larvé à l'état virtuel sous la nappe opaque du présent.

Ce creusement de l'identité par la mise en exergue des myriades de significations potentielles que l'on peut virtuellement attacher au nom propre est encore aggravé du côté de la référence, où c'est la labilité pronominale, corollaire d'une intermittence du sujet, qui menace une stabilité identitaire que la fixité du nom propre ne garantit que de manière logique (et donc minimale). Rien n'assure en effet que le sujet ne s'éclipse pas entre chaque acte d'énonciation, en chaque phrase consignée. Qu'elle corresponde au besoin de laisser une trace de soi ou de se totaliser en un texte, la litanie des « je » qui compose *Autoportrait*, toute neutre qu'elle soit dans son style et son contenu, trahit ainsi une certaine urgence : celle de lutter contre une permanente évaporation subjective, dont l'angoisse pointe derrière cette vertigineuse énumération[113]. Chacun

---

111   En ce sens, *Autoportrait* désavoue les théories définissant le nom propre sous l'angle de la référence indirecte, selon lesquelles le nom propre désigne un référent par le biais de ses multiples sens, qu'il résume.
112   Bouyssi, *Esthétique du stéréotype*, p. 46.
113   Dans un entretien avec Jacques Morice, Levé met en avant une dimension compulsive, expliquant avoir écrit cette séquence de phrases, dans un sentiment d'urgence lié à l'angoisse de sa mort imminente : « Maintenant ça me fait sourire mais bon... J'ai commencé à écrire en me disant qu'il fallait que je laisse vite une trace de moi car il me restait

de ces « biographèmes » additionnés comporte bien un geste de définition identitaire dont la somme produit « l'impression générale d'une individualité », selon l'expression de Stéphane Girard[114]. Mais la « collecte » énonciative du sujet porte aussi bien sur ses caractéristiques essentielles (son *quid*) que sur le fait même de son existence (son *quod*). S'il n'y a de sujet que dans le langage, et s'il s'évanouit entre chaque acte d'énonciation, alors accumuler les phrases, plus qu'un geste de définition essentielle, devient une nécessité existentielle : tout se passe comme s'il fallait dire « je » non tant pour « l'exprimer » que pour le performer, encore, et encore, et encore, pour réactualiser à chaque instant sa cohérence existentielle, pour incarner ce sujet dont la rigidité du nom propre ne suffit pas à garantir la consistance. S'il est vrai, comme je l'avançais un peu plus haut, que l'identité ne découle pas d'une intériorité unificatrice qui serait comme une source ontologique au flux constant, mais d'une structure appréhendable du dehors comme la surimpression de plusieurs propriétés appartenant au même référent, n'est-ce pas, en dernière analyse, parce que l'intériorité se dérobe, parce que le sujet, inexorablement, s'élide ?

Si l'identité d'un individu peut se donner comme un « halo instantané », comme une « photographie qui résume en une seconde le déroulé [de ses] années », comme l'imagine Levé dans *Suicide*, ce ne peut être qu'au sens où Barthes disait de la fameuse photographie du jardin d'hiver, inaccessible sauf à lui-même, représentant sa mère à l'âge de cinq ans, qu' « elle accomplissait pour [lui], utopiquement, *la science impossible de l'être unique*[115]. » Si l'aleph de l'individu n'est accessible que *de l'extérieur*, sur un mode utopique et hautement singulier, on commence à pressentir ce que l'aleph a de mortuaire. Seule la mort semblerait pouvoir arrêter la multiplication à l'infini des descriptions accumulées dans *Autoportrait*[116] – mort dont c'est justement l'imminence pressentie qui aiguillonne cette multiplication[117]. Alors, et alors seulement,

---

      peut-être un mois à vivre (rires). D'où ces phrases décochées comme des flèches... [...] C'est une empreinte de mon cerveau, obsessionnel et primesautier ». Propos rapportés par Jacques Morice, reproduit dans « L'écrivain et photographe Édouard Levé est mort », *Télérama*, web, <http://www.telerama.fr/livre/20937-ecrivain_et_photographe_edouard_leve_est_mort.php>. Publié le 16 octobre 2007, mis à jour le 1er février 2018, accès le 23 février 2018.

114   Stéphane Girard, *Plasticien, Ecrivain, Suicidé. Ethos auctorial et paratopie suicidaire chez Édouard Levé*. Paris : L'Harmattan, 2014, p. 229.

115   Barthes, *La Chambre claire*, p. 110.

116   Philippe Lançon note en ce sens que l'inventaire de soi que constitue *Autoportrait* « pourrait ne jamais s'arrêter : on n'en finit jamais avec soi ; mais cela s'arrête vite : on en finit peut-être avec l'envie de soi ». « Le Moi se meurt : par Edouard Levé, un 'Autoportrait' sans égotisme », *Libération*, 19 Mai 2005.

117   Toujours selon l'entretien avec Jacques Morice cité plus haut.

cette prolifération des possibles trouve son point d'arrêt, et la diffraction arbitraire de la virtualité sous l'actualité peut être résorbée dans la tentative de reconstitution après-coup d'une trajectoire cohérente. Comme l'indique cette remarque de *Suicide*,

> Seuls les vivants semblent incohérents. La mort clôt la série des événements qui constituent leur vie. Alors on se résigne à leur trouver un sens. Le leur refuser reviendrait à accepter qu'une vie est absurde. La tienne n'avait pas encore atteint la cohérence des choses faites. Ta mort la lui a donnée[118].

Une vie peut être résumée, *a posteriori*, et se voir attribuer un sens dans une tentative de saisie discursive. Mais on ne peut la saisir dans son caractère de « halo instantané » qu'à travers la force affective, oblique et spectrale du *punctum*, qui vient frapper le·la regardeur·euse depuis le dedans de l'image et lui restituer illusoirement la présence de l'être perdu dont il·elle croit reconnaître l'*air*. Le fantasme de Levé, tel qu'il transparaît dans *Autoportrait*, semble être celui d'une collection totalisante et unificatrice, qui ne le résumerait pas, mais qui re-présenterait chaque facette de son identité d'un seul coup d'œil. Or une telle unité ne peut logiquement être atteinte que *postmortem*. Avec *Autoportrait*, Levé rassemble donc sous son nom propre, de manière « pré-posthume », l'archive de soi qui, aussi constitutivement incomplète soit-elle, sera son aleph – aleph sous la forme duquel il affirmait aux *Inrockuptibles* en 2001 souhaiter « revenir après la mort[119] ».

3.4   *Je et Tu en miroir* : Suicide

> « Il n'est venu à l'idée de personne d'autre que toi de plaisanter avec ta mort[120]. »

Comme *Œuvres*, comme *Autoportrait*, *Suicide* est composé à la manière d'une collection, juxtaposant des paragraphes relativement longs dont la séquence n'est gouvernée par aucun ordre logique ou thématique. À la différence des

---

118   S, p. 23.
119   Dans le cadre d'un questionnaire initié en 2001 par le magazine *Les Inrockuptibles* (Novembre 2001), Levé répond en effet à la question « Sous quelle forme aimeriez-vous revenir [après la mort] » de la sorte : « *L'aleph* de Borgès. » Article mis en ligne sur le site de la galerie Loevenbruck (Artistes, Édouard Levé, Presse), <http://www.loevenbruck.com/index.php>, consulté le 20 Octobre 2014.
120   S, p.62, *Suicide* © P.O.L Editeur, 2008.

textes précédents, ces assertions collectées dans *Suicide* ne sont toutefois pas directement rattachables au nom de l'auteur : elles ne décrivent pas des œuvres ou des idées d'œuvres dont il serait l'auteur, elles ne sont pas relatives à un « je » énonçant son autoportrait, mais décrivent à l'imparfait le portrait d'un personnage désigné par « tu », ami d'adolescence de l'auteur dont le nom reste inconnu tout au fil du récit, suicidé à l'âge de 25 ans. Il apparaît difficile, au premier abord, d'assimiler ce texte aux précédents et d'en faire une pièce versée à l' « archive pré-posthume », accolant des descriptions relatives à l'être et l'avoir de l'auteur autour de son nom propre comme un cyclone autour de son œil. Or, d'*Autoportrait* à *Suicide,* les mêmes descriptions réapparaissent de manière troublante, tantôt assignées à l'auteur d'*Autoportrait*, tantôt attribuées au personnage de *Suicide*. Stéphane Girard considère ainsi *Suicide* comme une « autobiographie à la deuxième personne », tandis que Laurie Laufer parle d' « autofiction spéculaire[121] ». L'effet de miroir avec cet autre portrait qu'est *Autoportrait* est d'autant plus marqué que *Suicide* s'engouffre dans une anecdote relatée à la dernière page du livre précédent, publié trois ans plus tôt :

> Mes plus belles conversations remontent à mon adolescence, avec un ami chez qui nous buvions des cocktails que nous concevions en mélangeant au hasard les alcools de sa mère [...], des années plus tard, cet ami a dit à sa femme qu'il avait oublié quelque chose dans la maison au moment où ils partaient jouer au tennis, il est descendu à la cave et s'est tiré une balle dans la tête avec le fusil qu'il avait soigneusement préparé[122].

Cette anecdote, quelque peu noyée dans la masse des phrases d'*Autoportrait* dont le flot non hiérarchisé nivelle le plus trivial et le plus sérieux, est au contraire isolée pour être mise en exergue et fournir le matériau principal de *Suicide,* qui s'ouvre sur son récit, cette fois adressé à l'ami suicidé (ou du moins à un « tu ») :

> Un samedi au mois d'août, tu sors de chez toi en tenue de tennis accompagné de ta femme. Au milieu du jardin, tu lui fais remarquer que tu as oublié ta raquette à la maison. Tu retournes la chercher, mais au lieu de te diriger vers le placard de l'entrée où tu la ranges d'habitude, tu descends à la cave. Ta femme ne s'en aperçoit pas, elle est restée dehors, il fait beau,

---

121 Stéphane Girard, *Plasticien, écrivain, suicidé*, p. 263 ; Laurie Laufer, « Suicide à l'adolescence », p. 411-2.
122 *Au*, p. 90.

elle profite du soleil. Quelques instants plus tard, elle entend la décharge d'une arme à feu. [...] Tu t'es tiré une balle dans la tête avec le fusil que tu avais soigneusement préparé[123].

Comme le remarque Antoine Miller, « la présence du même noyau dynamique en clôture d'*Autoportrait* et en ouverture de *Suicide*, en fait un véritable 'scène primitive' », dont le critique estime qu'elle « nourrit à elle seule l'entreprise littéraire de l'artiste[124]. » La symétrie structurelle qui lie les deux textes est en effet frappante, marquée par plusieurs phénomènes de parallélismes et de chiasmes qui contribuent à renforcer cet effet de miroir. Dans *Autoportrait*, la scène est décrite comme un îlot de récit à l'imparfait au sein d'un texte où prédomine le discours au présent. Dans *Suicide*, inversement, la scène est relatée au présent de narration, ce qui ancre le début du texte dans une situation de discours[125], en net contraste avec l'imparfait employé pour le corps du texte et qui fait de la suite du portrait un récit à la deuxième personne du singulier. Comment comprendre cette inversion parfaitement symétrique qui lie *Suicide* à *Autoportrait* ?

Répondre à cette question nécessite un détour par celle de la spécularité, principe formel et thématique traversant l'ensemble des œuvres de Levé. En tant que principe formel, la spécularité nous ramène au genre de l'autoportrait – genre spéculaire s'il en est. Déjà Michel Beaujour concluait à l'échec nécessaire du « miroir d'encre » de l'entreprise auto-spéculaire : toujours l'autoportrait « se renverse en constatation de l'impossibilité de se peindre, en une dispersion et un effacement des prédicats du sujet : ce qu'il reste alors, c'est une écriture plutôt qu'une mimesis du moi. Il est vrai, en ce sens, que Narcisse n'écrit pas, ou qu'il cesse d'être Narcisse en écrivant son 'autoportrait'[126]. » Ce phénomène est exacerbé chez Levé, où l'*Autoportrait* performe une liste où « je » s'égrène pour constituer l'archive où l'identité est rassemblée de manière éclatée : toujours incomplète, jamais agrégée, si cette somme renvoie une image en miroir,

---

123 S, p. 9.
124 Antoine Miller, *L'homme sans désir. Motifs mélancoliques dans l'œuvre d'Édouard Levé*. Paris : Penta Editions, 2016, p. 41.
125 Le présent de narration, qui a pour effet brutal de dérouler la scène sous les yeux du lecteur (cf. Stéphane Girard, *Plasticien, écrivain, suicidé*, p. 237), trahit également la répétition toujours vivace d'une « scène » dont la force affective ne s'atténue pas avec le temps. La phrase qui conclut la description liminale, « La scène s'arrête là. » (S, p. 11), suivie immédiatement d'un passage aux temps du passé et à la modalité accomplie, semble être un indicateur de la puissance traumatique d'une scène toujours « inaccomplie » et se présentant de manière récurrente avec la même force.
126 Michel Beaujour, *Miroirs d'encre*, p. 341.

ce ne peut être que celle d'un sujet dont la coalescence impossible ne tient précisément qu'à la réitération infinie du « je » et à son lien intrinsèque et fixe au nom propre de l'auteur. Comme si l'ego, sans autre consistance, devait, sans cesse, être re-formé au miroir de ses phrases. Or, si l'*Autoportrait* échoue, ce n'est pas seulement du fait d'une dissociation, inéluctable car structurale, du sujet de l'énonciation et du sujet de l'énoncé : la question de la spécularité engage chez Levé une perturbation du sujet plus essentielle.

Si l'œuvre de Levé est emplie de miroirs, il s'agit pour la plupart de miroirs déformants ou éclatés : qu'il s'agisse d'un défaut de l'objet réfléchissant ou d'une défaillance du sujet qui s'y mire, celui-ci ne s'y reconnaît pas, mais croit voir un étranger[127]. Ce thème, en effet, est très souvent lié au récit d'expériences de dissociation ou de dépersonnalisation. C'est notamment à partir de telles séquences de spécularité troublée qu'Antoine Miller décèle dans les œuvres littéraires d'Édouard Levé une angoisse de morcellement, de dépersonnalisation et de déréalisation, qu'il compare à la présence, chez certains patients mélancoliques, d'une insuffisance de l'ego-sujet qui perd les contours de son image propre – le mélancolique ayant alors l'impression de « perdre sa consistance » et « ne plus se reconnaître[128] ». Or ce thème récurrent du miroir où l'on ne se reconnaît pas est l'un des thèmes narratifs centraux qui, parce qu'ils réapparaissent d'un texte à l'autre, contribuent à établir entre eux une continuité et à en troubler les frontières énonciatives : « je » et « tu » en viennent à se refléter l'un l'autre, à défaut de se répondre – jusqu'à ce qu'il ne soit plus possible de distinguer, dans *Suicide*, les frontières de ce qui revient à l'auteur et de ce qui revient au personnage[129].

---

127   Si le thème du miroir déformant est présent tant dans *Autoportrait* que dans *Suicide*, une nette aggravation de leur intensité dépersonnalisante et de leur fréquence est sensible entre les deux textes. On trouve par exemple les cas suivants dans *Autoportrait* : « Si je me regarde longtemps dans un miroir, vient un moment où mon visage n'a plus de signification. » (*Au*, p. 23) ; « Je ne perçois pas le délai des miroirs. » (*Au*, p. 24) ; « La partie gauche de mon visage ne ressemble pas à la partie droite. » (*Au*, p. 11) ; ou encore « Ma mémoire est structurée comme une boule disco. » (*Au*, p. 90.) Dans *Suicide*, les expériences relatées expriment plus clairement encore la dissociation : « En te rasant, dans la glace, tu crus voir un étranger. » (*S*, p. 46.) ; ou encore ce récit d'une expérience de dépersonnalisation suite à un effort physique prolongé : « Tu croisas un miroir, ton visage était couvert de plaques rouges et jaunes. Tu t'approchas, tu reconnus ta physionomie, mais elle te semblait être celle de quelqu'un d'autre. La fatigue te dissociait. » (*S*, p. 80)

128   Antoine Miller, *L'homme sans désir*, p. 147. Il cite ici les travaux de Marie-Claude Lambotte sur la mélancolie. Voir l'ensemble de la section « Morcellement, dépersonnalisation : un corps étranger à soi », pp. 132-152.

129   La dépersonnalisation dans le miroir, ou plutôt la reconnaissance du peu de chose que « je » suis, aliéné que je suis à l'image de moi-même qui me constitue comme sujet, voilà sans doute la vérité de toute image spéculaire et de tout portrait. Narcisse le savait bien,

Les enjeux de cette spécularité troublée et troublante sont au cœur du passage suivant, qui relate une expérience de dépersonnalisation surmontée par un procédé fort étrange :

> Face à ton miroir, heureux ou insouciant, tu étais quelqu'un. Malheureux, tu n'étais plus personne : les lignes de ton visage s'éteignaient, tu reconnaissais ce que ton habitude te faisait nommer 'moi', mais tu voyais quelqu'un d'autre te regarder. Ton regard traversait ton visage comme s'il était fait d'air : les yeux d'en face étaient insondables. Animer tes traits par un clin d'œil ou une grimace n'était d'aucun secours : privée de raison, l'expression était artificieuse. Tu jouais alors à mimer des conversations avec des tiers imaginaires. Tu croyais devenir fou, mais le ridicule de la situation finissait par te faire rire. Jouer les personnages d'une saynète te faisait exister à nouveau. Tu redevenais toi-même en incarnant autrui. Tes yeux pouvaient maintenant se poser sur eux-mêmes et, face au miroir, il t'était à nouveau possible de dire ton nom sans qu'il te semble abstrait[130].

Incapable de reconnaître sa personne sous les traits qu'il perçoit dans le miroir, incapable de coïncider avec ses propres traits, le personnage invente une « saynète » qu'il se joue et par l'intermédiaire de laquelle il parvient à « regagner » son corps. Dans cette saynète, mimant une situation d'adresse (« des conversations avec des tiers imaginaires »), il se joue donc lui-même, puisqu'il joue aussi bien les questions et les réponses : il est alternativement « je » et « tu ». Grâce à cette *performance* d'un dédoublement assumé, et non plus contraint par une expérience angoissante de dédoublement (où le personnage se regardant lui-même « voi[t] quelqu'un d'autre [le] regarder »), le personnage parvient à une ré-unification subjective et corporelle, une re-personnalisation : il réintègre les frontières de son image corporelle, de son *imago,* de même qu'il regagne les bornes de l'image linguistique qui forme tout autant qu'elle désigne son identité, et peut à nouveau faire un avec son nom propre. « Tu redevenais toi-même en incarnant autrui » : cette formule, résumant une expérience, ne définit-elle pas un enjeu à la fois esthétique et existentiel de *Suicide* ?

---

s'écriant dans le moment de la reconnaissance : *Iste ego sum* : « je » ne suis, littéralement et dans tous les sens, *rien* d'autre que « cela ». Voir à ce sujet les analyses de Claire Nouvet, *Enfances Narcisse*, en particulier p. 104-5.

130 S, p. 40.

3.5   *Excursus sur le suicide*

Faut-il ou non considérer le suicide réel d'Édouard Levé comme faisant partie intégrante de l'œuvre *Suicide* ? De manière plus générale, est-il justifié de considérer ce geste intime comme une clé de lecture rétrospective de son œuvre artistique ? Antoine Miller recense quelques-unes des réactions critiques au sujet de cette coïncidence du geste esthétique et du geste existentiel, allant du refus de postuler une préméditation à l'affirmation d'une mort programmée de longue date dans l'œuvre même[131]. Si l'analyse de la structure d'*Œuvres* nous enseigne une chose, c'est bien que, chez Levé, la spéculation intellectuelle, l'expérience de pensée dans un monde de référence virtuel, est logiquement indépendante de sa réalisation dans la réalité physique. Évidemment, parce qu'il succède presque immédiatement au dépôt de son manuscrit de *Suicide* chez P.O.L, le geste de Levé établit une continuité entre la vie et l'œuvre, en sorte qu'il est impossible de ne pas interroger les liens du texte et du geste. Mais le livre anticipe une réaction critique qui viserait à chercher dans les œuvres de l'auteur l'explication du suicide, ou de les résumer à un long mot d'adieu. On y lit, mis en exergue par le détachement typographique dû à la brièveté du paragraphe (l'un des plus succincts du texte) : « Expliquer ton suicide ? Personne ne s'y est risqué[132]. » Certes, il est tentant de voir dans l'œuvre de Levé, qui mêle constamment image et texte, l'écho de cette « bande dessinée » évoquée dans *Suicide* :

> Tu as laissé sur la table une bande dessinée ouverte sur une double page. Dans l'émotion, ta femme s'appuie sur la table, le livre bascule en se refermant sur lui-même avant qu'elle ne comprenne que c'était ton dernier message. […] Ton père en a acheté des dizaines d'exemplaires, qu'il offre à tout le monde. […] Il cherche la page, et dans la page, la phrase que tu avais choisie. Il note ses réflexions dans un classeur, toujours posé sur son bureau et sur lequel il est écrit : « Hypothèses Suicide ». […] Il cite les bulles de la bande dessinée comme si c'étaient des prophéties[133].

On pourra toujours chercher dans l'ensemble de l'œuvre des signes annonciateurs, et il ne fait aucun doute qu'on en trouve, tout comme *Suicide* regorge de méditations parfois contradictoires sur les causes du suicide. Mais toujours on manquera la singularité de ce geste radical qui n'appartient qu'à son auteur. En cédant à la tentation d'expliquer le suicide, on court le risque d'enfermer la vie

---

131   *Cf. L'homme sans désir*, p. 132-148, p. 35-39.
132   S, p. 21.
133   S, pp. 9-13.

et l'œuvre de l'auteur dans une interprétation téléologique, bref, de faire de sa mort le prisme de la cohérence *a posteriori* de son existence une fois close la série des événements qui la constituent, une fois son œuvre achevée, signée. Certes cette tentation est forte, mais toute l'œuvre de Levé, qui l'anticipe, consiste à récuser, sinon la légitimité de la tentation explicative, du moins celle d'enfermer l'œuvre dans l'univocité de sa fin. Levé prend acte, dans la structure même de ses œuvres, de l'incohérence et de la contingence de l'existence. Ceci ne revient pas nécessairement à nier la vie, mais bien plutôt à tenter de déplacer la perspective commune – chrono-logique, et donc téléologique – selon laquelle nous lui attribuons un sens. Ainsi, « Ton suicide est devenu l'acte fondateur, et tes actes antérieurs, que tu croyais libérer du poids du sens par ce geste dont tu aimais l'absurdité, s'en trouvent au contraire aliénés[134]. » Choisir d'interpréter l'œuvre de Levé à l'aune de son suicide, ou, inversement tenter d'expliquer son suicide à travers ses œuvres, c'est donc courir le risque d'en « aliéner » la portée, en s'asservissant à la quête d'une hypothétique intention, destination ou finalité que l'auteur lui-même s'escrime à récuser dans ses textes, jusque dans leur agencement formel. Et pourtant, il est tout aussi impossible de nier que le geste de l'auteur éclaire nécessairement les œuvres d'une aura mortuaire. Comme l'écrit Antoine Miller, « que l'acte d'écriture rejoigne ou non le geste existentiel, il n'en reste pas moins traversé par la tentation du suicide, élevé par Édouard Levé au rang d'objet esthétique[135] ». Plutôt que m'attacher à une explication de causes d'un geste intime à partir d'une œuvre, ou à proposer un portrait nosographique déjà établi par ailleurs, je prends donc le parti d'interroger sa portée esthétique dans l'économie générale des œuvres de Levé.

Revenons au fil du développement. Si l'on admet qu'*Autoportrait* puisse constituer une tentative échouée d'unification subjective au miroir d'un texte collectant l'archive de soi, on peut alors faire l'hypothèse que le passage du « je » au « tu » opéré avec *Suicide* aurait une fonction similaire à la saynète que joue le personnage devant son miroir : celui d'une réintégration imaginaire du moi par le détour de l'autre. Il est alors significatif que *Suicide* reprenne le fil de l'histoire de l'ami relatée dans *Autoportrait* par l'introduction d'une rupture majeure dans le système énonciatif. Si le récit à la troisième personne du singulier séparait très clairement la personne de l'ami de celle du narrateur, le passage au discours et l'adresse directe à un « tu » a pour effet paradoxal de troubler cette séparation. Georges Perec disait à propos d'*Un homme qui dort*, modèle formel de *Suicide*, que le « tu » est une forme qui permet de mélanger

---

134 *S.*, p. 34.
135 *Cf. L'homme sans désir*, p. 39.

le lecteur, le personnage et l'auteur[136]. Chez Levé comme chez Perec, « tu » est, sous la forme faussement transparente de l'adresse directe, le pronom le plus confus : il permet à l'auteur, s'adressant aussi bien à son lecteur qu'à son personnage, de parler en même temps *de* soi et *à* soi, sous forme distanciée.

Or cette petite scène imaginaire où s'échangent les personnes sous le ballet des pronoms est une danse macabre, et si la « saynète » du tiers imaginaire est un modèle formel, la « scène » qu'elle informe est autrement plus grave et réelle, interrompant irréversiblement, avec la situation d'échange, la permutation des pronoms. C'est celle où « tu », se tuant, se tait à jamais, et, s'étant tu, ne sera plus jamais « je ». Si passer par « tu » devait permettre en retour de redevenir « je », on sait, rétrospectivement, que cette nouvelle stratégie aura cruellement échoué. Lorsque Laurie Laufer définit *Suicide* comme une « autofiction spéculaire », cette caractérisation n'est pas à comprendre au sens de la narratologie[137], mais bien au sens fort de la psychanalyse, engageant la question de l'identification[138]. Plutôt que de permettre le retour à « je » par le détour d'un autre, « tu » est un miroir aux alouettes : qui assume son image ne saurait s'en déprendre. Dans l'économie générale liant ces deux textes, passer de « je » à « tu », c'est passer de l'autre côté du miroir après avoir étreint son image.

L'autoportrait énoncé à la première personne du singulier au présent ne permet pas d'endiguer la dispersion existentielle qu'un portrait au passé énoncé à la deuxième personne semble au contraire pouvoir prévenir. S'il est vrai que la juxtaposition d'affirmations relatives à l'identité du « je » collectionnées dans *Autoportrait* vient trahir la menace d'un effritement narcissique, s'il est vrai, comme je l'ai montré plus haut, qu'il n'y a d'aleph que de l'autre, c'est-à-dire s'il n'y a de stabilité subjective ni de perspective identitaire unificatrice que d'un point de vue extérieur et abstrait, alors, pour pouvoir accomplir ce fantasme de stabilisation de soi (à défaut d'une saisie parfaite), il faut se rapporter à soi comme à un autre – et de préférence comme à une autre déjà mort. Pour pouvoir se saisir dans une quelconque stabilité subjective, « je » doit

---

136 Voir Georges Perec dans l'émission *Lectures pour tous* du 3 mai 1967, archive ina, <http://www.ina.fr/video/I08261871/>, accès le 1er mai 2019.

137 C'est-à-dire au sens où l'auteur « s'immisce dans sa fiction pour en proposer un mode de lecture ». *Cf.* Isabelle Grell, *L'autofiction*, Paris : Armand Colin, coll. Collection 128, p. 21.

138 *Cf.* « Suicide à l'adolescence ». Laurie Laufer évoque une identification à la figure de l'ami mort érigé en image idéale aspirant vers la mort (p. 411-2). Nicolas Bouyssi quant à lui voit dans l'assomption du « tu » une manière de réduire la distance et donc s'identifier jusqu'à l'indistinction avec l'ami dont on n'a pas compris le geste (in *Esthétique du stéréotype*, p. 66). Antoine Miller évoque une identification et/ou incorporation à un objet extérieur susceptible de satisfaire l'idéal du moi et d'offrir une image spéculaire satisfaisante. (*L'homme sans désir*). Ces critiques s'accordent ainsi à identifier dans le passage d'*Autoportrait* à *Suicide* une motion d'identification en miroir.

devenir « tu ». Or, « devenir tu », dans la spirale existentielle morbide, c'est « se tu-er ». Il fallait avoir l'humour glaçant et le goût de la syllepse d'un Édouard Levé, et bien d'autres désespoirs n'appartenant qu'à lui, pour oser conférer à ce « devenir tu » ce sens processuel littéral, et le réaliser en un geste insondable d'une violence inouïe.

Il ne nous appartiendrait pas de commenter ce geste si sa dimension existentielle n'était toujours mêlée, de manière indissociable, à quelque dimension esthétique, et inversement. Considérant un dernier point, je reviendrai à l'intertexte perecien, omniprésent chez Levé – le « tu » de *Suicide* évoque, je l'ai dit, *Un homme qui dort*, de même que la liste des « je » d'*Autoportrait* évoque une parenté formelle avec *Je me souviens* (ainsi qu'avec son modèle, *I remember* de Joe Brainard[139]). Comme le « je » d'*Autoportrait*, comme le « tu » de *Suicide*, le « tu » d'*Un homme qui dort* se regarde dans un miroir fêlé où il ne se reconnaît pas, s'y voyant souvent comme un autre, dans une expérience de l'indifférence qui le rend fantasmatiquement « maître anonyme du monde[140] ». Mais passer de « je » à « tu », passer du modèle formel de *Je me souviens* à celui d'*Un homme qui dort*, ne revient pas seulement à adopter le modèle tant énonciatif que thématique d'une perturbation subjective. Car cet « homme qui dort » est aussi bien, à travers et par-dessus celui de Perec qui le cite[141], celui qui, chez Proust, « tient en cercle autour de lui le fil des heures, l'ordre des années et des mondes[142] ». Plus parfaitement que l'homme d'affaires archiviste, qui tient en cercle autour de lui des traces de son existence chronologique et de ses déplacements géographiques, un homme qui dort peut naviguer à sa guise à travers l'espace et le temps. Accédant à tous les points de l'espace et du temps depuis son sommeil, « un homme qui dort » ne se rend-il pas maître de l'aleph rêvé par Borgès ? Le 15 octobre 2007, c'est par pendaison horizontale, allongé sur son lit, qu'Édouard Levé a mis fin à ses jours[143]. Il est devenu, à jamais et sans retour possible, un homme qui dort – « affirm[ant] son goût pour l'inconnu en pariant que si, de l'autre côté, quelque chose existait, ce serait mieux qu'ici[144]. » Si la mort, comme le sommeil, permet un tel accès fantasmatique à la maîtrise de l'espace et du temps : voilà ce que nul vivant ne saura jamais. A défaut, Levé,

---

139   Dans *Autoportrait*, Levé établit la liste des auteurs qui lui « importent », mentionnant Georges Perec et Joe Brainard – ainsi que Marcel Proust et Roland Barthes, parmi bien d'autres. (*Au*, p. 24)
140   Georges Perec, *Un homme qui dort*, Paris : Denoël, coll. Folio, p. 95.
141   Perec explicite cette citation dans une lettre à Maurice Nadeau du 7 juillet 1969, publiée dans *Je suis né*, Paris : Seuil, 1990, pp. 51-66, ici p. 60-61.
142   Marcel Proust, *Du côté de chez Swann*, Paris : Gallimard, coll. Folio, 1988, p. 5.
143   Voir Miller, *L'homme sans désir*, p. 23.
144   *S.*, p. 22.

clôturant sa vie, aura transformé son nom propre en un aleph, où d'autres pourront observer tous les points de son existence – au passé.

Malgré les mises en garde contre une impulsion téléologique que l'auteur a eu soin de formuler à ce sujet avant de se donner la mort, son suicide rend nécessaire un réexamen rétrospectif de certains traits de ses œuvres. Il ne s'agit évidemment pas d'établir une chronologie de la préméditation, mais d'interroger l'effet esthétique rétrospectif que le suicide de l'auteur entraîne sur ses œuvres. En effet, ce décès vient nécessairement modifier *a posteriori* une œuvre « hypothétique » où la modalité inaccomplie et la question de l'inachèvement jouent un rôle prépondérant, en lui apportant une clôture définitive.

Comment, par exemple, repenser l'enjeu de la temporalité « pré-posthume » qu'il aimait conférer à ses œuvres, une fois l'auteur inhumé ? Nous l'avons vu, le titre ambigu *Œuvres* combine l'*a posteriori* d'une collection constituée et dont la totalité n'est achevée qu'à la mort de son auteur, et l'*a priori* de la non réalisation matérielle de la majorité de ces œuvres. En signant *Œuvres*, en signant ses œuvres, Édouard Levé associe ces œuvres à son nom propre, dont elles deviennent autant d'attributs. Puisque chaque fragment littéraire décrit une œuvre qui peut être ou ne pas être réalisée plastiquement, ces attributs du nom propre de l'auteur que sont les œuvres sont à la fois actuels (dans le plan d'existence littéraire) et virtuels (dans le plan d'existence physique). Mais la déconnexion des deux plans d'existence a en retour un effet sur le lien du nom lui-même à son référent. Si l'achèvement de l'œuvre est déconnecté de sa matérialité concrète, si la signature ne dépend plus de l'actualisation matérielle des œuvres et trouve une forme d'actualité pleine dans le mode conditionnel, alors la signature est émancipée de l'existence de son référent, et continue à avoir une vie autonome après la mort de celui-ci.

C'est un processus similaire qui est à l'œuvre dans *Autoportrait* : coïncidant avec le « je » énonciateur, la personne de l'auteur se voit adjoindre une liste potentiellement infinie de descriptions successives, indépendantes les unes des autres, par l'intermédiaire de son nom propre sur la couverture de l'ouvrage. Mais la multiplication vertigineuse de définitions neutres dans leur ton, communes dans leur contenu, rudimentaires dans leur syntaxe et sans hiérarchie dans leur succession finit par produire l'effet d'une génération machinique potentiellement infinie. Tout se passe comme si l'auteur – qui affirme souhaiter « écrire dans une langue qui ne [lui] soit pas propre » et « que n'altèreraient ni la traduction ni le passage du temps[145] » – agençait son texte comme une machine auto-génératrice autour de la position d'un « je » qui n'est plus que la trace en creux d'un référent-sujet validant tout au plus la

---

145 *Au*, p. 88 et p. 71.

véracité des assertions s'agrégeant à l'archive, au centre d'un monde en expansion infinie[146]. En 1968, Roland Barthes écrivait : « l'énonciation dans son entier est un processus vide, qui fonctionne parfaitement sans qu'il soit nécessaire de le remplir par la personne des interlocuteurs [...]. Donner un Auteur à un texte, c'est imposer à ce texte un cran d'arrêt, c'est le pourvoir d'un signifié dernier, c'est fermer l'écriture[147]. » Tout se passe comme si Levé au contraire ouvrait son *Autoportrait* (genre par excellence de l'affirmation de l'auteur) à la possibilité d'une prolifération virtuellement infinie : comme si la matrice archivistique pouvait virtuellement générer la prolifération autonome du texte, de l'œuvre, par auto-engendrement algorithmique, comme si le portrait de soi devenait le portrait-robot d'un auteur qui « n'exprime » pas une individualité, mais se réduit à des fonctions d'énonciation et de validation cognitive. Une fois l'auteur décédé, il ne peut plus effectuer cette validation. Néanmoins, le texte continue de se creuser, de l'intérieur, de la prolifération virtuelle d'assertions triviales universellement vraies ; mais on pourrait aussi imaginer que la machine textuelle continue son œuvre à l'infini, désertée par son locuteur-scripteur alors devenu simple référent.

En créant un art hypothétique et les conditions d'une inclusion de la virtualité comme partie intégrante de la réalité, en inventant un agencement machinique où des phrases peuvent proliférer comme automatiquement, Levé, dans Œuvres comme dans *Autoportrait*, permet l'embrayage d'une multitude de descriptions sur son nom propre et l'ouvre à l'infini des possibles, indépendamment de son existence physique en tant que porteur de ce nom. Bref : tout se passe comme si Levé avait mis en pratique le concept barthesien de la mort de l'auteur, au sens figuré comme au sens le plus crûment, le plus violemment, le plus tragiquement littéral. *Autoportrait* : « ma mort ne changera rien[148] ». *Suicide* : « mort, tu es aussi vivant que vif[149] ». En ce sens inouï, le suicide de l'auteur serait, dans l'économie de son œuvre, non pas tant le geste qui clôt son œuvre dans un moment de totalisation et d'unification que le geste qui l'ouvre d'une manière inédite à une forme d'immortalité, en faisant de son nom le point où peuvent venir s'attacher, de manière dynamique, des descriptions et des significations possibles indépendamment du fait que celui qui le porte

---

146 A l'image de ce cauchemar relaté dans le texte : « Enfant, je faisais régulièrement ce cauchemar : la pesanteur ayant disparu, l'humanité se disperse, mes proches s'éloignent de moi sans espoir de retour, chacun est le centre d'un monde en expansion infinie. » *Au.*, p. 50.
147 Roland Barthes, « La mort de l'auteur », in Œuvres Complètes III. Livres, Textes, Entretiens 1968-1971, éd. Eric Marty, Paris : Seuil, 2009, pp. 40-46, ici p. 42 et 44.
148 *Au*, p. 88.
149 *S*, p. 97.

n'est plus vivant. Comme l'indique Nicolas Bouyssi, « la mort n'est plus une chose tragique. Elle est ce qui permet au nom propre de se transformer en signature[150] ». Mais cette signature n'est pas un achèvement. Elle n'est pas non plus inscription du propre dans un langage déproprié, comme la signature analysée par Derrida dans *Signéponge*. Elle serait plutôt une signature automatique. Si elle garantit la cohérence minimale *a posteriori* d'une existence et d'une œuvre, et fournit le point d'ancrage minimal qui pose que le signataire a existé, elle n'enferme pas celui-ci dans une signification téléologique, mais l'ouvre au contraire à une forme étrange de survie. La signature est créatrice, elle est l'affirmation à la fois rétrospective et prospective d'un désir. Elle ne « complète » pas les œuvres de l'auteur au sens où elle les achève en bouclant la boucle du « pré-posthume ». Elle ouvre au contraire une fenêtre sur un fourmillement, dynamique et tragique, de potentialités dont l'énonciation, en théorie infinie, ne peut plus être faite qu'au mode conditionnel passé. En effet,

> Ta vie fut une hypothèse. Ceux qui meurent vieux sont un bloc de passé. On pense à eux, et apparaît ce qu'ils furent. On pense à toi, et apparaît ce que tu aurais pu être. Tu fus et tu resteras un bloc de possibilités[151].

---

150   Bouyssi, *Esthétique du stéréotype*, p. 14.
151   S, p. 15.

CHAPITRE 3

Réalités virtuelles

« I'm a Space Invader[1]… »

∴

Edouard Levé est mort le 15 octobre 2007 : trois mois après la sortie mondiale de la première version de l'IPhone, neuf mois après la parution de Myspace en langue française, et au moment où la vague Facebook, ouvert au grand public un an auparavant, commençait tout juste à toucher la France. Si la pensée de la virtualité sous-jacente à la réalité développée par Levé, extrêmement fine, originale et riche, n'est pas séparée d'une pensée de l'idéologie cybernétique de la communication corollaire du développement techno-scientifique, l'artiste n'aura assisté qu'aux prémices du tournant mobile et social des nouvelles technologies de l'information et de la communication qui a depuis lors submergé l'Occident, satellisant un peu plus l'expérience de la réalité. Dans quelle mesure les réseaux transforment-ils la trame de la réalité ? Cette première virtualité, qui habite la réalité comme l'ombre fantomatique de potentialités restées inaccomplies, rencontre-t-elle cette autre virtualité, qui désigne la sphère de l'existence médiée par des interfaces électroniques ? Que gagne-t-on à penser ensemble le sens philosophique et le sens technique de la virtualité ? Étant le pivot où s'articulent divers plans de réalité et divers mondes de référence (physique, virtuel, fictionnel, factuel), le nom propre est encore une fois un poste d'observation privilégié. Ce chapitre explore cette question à travers les œuvres de Renaud Cojo ainsi que d'Invader, qui ont en commun de combiner dans leur pratique une réflexion sur les sens technique et philosophique de la virtualité. Par le biais d'une pseudonymie ou d'un anonymat circulant indistinctement de l'espace physique à l'espace virtuel, ces œuvres procèdent au piratage de réseaux de sens établis (identité civile ; fonctionnalisme urbain). Ce faisant, tous deux explorent l'importation, dans la « réalité », de personnages fictionnels,

---
1 Le 11 janvier 2016, au lendemain de la mort de David Bowie, Invader postait sur Instagram une très brève boucle vidéo du personnage de Ziggy Stardust chantant ces mots dans la chanson « Moonage Daydream » (tiré du film *Ziggy Stardust : The Motion Picture*, D.A. Pennebaker, RCA Records, enregistré le 3 juillet 1973 lors de la dernière performance publique de ce personnage et publié en 1983) : <https://www.instagram.com/p/BAaO5K0oMA6/>, accès le 18 Mars 2019.

mythes contemporains figurant un ailleurs de potentialités infinies : les petits envahisseurs d(e l)'espace du jeu vidéo *space invaders* et le personnage messianique de Ziggy Stardust – lui-même messager venu de l'espace. Court-circuitant les mécanismes légaux du nom propre, ces artistes font de la virtualité technique le medium d'une exploration de virtualités existentielles et politiques alternatives.

1   Renaud Cojo – Réalités potentielles

...Et puis j'ai demandé à Christian de jouer l'intro de Ziggy Stardust, spectacle créé et interprété en 2009 par le metteur en scène et acteur bordelais Renaud Cojo, explore la porosité des frontières de l'identité à travers les notions conjointes de pseudonymie et de schizophrénie, rendues dynamiques et transversales à la scène et à la vie. Cette pièce est le premier opus d'une « trilogie involontaire » qui trouve sa consistance tant dans ses thèmes (labilité de l'identité, phénomènes d'identification) que dans sa forme. Non seulement Cojo y convoque sur scène une multitude de media qu'il hybride, mais il structure ces pièces comme le document de leur propre création. Or l'invention de cette structure originale est concomitante de la lecture d'Édouard Levé. En effet, dans le descriptif du dernier volet de cette trilogie, intitulé *Œuvre/Orgueil (Une hypothèse de l'art. Performance/ Exposition)* (2013), il affirme : « Au cours de mes deux derniers travaux, *...Et puis j'ai demandé à Christian de jouer l'intro de* Ziggy Stardust et *...Plus tard, j'ai frémi au léger effet de reverbe sur* I Feel Like A Group Of One (*Suite Empire*), je n'ai eu de cesse de rencontrer le travail d'Edouard Levé[2]. » Dans ces trois propositions de spectacle, Renaud Cojo interroge le « processus même du geste de création ». Il ne s'agit pas d'adapter le travail de Levé à la scène, mais plutôt, dans son sillage, de se tenir au seuil de la réalisation, là où l'œuvre est réduite au germe embryonnaire d'une œuvre potentielle. Édouard Levé se tient à ce seuil en limitant l'œuvre à sa description, ou, quand il la réalise, en neutralisant les rouages du nom propre dans une fixité glaciale qui exhibe les mécanismes par lesquels la réalité est établie. Mais comment contenir un spectacle de théâtre au seuil de son accomplissement, quand le terme même de « performance », que ce soit au sens des *performance studies* ou de la linguistique, implique bien l'idée de l'accomplissement d'une

---

2 Descriptif du spectacle, <http://www.ouvrelechien.com/archives/107.html>, accès le 13 mars 2019. Les titres des spectacles seront dorénavant abrégés, respectivement, en *Ziggy*, *Suite Empire* et *Œuvre/Orgueil*.

action[3] ? Comment, au théâtre, produire une œuvre non pas thétique, mais hypothétique ? Comment y faire œuvre de ne pas faire œuvre ?-

Ziggy est le spectacle qui permet au metteur en scène d'interroger et de réaffirmer ses propres motivations par rapport au geste créateur ainsi qu'à une institution théâtrale perçue comme délétère pour la vitalité créatrice. Ce caractère de rupture et de transition est inclus dans le spectacle, jusque dans son titre même. Cojo explique qu'il travaillait à la répétition de son spectacle précédent, *Elephant people*, et que, lors d'une pause et pour son seul plaisir personnel – c'est-à-dire lors d'une interruption du travail de théâtre – il a demandé à un musicien présent sur scène de lui jouer l'introduction de la chanson « Ziggy Stardust[4] ». Ce moment séminal, où Christian joue les premiers accords de cette chanson de David Bowie, situe donc le projet dans une rupture avec un théâtre de représentation et l'installe dans un espace ludique et désirant. La captation vidéo de ce moment est projetée sur scène, mais six minutes avant la fin. Car l'ensemble du spectacle débouche sur ce moment flottant qui en est pourtant la source, où l'inspiration naît à l'écoute de quelques accords de guitare, où l'articulation du son semble correspondre à une articulation du désir et mettre en branle une quête théâtrale et personnelle de ses sources. C'est pourquoi la structure du spectacle peut rappeler celle d'*À la recherche du temps perdu* : tout son déroulement n'aura fait que mener au moment où son créateur découvre sa véritable vocation créatrice, le halo inarticulé et évanescent, évoqué par un accord de guitare, où s'enracine son désir de créer, transformant ainsi l'œuvre en un document vivant de sa propre genèse erratique, formée par l'exploration d'hypothèses. Si l'œuvre de théâtre peut faire œuvre de ne pas faire œuvre, c'est en ce sens que la représentation finit là où elle commence.

Ce désir d'inachèvement de l'œuvre théâtrale, qui habite le travail de Cojo en résonance avec celui d'Édouard Levé, correspond aussi chez lui à un désir d'inachèvement de soi. L'œuvre, figée dans son achèvement, est mortifère : détachée de qui la crée, elle ne correspond plus au désir de créer, d'inventer des possibles. Une fois sa forme finale consommée, elle se voit désertée du geste qui l'a portée, et contamine en retour le créateur de son inanité en devenant un attribut figé attaché à son nom propre. Reprenant l'interrogation formulée par Nicolas Bouyssi au sujet du travail d'Édouard Levé, Cojo pose ainsi la question

---
3 Richard Schechner définit la performance comme « *showing doing* », la monstration d'un acte en train d'être accompli et organisé en vue de cette monstration. R. Schechner, *Performance Studies: an Introduction*, Londres, New York: Routledge, 2006 [2002], p. 28.
4 Entretien réalisé le 28 janvier 2014 avec l'artiste. Voir également l'entretien filmé du metteur-en-scène avec Bruno Tackels, dans le cadre du festival « Hybrides », 3ème édition, Montpellier, 2011, <https://vimeo.com/25354795>, accès le 12 mars 2019.

du désir d'inachèvement en lien avec l'identité « propre » : « Comment concevoir un propre et éviter le stéréotype ? Comment parler de soi et à autrui sans se mythifier, sans se survaloriser (ou se stéréotyper) pour être certain d'être compris ? » Question à laquelle il ajoute : « Pourquoi traverser dans le spectaculaire et l'art [...] la perspective d'être commun ? » Si ces questions figurent dans le descriptif d'*Oeuvre /Orgueil,* elles jouent déjà un rôle structurant dans *Ziggy*, notamment à travers les questions de l'imitation et du pseudonyme.

En effet, faisant table rase du théâtre pour le réinventer à partir de son propre désir, il reste au metteur en scène à enquêter sur les sources et les tribulations de ce désir, qui, pour l'individu Renaud Cojo (de son vrai nom Renaud Couranjou), entre en résonance avec la figure de Ziggy Stardust, alter ego glamrock inventé et incarné par David Bowie (de son vrai nom David Jones) entre 1972 et 1973, date à laquelle le chanteur « suicide[6] » son personnage. Ziggy Stardust devient « l'axe » d'une forme théâtrale hybride où Renaud Cojo met ses pas dans les pas de Bowie, s'identifiant au personnage de Ziggy de sa naissance à sa « mort ». Dans cette quête, Renaud Cojo rencontre une foule d'anonymes qui eux aussi s'identifient à ce personnage mythique, et qui deviennent, virtuellement ou littéralement, des acteurs d'un spectacle exposant les hasards de sa composition. Qu'est-ce qui se joue dans la fascination éprouvée pour un personnage, dans l'identification entendue non pas seulement comme correspondance empathique, mais comme désir d'être (comme) l'autre, pouvant aller jusqu'à l'appropriation de son image, aussi bien physique que linguistique ?

Siège traditionnel de la mise en scène de soi et de l'identification[7], le théâtre est un dispositif privilégié de l'exploration des frontières malléables de l'identité. Dans *...Et puis j'ai demandé à Christian de jouer l'intro de Ziggy Stardust*, cette exploration déborde largement les seuls enjeux du dispositif théâtral. Cojo noue sa réflexion sur les tribulations du désir de créer et de se créer autour du fil rouge de la schizophrénie, dont les acceptions les plus diverses

---

5   *Cf.* Bouyssi, *Esthétique du stéréotype*, p. 37, cité dans le descriptif d'*Oeuvre/Orgueil*.
6   L'expression est de Jean-Pierre Thibaudat, « La schizophrénie de Renaud Cojo, fan du Ziggy Stardust de David Bowie », *Théâtre et balagan* (blog), 9 juin 2010, hébergé par le site *Rue89*, <http://rue89.nouvelobs.com/blog/balagan/2010/06/09/la-schizophrenie-de-renaud-cojo-fan-du-ziggy-stardust-de-david-bowie-154061>, accès le 12 mars 2019.
7   On songe évidemment, en premier lieu, au sens traditionnel du terme au théâtre : celui d'une identification émotionnelle du public avec le personnage, l'*Einfühlung* du théâtre dramatique rejetée par Brecht. Mais Cojo explore également la question de l'acteur·rice et de son rapport au personnage qu'il·elle incarne, évoquant au passage la mémoire affective de Stanislawski, consistant pour l'acteur à s'appuyer sur une réserve de sentiments éprouvés personnellement pour vivre ses différents personnages de l'intérieur et les animer du souvenir d'expériences réelles. *Cf.* Constantin Stanislawski, *La Formation de l'acteur (an actor prepares)*, traduit de l'anglais par Elisabeth Janvier, Paris : Payot, 1979, p. 167-193.

FIGURE 3.1 ...*Et puis j'ai demandé à Christian de jouer l'intro de Ziggy Stardust,* 2009. Conception, Mise en scène, Images, Interprétation : Renaud Cojo. Photo Xavier Cantat
© XAVIER CANTAT, 2009. COURTESY RENAUD COJO ET COMPAGNIE OUVRE LE CHIEN.

circulent à tous les niveaux de la pièce comme son paradoxal principe de cohésion. Au fil du spectacle, à travers la lecture d'articles Wikipédia, de pages de C. G. Jung ou Harold Searles, ainsi que dans des monologues comiques adressés au public, celle-ci est définie dans son sens clinique général d'une perte de contact hallucinatoire avec la réalité, mais surtout dans le sens, plus vague, d'une difficulté pour le sujet à discerner clairement les contours, voire l'unité, de son identité physique ou psychique. En ce sens, la question de la schizophrénie rencontre de manière essentielle la question de la nomination et de la pseudonymie, et se redouble d'une problématique médiale lorsque la pseudonymie s'applique à des profils en ligne.

1.1 *Pragmatique du nom propre schizophrène*
Ce lien du nom propre et de la schizophrénie est directement thématisé, par l'entremise d'une scène comique d'adresse au public qui survient au milieu exact du spectacle, dont elle constitue un pivot. Renaud Cojo annonce, avec le plus grand sérieux, qu'il va prendre cinq minutes pour aborder la question de la schizophrénie dans son lien au monde de l'art. Avançant que cette maladie s'attaque en priorité aux artistes, Cojo donne à l'appui de cette thèse une série de « cas », dans une scène qui croise le jeu de devinettes et la blague sur les

Belges (la Belgique étant elle-même présentée comme un pays schizophrène...). Chaque artiste, avant d'être nommé, est d'abord présenté par une série de qualités, qui offrent au public des pistes pour deviner son identité. Il est d'abord invité à considérer le cas d'un peintre flamand « du XVème, XVIème siècle », dont la patte est décrite dans un discours pseudo-savant parodiant l'érudition jargonnante de l'histoire de l'art. Vient alors le moment de révéler l'identité de ce personnage historique. Or ce n'est pas un portrait de Jérôme Bosch qui apparaît sur les écrans au moment où Cojo articule lentement ce nom, mais deux photographies, d'ailleurs peu flatteuses, de personnages contemporains : le chanteur de variété C. Jérôme et l'ancien président américain George W. Bush. Cette grosse plaisanterie, dont l'efficace tient notamment au contraste entre l'élitisme faussement pincé de la référence au peintre et le ridicule des figures composant le rébus, repose sur un jeu avec la matérialité du nom propre, et s'inscrit dans la lignée des jeux de mots potaches affectionnés par Cojo. Aussi grossier soit-il, ce ressort comique met en exergue un problème crucial de référentialité. Le référent reçoit des significations (les attributs qui servent à faire deviner son identité), il est nommé (Jérôme Bosch). Mais, au moment d'être désigné, l'embrayage disjoncte, et l'établissement de l'identité du référent est contrecarrée : la désignation bifurque et se dédouble, ouvrant sur des champs de référentialité hétérogènes. L'image devrait adjoindre la désignation (quoi qu'indirecte, par le biais de l'image photographique ou peinte) à la signification et à la nomination, dans une séquence telle que celle-ci : « Au XVème, XVIème siècle a vécu un peintre flamand qui a peint *Le Jardin des délices*, il s'appelle Jérôme Bosch, voici son portrait. » Ici, la désignation ne vient pas doter de réalité le nom qu'on associe à une définition, elle vient au contraire scinder le référent, contaminé, sous l'effet d'une homonymie en deux temps, par l'arbitraire du nom. Et si un seul référent, une seule personne, contenait plusieurs personnalités ? Pris au sérieux, ce déraillement du train de la référence hors des rails de la nomination ouvre une brèche abyssale dans la stabilité identitaire. A travers l'hypothèse de l'homonymie multipliée, il suggère que le nom propre scelle une unicité de convention, factice. Bien évidemment, il ne s'agit pas de suggérer qu'il existe un quelconque rapport, autre que de proximité sonore arbitraire, entre le peintre Jérôme Bosch, un chanteur *has been* et un politicien texan. Mais ce jeu de mots purement arbitraire suggère bien que l'établissement de l'identité à la croisée de la nomination, de la désignation et de la signification est lui aussi purement contingent. Par extension, si un nom permet d'associer certaines significations à un référent, ni le référent seul, ni la signification que le référent se voit attribué par l'entremise du nom, n'épuisent l'identité : le nom ceinture l'identité de part et d'autre comme une camisole de force.

La notion de schizophrénie, entendue comme scission du sujet en plusieurs facettes plus ou moins hétérogènes, permet de douter du lien rigide qui doit unir le nom propre à la personne qu'il désigne : car la logique du nom propre repose sur le postulat, aussi nécessaire que réducteur, d'un sujet unitaire, aux contours hermétiques et inamovibles. Parce qu'il nous positionne dans une chaîne de significations à des fins de communication – Jérôme Bosch est un peintre flamand ayant vécu au XVème et XVIème siècle, Renaud Cojo est un metteur en scène de théâtre, ... – le nom propre réduit le sujet à une univocité communicable, qui relève du stéréotype. L'enjeu de l'art hypothétique de Cojo sera de revendiquer, en le manifestant, le foisonnement référentiel intérieur qui se tapit sous l'unification nominale, et d'emboîter le pas à ceux qui clament que « je est un autre[8] ». Si le nom propre scelle l'identité comme on scelle une pierre tombale, faudrait-il alors, pour continuer à être et à affirmer son désir, en passer par des noms « communs », des pseudonymes ou des noms d'emprunt ?

1.2   *Un hétéronyme sur une autre scène*

Avant d'aborder les questions du pseudonyme et de l'identification, commençons par rappeler brièvement le dispositif dans lequel elles sont déployées. En conformité avec le désir de produire un spectacle à rebours du théâtre, le plateau est agencé de manière à rendre visibles les ficelles de la représentation. Lorsque le spectacle débute, avant l'entrée en scène des personnages, le public peut voir, au tout premier plan et lui tournant le dos, les technicien·ne·s installé·e·s devant leurs consoles. Ce premier plan n'est pas éclairé, mais Cojo interagit très souvent avec ces technicien·ne·s, qui deviennent personnages à part entière du spectacle. Sur le côté gauche du plateau se trouve une table d'opération, surmontée d'une antique lampe chirurgicale. Derrière cet attirail, sur une tablette à instruments chromée où se trouvent de nombreux accessoires, trône également un ordinateur portable. Sur le côté droit de la scène est reconstitué un petit salon constitué de deux fauteuils années soixante-dix, devant lequel se trouve un petit téléviseur dont l'écran fait face au public. Ce salon reçoit chaque soir une personne différente, connaissance ou personne rencontrée au hasard avant la représentation, qui vient lire des passages choisis de textes portant de près ou de loin sur la schizophrénie. Au centre de la scène, comme séparant ces deux espaces, trône la réplique d'une cabine téléphonique anglaise rouge, telle que celle qui figure au dos de la pochette du vinyl original de l'album de David Bowie, *The Rise and Fall of Ziggy Stardust and*

---

8   C'est Jean-Pierre Thibaudat qui fait ce rapprochement avec la voyance rimbaldienne (Thibaudat, « La schizophrénie de Renaud Cojo »).

the Spiders from Mars, paru en 1972. En hauteur, à gauche et à droite de la cabine et au-dessus du salon et de la table d'opération, des moniteurs où seront diffusées de nombreuses séquences filmées : documents réalisés par Cojo lui-même, images d'archive de Ziggy Stardust, mais aussi vidéos de reprises jouées par des amateurs de Bowie, mises en ligne sur des plateformes de partage, et auxquelles Cojo accède directement depuis l'ordinateur présent sur le plateau, connecté à internet. Enfin, une petite caméra manuelle est employée en temps réel sur le plateau, où elle agit comme une « loupe[9] » mettant en relief certains détails – une page d'écriture, l'acteur en train de se grimer en Ziggy Stardust – mais est aussi employée comme agent rythmique, cadrant l'accidentel ou tourbillonnant au fil des gestes saccadés de qui la porte.

Ce qui unifie ce dispositif, c'est la figure de Ziggy Stardust. Cette figure d'apparence androgyne et excentrique imaginée et incarnée par Bowie est une superstar du rock qui apporte aux humains un message d'espoir de la part d'extraterrestres alors que la fin du monde est imminente. Le personnage fait l'une de ses premières apparitions télévisées dans la très populaire émission *Top of the Pops* sur BBC1 le 6 juillet 1972. Il y appelle la jeunesse à faire fi des conventions et à s'inventer soi-même, et devient dans la foulée l'une des icônes culturelles les plus influentes et imitées du dernier quart du vingtième siècle[10]. Outre la fascination de masse pour ce personnage hautement théâtral mis en scène comme une figure messianique[11], c'est la gestion flottante des frontières identitaires de Bowie/Ziggy qui fait l'objet de l'exploration de Cojo. Ziggy Stardust est pour Bowie plus qu'un pseudonyme : c'est, nous dit Cojo dans le descriptif du spectacle, un « hétéronyme », et même un « hétéronyme encombrant[12] ».

Un pseudonyme est un nom qu'un individu se choisit pour exercer une activité spécifique, le plus souvent dans une sphère publique : ainsi du nom de plume, du nom de scène, ou encore du pseudonyme adopté sur les réseaux sociaux[13]. La linguiste Georgeta Cislaru note que

---

9   *Ibid.*
10 Sur ces quatre minutes télévisuelles et leurs conséquences, voir Dylan Jones, *When Ziggy played guitar. David Bowie and four minutes that shocked the world*, Londres : Random House, 2012.
11 Bowie a été formé aux arts du spectacle, et notamment au mime et au théâtre kabuki, par Lindsay Kemp, dont il joint la troupe en 1967.
12 Descriptif du spectacle en ligne, <http://www.ouvrelechien.com/archives/112.html>, accès le 13 mars 2019.
13 Sur ces différents types de nom d'emprunt et leurs usages en littérature, on se rapportera au volume coordonné par David Martens, *La Pseudonymie dans la littérature française de François Rabelais à Éric Chevillard*, La Licorne, Rennes : Presses universitaires de Rennes, « La Licorne », 2017.

> [l]e pseudonyme est cette ressource linguistique qui permet de sélectionner et de sémiotiser des aspects d'un individu qu'un nom ou un prénom représentent généralement dans sa globalité « matérielle et spirituelle », et dans sa continuité temporelle. ... Qu'il s'agisse de tels ou tels autres aspects, les pseudonymes permettent de les cerner et de les ériger en représentation identitaire dominante[14].

Le pseudonyme correspond donc, linguistiquement, à un cadrage volontaire de l'identité, mettant en avant certains aspects et, dans le même mouvement, en masquant d'autres. De l'état civil au pseudonyme, il y aurait l'écart de soi à une certaine représentation de soi. L'hétéronyme exaspère cet écart jusqu'à doter cette représentation (mais est-elle alors encore représentation de « soi » ?) d'une vie autonome. Le *Larousse* définit l'hétéronyme comme un « pseudonyme auquel un écrivain a cherché à donner une existence concrète, en lui prêtant une biographie, une œuvre, une évolution distinctes de la sienne propre ». L'hétéronyme n'est plus la marque d'une présentation de soi, mais bien celle d'un autre soi distinct de soi : le nom de l'*alter ego*. Le cas « Ziggy Stardust » redouble encore cette scission de soi, puisque, comme le remarque Renaud Cojo, ce nom est l'hétéronyme d'un pseudonyme :

> Hétéronyme encombrant du David Bowie glam rock, Ziggy Stardust est un personnage fascinant de la pop culture. Fiction totale, cet extraterrestre accompagné de ses araignées martiennes, homme venu des étoiles, tombé sur Terre, personnage masqué, double de l'alter ego, condense la schizophrénie essentielle sur laquelle se fonde la figure du chanteur et par là amplifie la question du sujet. Qui parle quand Ziggy chante ? Qui dit « je » ? David Jones, David Bowie ? Ziggy Stardust ? Qui est le sujet[15] ?

Quelle est cette schizophrénie fondatrice ? Il ne s'agit pas seulement d'une hésitation référentielle propre à la scène (est-ce l'acteur ou le personnage qui parle ?), mais bien d'un brouillage essentiel des frontières de la subjectivité du créateur incarnant sa créature, qui lui échappe pour le dévorer de l'intérieur. Bowie emploie lui-même le terme de schizophrénie pour caractériser son rapport à ses personnages, lors d'un documentaire filmé en 1974, alors que Ziggy

---

14 Georgeta Cislaru, « Le pseudonyme, nom ou discours ? D'Étienne Platon à Oxyhre », in *Le Nom propre en discours,* éds. Michelle Lecolle, Marie-Anne Paveau et Sandrine Reboul-Touré, *Les Carnet du Cediscor. Publication du Centre de recherches sur la didacticité des discours ordinaires,* no. 11, (2009) §26, pas de pagination, <http://cediscor.revues.org/746>, accès le 12 mars 2019.

15 Descriptif du spectacle en ligne, *loc. cit.*

Stardust avait déjà été remplacé, au panthéon des hétéronymes, par les personnages d'Aladdin Sane puis du Thin White Duke. On y voit Bowie tirer d'une malle une foule de costumes de scène, expliquant leur quantité, au cours d'un même spectacle, par la « schizophrénie » qu'il associe au personnage d'Aladdin Sane : chaque changement de costume représente pour lui une facette de la personnalité[16]. Et, évoquant retrospectivement sa confusion à l'époque où il incarnait ces personnages, il affirme :

> Une partie de moi met en avant un concept, et l'autre partie essaie de mettre de l'ordre dans mes propres émotions. Et beaucoup de mes créations de l'espace sont en fait des facettes de moi-même, comme je l'ai maintenant découvert, entre temps. Mais je ne pouvais même pas me l'admettre à moi-même à l'époque – que je transformais juste tout en une petite personnification directe de la manière dont je ressentais les choses. Et Major Tom dans Space Oddity était quelque chose, Aladdin Sane, ils sont tous des facettes de moi-même. Et à un moment je me suis perdu. Je ne savais plus exactement si c'était moi qui écrivais les personnages ou si c'étaient les personnages qui m'écrivaient, ni si nous n'étions tous qu'une seule et même personne[17].

Le personnage est donc plus qu'une présentation contrôlée d'aspects choisis d'une identité plus vaste, plus qu'un « concept » inventé, incarné puis laissé au vestiaire après le spectacle : c'est une « personnification directe », « sans circonvolution », d'un état de la subjectivité – une personnification qui n'est pas vécue sur le moment comme cette expression d'un aspect de soi sous forme humaine, mais comme la création d'un personnage pour ainsi dire *ex nihilo*. Si l'hétéronyme est encombrant, au sens où il enferme l'artiste dans un rôle et une image réclamés du public, il est donc même dangereux : à donner chair à une facette de soi, placée hors de soi comme un autre, on risque de ne plus distinguer ses propres frontières. Là où le pronom « je » remplace le pseudonyme, le sujet s'avance masqué. Mais là où le sujet se crée un hétéronyme, l'un des

---

16   *Cracked Actor*, documentaire réalisé en 1974 par Alan Yentob pour la BBC, diffusé pour la première fois sur BBC2 le 26 janvier 1975.

17   « One half of me is putting a concept forward and the other half is trying to sort out my own emotions. And a lot of my space creations are in fact facets of me, I have now, since, discovered. But I wouldn't even admit that to myself at the time – that I would just make everything a little kind of upfront personification of how I felt about things. Ziggy would be one thing and it would relate to me, now I find. And Major Tom in Space Oddity was something, Aladdin Sane, they are all facets of me. And I got lost at one point. I couldn't decide whether I was writing characters of whether the characters were writing me, or whether we were all one and the same. » *Ibid.* (ma traduction)

deux est voué à sa disparition élocutoire : qui dit « je » ? Y a-t-il assez de place, en une seule bouche, pour deux locuteurs, quand bien même l'un serait fictionnel ? Affolée dans le passage d'un « je » à l'autre, la relation pronominale se desserre jusqu'à risquer de se dégonder. À incarner l'autre comme soi-même, le *performer* ne risque-t-il pas de se transformer lui-même en un autre, et de se perdre au passage ?

Pour explorer ces questions qui traversent le spectacle, Cojo propose un montage de séquences filmées. Ces vidéos qu'il a lui-même réalisées en amont du spectacle, et où il se met en scène, sont le fruit de « missions » qu'il s'est assigné : retourner sur les pas de Ziggy, devant les studios Trident à Londres où le personnage est né, devant l'Hammersmith Odeon où Bowie a déclaré sa fin, partir à la rencontre des adorateurs de Ziggy pour comprendre ce qui pousse un individu à endosser les oripeaux du personnage, mais aussi partir à la rencontre de soi-même, à la frontière floue du soi professionnel et du soi intime, soi-même déguisé en Ziggy Stardust sur le divan d'un psychanalyste. Sur le plateau, Cojo interagit avec ces vidéos, comme nous le verrons plus loin. Mais il interagit également avec les vidéos mises en ligne par des imitateurs de Bowie anonymes – ou plutôt pseudonymes.

1.3   *Pseudonyme et possibilité*

Dans le descriptif du spectacle, Cojo annonce : « Qu'ils se choisissent comme nom Clatty Brown, Guitarad, Eliminazi, ou Eddie The Kook, ils sont plus de 300 à avoir 'posté' leur reprise personnelle sur le site communautaire Youtube ». Ces imitateurs du dimanche sont aussi l'objet du spectacle, représentés en particulier par ce quinquagénaire d'aspect fort commun et fort sage, assis face à sa caméra sur une chaise d'une salle-à-manger bourgeoise sans âme[18]. Cet homme interprète, raide comme un i, avec un sens du rythme et une justesse discutables, la chanson « Ziggy Stardust ». Cojo, placé dos au public et face à l'écran où cette vidéo est streamée, se joint à son interprétation dans une séance de duo transmédial, hissé sur ses bottes à plateforme vernies rouges, à grand renfort de mimiques, déhanchements et gloussements haut-perchés. Si, partition à l'appui, il manifeste parfois un certain désaccord sur l'interprétation hésitante ou trop lente de certains passages, il mime toutefois une symbiose avec la musique, comme un enfant qui, ignorant qu'il a un public, jouerait les vedettes de la chanson en gesticulant devant un microphone imaginaire. Quoiqu'il se moque gentiment des imitateurs (et de lui-même le premier), Cojo les prend aussi extrêmement au sérieux – des plus grands talents aux pires casseroles.

---

18   Vidéo mise en ligne sur Youtube le 26 janvier 2008 par HarvestMoon713, <https://www.youtube.com/watch?v=K0K0CfpAQbg>, accès le 13 mars 2019.

Dans un paragraphe tiré du descriptif du spectacle, sur lequel nous aurons l'occasion de revenir, il écrit :

> De ce probable Illinois où il exerce en secret seul face à sa caméra numérique, témoin complice d'une évasion offerte à cette fenêtre ouverte sur la globalité du monde, Harvest Moon donne à voir l'autre partie d'un lui-même inaccompli. Dans une autre vie, il aurait été, lui aussi une « Rock'N'Roll Star ». Pour le moment, c'est un agent comptable qui nous fait croire à la possibilité d'un « Il », une identité neuve[19]...

Ainsi, cet homme incarne le grand écart entre l'ennui supposé d'un quotidien ordinaire et le désir d'une vie excentrique et formidable, celle d'une star du rock. On voit combien la question de l'inachèvement, par laquelle nous avons commencé, est intrinsèquement liée au fonctionnement du pseudonyme. Le nom propre, tel qu'il est enregistré à l'état civil, repère l'individu en contexte autant qu'il l'inscrit dans le déterminisme de chaînes signifiantes dont les ramifications se développent à partir du moment où tel nom est assigné à tel nouveau-né. A chaque étape de la vie, chaque décision engage le porteur du nom propre dans une voie sans retour : ainsi, à un instant de sa vie, cet homme qui a choisi, dans un espace spécifique, le pseudonyme d'HarvestMoon173 (s'appelle-t-il Smith ? Dupont ? ou bien Jones ?) aura sans doute fait le choix considéré comme raisonnable d'apprendre un métier plutôt que d'embrasser une voie artistique plus incertaine et moins lucrative. Sans doute peut-on conjecturer, comme le fait Cojo, qu'il aura fait le choix d'un mode de vie qui l'aura amené dans cette salle-à-manger pas franchement « rock n'roll ». Le nom civil de cet homme le situe par rapport à ses interlocuteurs professionnels, est associé à des transactions bancaires, à une carte d'assurance maladie, à un réseau d'amis, de parents, d'enfants peut-être. Comme si chaque nouvelle décision, sélectionnant une voie parmi un ensemble déjà restreint de possibilités, était une nouvelle restriction de sens possibles, le réseau des noms, maillant le sens, semble emprisonner le réel au rets d'une actualité univoque. Or le pseudonyme permet de faire bifurquer les rails du quotidien et d'explorer des voies qu'il ne serait pas possible d'explorer sous son nom propre, trop fortement concaténé dans ce maillage déterminant. Le nom d' « Harvest Moon » ouvre à cet homme un plan d'existence alternatif où s'essayer à de nouveaux possibles, laissés dormants, inexprimés, en lui-même.

Mais comment comprendre les implications référentielles de l'expression de « possibilité d'un 'Il' » ? S'engageant sur cette voie d'existence parallèle sous

---

19   Descriptif du spectacle en ligne.

le masque du pseudonyme, l'individu ne souhaiterait-il pas y incarner son meilleur « soi », et se propulser, par l'intermédiaire du pseudonyme, dans l'incarnation d'un « je » qui en assumerait toutes les qualités, plutôt que de s'y rapporter à travers la distance de la troisième personne ? Ou bien est-ce alors le nom civil, quotidien, que le pronom « il » viendrait remplacer ? Pour tenter de comprendre les enjeux de ce flou référentiel, il faut revenir à l'extrait de l'ouvrage d'Harold Searles lu par la jeune femme sur le plateau juste avant cette scène de duo intermédial, et s'intéresser au phénomène de résonance (et non pas d'explication) à l'œuvre entre ces deux séquences. Cet extrait, tiré d'un article de 1961 intitulé « Les sources de l'angoisse dans la schizophrénie paranoïde[20] », traite de la schizophrénie et du dédoublement de personnalité en lien avec la question du nom propre et du pseudonyme. Il s'agit d'un cas rapporté par Searles dans le cadre d'une analyse des « préoccupations des paranoïdes concernant la figure persécutrice[21]. » Il y avance que cette figure « se prête […] au réfléchissement ou à la personnification des traits que le patient répudie le plus vigoureusement en lui-même et projette sur le monde extérieur[22] ». La figure persécutrice serait donc la personnification de traits du·de la patient·e même, mais que, ne sachant accepter, celui·celle-ci projette en une figure extérieure. Ainsi, le·la patient·e « ne peut trouver la paix par l'acceptation amicale de la figure persécutrice, car cela reviendrait à admettre dans sa propre image de lui-même différents traits qui lui font horreur[23]. » La schize du sujet constituerait donc une séparation de traits acceptables et de traits inacceptables dans l'image de soi. C'est ici qu'intervient le cas d'un patient ayant adopté le nom d'une icône culturelle, rejetant sous son nom propre des traits incompatibles avec son concept de lui-même, dans ce long paragraphe qui est celui lu sur scène :

> Ce mécanisme est particulièrement net chez les patients dont les projections ne s'attachent à aucune figure de la vie réelle, mais à un *alter ego* purement culturel. Un de ces patients avait changé son nom, à l'âge de douze ans, de John Costello en John Cousteau, pour essayer, manifestement, de se constituer une identité plus acceptable à ses yeux. Un jour […] il arriva à une séance, tremblant et transpirant visiblement, et me raconta sa fureur lorsque, quelques jours plus tôt, à l'occasion d'un

---

20   Harold Searles, « Les sources de l'angoisse dans la schizophrénie paranoïde », in *L'effort pour rendre l'autre fou*, trad. Brigitte Bost et Pierre Fédida, Paris : Gallimard, coll. Folio essais, 1977, p. 409-446.
21   *Ibid.*, p. 411.
22   *Ibid.*
23   *Ibid.*

examen médical, la secrétaire l'avait appelé par erreur « John Costello ». Il s'excitait de plus en plus en parlant et me dit : « Je n'aime pas John Costello – c'était un égoïste puant... le nom me reste en travers de la gorge. » Une autre patiente, qui souffrit, pendant très longtemps, de l'illusion délirante d'avoir des « doubles » auxquels elle attribuait tous les sentiments, attitudes et comportements qu'elle avait chassés de son concept d'elle-même, parvint un jour à exprimer au cours d'une séance sa haine intense pour ces « doubles ». « Je voudrais qu'ils grillent, me dit-elle. On devrait leur tirer dessus. Ce sont des escrocs. » Je lui dis : « Vous avez l'air de les haïr autant que vous haïssez les psychiatres », et elle approuva. J'ajoutai : « Vous avez l'air de penser que les doubles sont vos ennemis autant que les psychiatres. » Elle répliqua avec véhémence : « Ils [les doubles] *sont* les ennemis[24]. »

Searles analyse le changement de nom du patient, empruntant le patronyme de Jacques-Yves Cousteau, comme une tentative de constitution identitaire à partir du rejet de caractéristiques intolérables pour le sujet, et qui sont attachées à son nom propre. On notera d'ailleurs que le nom devant désigner l'identité perçue comme acceptable par le sujet est dans ce cas précis également emprunté à un explorateur : si Ziggy Stardust est contemporain de la fascination mondiale pour la conquête spatiale, Jacques Cousteau est le héros d'une autre conquête, celle des fonds sous-marins et leur lot de créatures étranges et mystérieuses, marchant (ou plongeant) dans les pas de Jules Verne, nouveau Capitaine Nemo. Le Capitaine Nemo ne s'embarque-t-il pas à bord du Nautilus pour échapper à la vie sur terre, gangrenée par la haine et le vice humains ? Quels que soient les motifs qu'il attache à ce nom de Cousteau, ce patient assume l'identité « John Cousteau », rejetant sous son identité civile des traits qu'il renvoie à du non-moi : à du « il ». Le pronom « je » ne remplace plus ici le nom reçu à la naissance, mais bien le nom perçu comme plus propice et plus adéquat à une image positive de soi, choisi à l'âge de douze ans. « Il », lieutenant de la figure persécutrice, renvoie dans ce cas à l'identité attachée au nom civil dont le sujet s'est extrait par l'intermédiaire du pseudonyme, revendiquant une autre filiation ou identification. Le deuxième cas rapporté par Searles, et également lu sur scène dans le spectacle de Cojo, présente un phénomène de projection similaire : la patiente, sans qu'il soit question de pseudonymie, évince de son « je » (et de son « concept d'elle-même ») toutes les caractéristiques indésirables, personnifiées en des doubles rejetés hors d'elle : des « ils ». Dans un cas comme dans l'autre, la création du double permet de

---

24   *Ibid.*, p. 412.

réserver le « je » comme siège d'un « moi » acceptable, d'une identité positive, tandis que « il » ou « elle », le double, est le réceptacle de tous les sentiments et comportements négatifs expulsés hors du « moi ».

Nous voici revenus à la question qui motivait ce détour : comment comprendre les implications référentielles de l'expression « la possibilité d'un 'Il' » ? Le spectacle, progressant de la lecture de Searles à la diffusion de l'interprétation de la chanson « Ziggy Stardust » par un homme a priori quelconque sous le pseudonyme d'HarvestMoon173, suggère une résonance entre les phénomènes de dédoublement pathologique décrits par le psychiatre et les enjeux de l'assomption du pseudonyme par ce guitariste amateur. Or, si l'on choisit un pseudonyme pour y rassembler un concept idéal de soi, pour être plus volontiers « je », si l'on exclut hors des frontières du moi les traits indésirables, les rejetant en un « il », comment comprendre logiquement le lien établi par Cojo dans le descriptif de son spectacle entre « il » et la promesse d'une identité neuve, identité qui devrait correspondre à un « je » ?

1.4   *Pronom propre, pronom commun*

Il nous faut reprendre cette question sous un angle complémentaire. En effet, à travers un nouveau jeu sur le signifiant, l'expression de « possibilité d'un 'Il' » constitue aussi (et peut-être surtout) une allusion au roman de Michel Houellebecq paru en 2005, *La Possibilité d'une île* – nouvelle histoire d'extraterrestres et d'apocalypse, où l'île représente à la fois une île réelle des Canaries où une secte aménage une ambassade pour accueillir les extraterrestres créateurs de l'humanité dont elle prophétise le retour sur terre, et un lieu idéal où échapper, loin des humains, à une existence vide et médiocre. L' « île/il », chez Cojo, revêt des atours nettement plus riants et moins cyniques, tout en semblant mêler ces deux caractéristiques : le pseudonyme permet d'échapper à son quotidien en se faisant soi-même extraterrestre. Dans cette hypothèse, il correspondrait autant à une revendication de singularité identitaire (« je ») qu'à un mot de passe permettant de proclamer une certaine communauté avec Ziggy, degré intermédiaire entre l'identité quotidienne et l'identification pathologique avec l'autre. Cet « il » participerait donc d'une zone tampon où la référentialité est brouillée, comme un refuge hétérogène à l'espace quotidien, où le sujet, sous le masque d'un pseudonyme, irait à la rencontre de son idole en assumant certain de ses traits. Car, dans les cas où la pseudonymie ne relève pas d'une définition clinique de la schizophrénie, il n'y a pas de substitution totale du « je » au « il » (ou « elle ») – tout au plus un désir d'élargissement du « je » à des qualités représentées par l'autre. Cet « il » n'est donc pas un gage de singularité, mais bien de communauté : on passe du « propre » au « commun ».

En effet, non seulement « je » trouve le gage d'une singularité idéale dans l'imitation d'un autre dont il s'approprie les qualités (qui ne sont donc déjà plus propres), mais en outre, cette fascination pour l'idole à laquelle on s'identifie est un phénomène de masse. Sur la scène virtuelle qu'offre la plateforme de partage de vidéo, « cette fenêtre ouverte sur la globalité du monde », Harvest Moon n'est pas seul. Youtube est bien défini par Cojo comme un « site communautaire ». Chaque inscrit peut y poster des contenus, commenter et noter les vidéos d'autres utilisateurs. Cet « il », plutôt qu'un pronom personnel renvoyant à un référent singulier, serait donc plutôt le pronom impersonnel, commun à tous les pseudonymes, à tous les imitateurs, qui les traverse et les rassemble, le pronom personnel/impersonnel correspondant à un nom d'emprunt partagé : Ziggy Stardust.

Qui endosse le personnage de Ziggy Stardust se détache de la réalité établie par son nom « propre » pour accomplir quelque chose que ce nom, et la réalité qui lui est attachée, ne permet pas. Et sortant du nom où il a été situé, il s'inscrit dans la communauté, dans le réseau virtuel, de tous les autres qui s'identifient virtuellement à ce personnage. C'est ainsi que « Ziggy est l'autre partie d'un 'moi' interstellaire, satellisé à jamais dans la mémoire d'un possible. » Cette dernière proposition suggère que l'enregistrement, posté sur la toile, permet la capture d'un moment et constitue une forte revendication d'existence. La virtualité de soi, mise en avant à travers la vidéo, est réactualisable à l'infini, « satellisée » au sens figuré comme au sens le plus littéral : stockée dans les serveurs d'une grande multinationale du web, cette image d'une identité en puissance voyage à la vitesse de la lumière, au gré des signaux satellitaires et des câbles internet, dans l'espace et au fond des mers. La plateforme virtuelle constitue l'île où « je » peut jouer virtuellement à être « il » *ad vitam aeternam*. Comme Edouard Levé, Renaud Cojo envisage la question d'une existence au conditionnel passé – non pas par l'idée d'une vie hypothétique par anticipation avant le suicide, mais par celle d'une vie hypothétique par procuration dans un plan d'existence alternatif, qui perdure grâce à la toile.

Ziggy devient le nom d'un « autre » partagé, commun, logé au fond de soi : un « il » impersonnel sur lequel se fonde la possibilité d'un autre « je » inscrit dans un « nous ». Cojo évoque en effet un « nous » formé par cette communauté des fidèles du mythe Stardust, cherchant à « retrouver [le personnage de Ziggy Stardust] avec ce 'nous' réunifié. Tous ceux qui à travers leurs vies dissoutes auront permis à Ziggy de se cacher, les 'posteurs' de Youtube, les collectionneurs 'fous', les arpenteurs infatigables de Heddon Street, les 'lad in sane' » A en croire cette description d'une fabrique communautaire, Ziggy, pourtant « assassiné » par Bowie, continue à vivre dans ces admirateurs qui lui prêtent leur corps. Bernard-l'hermite fictionnel, il serait la personnification, toujours renouvelée, d'une parcelle d'inconscient collectif, que la « plateforme communautaire de partage de vidéos » ne ferait que rendre visible. Si, dans le second opus de sa trilogie théâtrale, Cojo revient sur la possibilité d'une « fabrique » communautaire à travers les réseaux sociaux, pour poser un regard beaucoup moins optimiste sur ces « nouveaux marchands d'amis[25] » et le type de présentation de soi qui y est pratiqué, il semble que la plateforme virtuelle soit encore avec *Ziggy* ressentie comme un possible espace utopique de partage.

Ce mécanisme d'identification communautaire que Cojo croit repérer à l'affleurement des pages de Youtube et Dailymotion renverrait donc à un inconscient collectif, dont le metteur en scène trouve le modèle chez Carl Gustav Jung. Plusieurs passages, tirés de l'article « Connaissance et création », sont lus sur scène, dont le suivant, qui propose une lecture des relations d'un·e auteur·e à ses personnages en termes d'images arrachées à une expérience originelle commune à l'humanité :

> Si les dons créateurs dominent au sein d'une personnalité, l'inconscient, en tant que puissance formatrice de vie, en tant qu'instance suprême d'une destinée, l'emportera sur la volonté consciente ; et le conscient se verra souvent entraîné par l'impétuosité d'un courant souterrain, tel un témoin un peu désemparé des événements. L'œuvre en croissance, c'est la destinée du poète : elle exprime, elle est sa psychologie. Ce n'est pas Goethe qui a « fait » le Faust, c'est la composante psychique Faust qui a fait Goethe. – Qu'est d'ailleurs le Faust ? Faust est plus qu'une indication sémiotique et plus que l'allégorie d'une chose connue depuis longtemps ; Faust est un symbole, l'expression d'une donnée agissante et vivante, depuis toujours, dans l'âme allemande, que Goethe, à cet égard, n'a fait qu'accoucher.
>
> Rien ne serait plus faux que de supposer que le poète puise dans une matière traditionnelle : il puise bien plutôt dans l'expérience originelle, dont l'obscure nature nécessite des figures mythologiques ; c'est pourquoi elle les attire avec avidité pour s'exprimer grâce à elles[26].

Dans ces pages, Jung avance que la création n'est pas tant le fait du sujet conscient, mais d'aspects inconscients de sa personnalité qui sont en communication avec une expérience pré-individuelle, commune, sinon à l'humanité,

---

25   C'est le terme employé par Cojo dans le descriptif du spectacle.
26   Carl Gustav Jung, « Connaissance et création », in *L'âme et la vie*, textes réunis et présentés par Jolande Jacobi, trad. Roland Cahen et Yves Le Lay, Paris : Le livre de Poche, 2012 [Buchet/Chastel, 1963], p. 219-20.

du moins à quelque chose qu'on pourrait peut-être nommer un *Zeitgeist*. Ici, Jung propose une vision dynamique de l'inconscient, conçu comme force donnant naissance à des formes et des figures mythologiques à partir d'une « expérience originelle ». Le personnage créé est rattaché à un inconscient collectif par-dessus l'inconscient individuel. L'inconscient jungien, parce qu'il envisage cet aspect collectif, semble permettre de raccorder les deux aspects de l'identification à un personnage qui nous préoccupent ici, à savoir celle qui se joue dans le moment de la création (identification de l'auteur·e) et dans celui de la réception (identification de la part des spectateur·rice·s). En effet, comme rappelé dans un chapitre précédent au moment d'évoquer l'importance des travaux de Jung dans l'œuvre de Samuel Beckett, Jung envisage le Moi comme un « complexe » parmi d'autres, lui-même composite. Dans le texte de conférence donné à la clinique Tavistock en 1935 que nous discutions alors, l'unité psychique est présentée comme une illusion ; au contraire, les complexes sont des groupes autonomes d'associations qui ont leur propre mouvement, et vivent leur vie indépendamment de nos intentions. Le complexe, présentant une configuration particulière d'énergies, tend à former une petite personnalité indépendante. Ainsi, Jung va jusqu'à conférer « une sorte de corps » aux complexes, une certaine configuration physiologique[27]. Dans la condition schizophrénique, ces complexes s'émancipent du contrôle conscient au point de devenir visibles et audibles : « ils apparaissent comme des visions, ils parlent en voix qui sont comme les voix de personnes définies[28] ». Jung anthropomorphise ainsi les effets de l'inconscient, qui deviennent comme des personnes en nous. Et il ajoute : « Cette personnification n'est pas en soi nécessairement une condition pathologique[29]. » Car cette condition schizophrénique n'est en aucun cas étrangère à l'activité des poètes. Elle est même la condition de possibilité de la création artistique. Reconnaissant que nous ne sommes pas maîtres dans notre propre maison, le modèle proposé par Jung permet d'établir un continuum entre la schizophrénie et la création artistique, entre lesquels il n'y aurait, somme toute, qu'une différence de degré de contrôle conscient.

Le modèle jungien permettrait donc de rendre compte des questions de personnification qui sont en jeu dans l'œuvre de Bowie, relayées par ce vers tiré de la chanson « *Teenage Wildlife* » (qui figure dans le titre du second opus de la trilogie théâtrale de Cojo) : « *I feel like a group of one* », « je me sens comme un groupe à moi tout seul ». Dans ce groupe composite qui constitue le

---

27   Jung, *Analytical Psychology*, p. 80.
28   « They appear as visions, they speak in voices which are like the voices of definite people. » *Ibid.* (ma traduction).
29   « This personification is not in itself necessarily a pathological condition. » *Ibid.* (ma traduction).

Moi particulièrement malléable de l'artiste, la composante « Ziggy Stardust » serait la personnification d'une « composante psychique » particulière, communiquant avec une « expérience originelle ». Ce n'est pas Bowie qui a créé volontairement la composante Ziggy, nous dit Cojo à travers Jung, mais l'inverse. Ziggy est une composante trans-individuelle, un archétype commun à l'humanité, qui se trouve simplement avoir été mis en forme et amené au jour par Bowie. Cojo suggère que Ziggy Stardust peut être érigé en objet de fascination du fait d'un phénomène de résonance de cette « expérience originelle », pré- et trans-individuelle, dans l'âme d'une multitude de personnes : c'est une portion d'identité commune à plusieurs.

Si l'on rapporte ces considérations à la question du nom et de la référence qui nous préoccupent, on voit que l'hypothèse jungienne des composantes psychiques et de l'inconscient collectif complique encore le lien du nom au référent, en ouvrant ce référent, d'une part, à une multiplicité de l'intérieur, mais aussi en assignant au personnage dans lequel l' « expérience originelle » se voit personnifiée une forme d'existence trans-individuelle, et donc multi-référentielle. Dans un autre passage de « Connaissance et création » (non cité dans le spectacle de Cojo), Jung affirme que

> [c]elui qui parle en image originelles s'exprime, en somme, par des milliers de voix [...]. Ce serait, à mon sens, passer complètement à côté de l'essentiel que de prétendre ramener au seul domaine personnel ce monument poétique qu'est le Faust qui prend ses assises dans l'âme de l'humanité. Car, chaque fois que l'inconscient collectif s'incarne dans le vécu et se marie à l'esprit du temps, cela engendre un acte créateur qui concerne toute notre époque ; cette œuvre est alors, dans le sens le plus profond, un message adressé à tous les contemporains[30].

Parce que Goethe puise Faust dans l'expérience originelle, le personnage de Faust ne s'exprime pas seulement par la voix de Goethe, mais aussi indirectement par la voix de l'ensemble des membres du lectorat ou de l'assistance en qui la composante psychique « Faust » résonne. De même avec le personnage de Ziggy Stardust, dont la voix résonne aussi bien à travers le corps de Bowie qu'à travers celle de ses imitateurs.

En intégrant au spectacle des vidéos mises en ligne (on pourrait aussi bien dire en orbite) sur internet, Cojo ouvre donc la scène à une étrange utopie référentielle, celle d'un nom propre (Ziggy Stardust) qui ne désignerait, en définitive, plus tant un référent singulier qu'un principe identitaire rhizomatique,

---

30   Jung, « Connaissance et création », p. 223.

transindividuel, démontrant en retour qu'il n'y a d'identité individuelle que composite. S'approchant de Ziggy, s'appropriant certain de ses traits, l'imitateur se choisit un pseudonyme qui lui ouvre « la possibilité d'un 'il' » au fonctionnement pronominal éclaté : les frontières entre « je », « il », « nous », deviennent poreuses, indécidables. Là où Jean-François Lyotard suggère que l'identité individuelle n'est garantie que par la concordance d'une disposition pronominale triplice, à savoir que la personne porteuse du nom est la même selon qu'elle est positionnée comme instance destinatrice (« je »), destinataire (« tu ») ou référent (« il·elle ») de la phrase où elle est située, on voit combien la question de la pseudonymie et de l'identification vient confirmer ce que ce modèle a de minimal et de précaire.

1.5   « *Qui dit 'je' ?* »

Nous avons abordé les phénomènes de trouble référentiel impliqués par l'hétéronymie et la pseudonymie à travers les cas du modèle identitaire, Ziggy Stardust, ainsi que des imitateurs qui s'y identifient sur des plateformes en ligne. Il reste maintenant à analyser la manière dont le créateur du spectacle interagit avec ce modèle et ces émules, et opacifie la référentialité théâtrale dans le mouvement-même où il interroge les motifs de sa fascination pour le modèle. Cette question qu'il adresse à propos de la créature de Bowie – « Qui parle quand Ziggy chante ? Qui dit 'je' ? » – peut aussi bien lui être adressée.

Cette question se pose dès le début du spectacle. Le spectacle commence par la première chanson de l'album *Ziggy Stardust*, « Five Years ». Tandis qu'un guitariste interprète la chanson sur scène, Cojo, allongé sur la table d'opération, la tête posée sur une perruque Ziggy Stardust qui lui fait comme un oreiller, et filmé en gros plan par une caméra manuelle, déclame la traduction française du texte de la chanson. Le spectacle plonge d'emblée dans le drame qui ouvre l'album *Ziggy Stardust* : la nouvelle vient de tomber, il ne nous reste que cinq ans à vivre. « Il faisait froid, il pleuvait, je me suis senti comme un acteur », traduit-il : mais dès cette première chanson, qui dit « je » à travers la bouche de Cojo ? Est-ce la simple traduction distanciée du « *I* » prononcé par Ziggy, et dont on vient d'évoquer toute l'ambiguïté ? Cojo reprend-t-il à son compte cette traduction ? Au vers suivant, la traduction est modifiée : « *And I thought of Ma and I wanted to get back there* » est traduit : « et j'ai dit à M'man [*cri*] 'non !! Je ne veux pas que tu reviennes' ». Erreur de traduction ou lapsus volontaire, infantilisme assumé à fins comiques ou trace d'un désespoir bien réel, ce glissement indique une interférence subjective dans l'interprétation de la chanson. Plus que d'une simple re-performance des œuvres de Bowie, il y va de la traversée d'une identification personnelle. Pendant cette scène, des séquences défilent sur d'autres écrans : des archives de Bowie dans une loge en train d'être maquillé en Ziggy Stardust alternent avec le film de Cojo lui-même en train d'être maquillé. L'identification semble totale – musique et apparence – sans que l'on sache *qui*, en quelle fonction (acteur professionnel se jouant soi-même comme personnage ? personne civile, moi intime ?), s'identifie à Ziggy.

En effet, d'un bout à l'autre du spectacle, Cojo incarne à la fois, et de manière indissociable, le metteur en scène/performeur, qui assemble les éléments d'un spectacle en devenir, et l'homme du commun fasciné par Ziggy Stardust. C'est cette indécidabilité même qui est l'objet du spectacle – comme en attestent d'autres passages de Jung lus sur scène, portant sur la nécessaire distinction d'un « moi » créateur et d'un « moi » personnel[31]. Sans doute cette œuvre présente-t-elle de nombreux traits biographiques qu'il importe à l'artiste d'évoquer, de manière trompeusement loquace ou au contraire totalement cryptée. S'il n'hésite pas à évoquer, lors d'un dialogue avec le stagiaire qui l'accompagne sur scène, son récent divorce, on devine cependant que le décor de salle d'opération peut renvoyer à des événements peut-être d'autant plus déterminants qu'ils ne sont jamais déterminés dans le discours explicite[32]. Toutefois, cet aspect biographique à proprement parler n'est jamais présenté sans la distance du jeu, et il est largement compliqué d'un propos théâtral sur l'identification. Comme le note Jean-Pierre Thibaudat, les « dérives identitaires » de Cojo sont émaillées de « tranches d'authenticité dont on se demande si elles ne sont pas en partie fabriquées[33] ». Cojo se campe en metteur en scène obsessionnel, condescendant avec la jeune femme qui fait la lecture ainsi qu'avec le stagiaire, provoquant de nombreux moments très drôles de par l'écart entre la loufoquerie de l'objet qu'il se joue en train de créer et l'esprit de sérieux professionnel qu'il surjoue.

S'il s'amuse à brouiller ainsi les cartes aussi bien sur scène que dans de nombreuses vidéos de « missions » diffusées sur les écrans, il semble toutefois que sa maîtrise des masques soit ébranlée lors d'une « mission » particulière qui l'amène chez un psychanalyste – séance filmée en caméra cachée dont sept

---

31 Voir notamment Jung, « Connaissance et création », p. 222 et 224.

32 Dans un entretien réalisé en février 2012 avec Alain-Julien Rudefoucauld (le psychanalyste du spectacle, avec qui il a gardé par la suite un contact amical), Cojo, à propos de l'univers évoqué par la table d'opération, affirme qu'il « le côtoie beaucoup ». L'univers de la maladie et du handicap joue un rôle important dans la pièce, à travers le corps des acteurs. Renaud Cojo est atteint d'une maladie qui l'empêche de jouer de la guitare (entretien du 28 janvier 2013) ; Romain Finart, qui joue son propre rôle de stagiaire, se déplace en fauteuil roulant. En espagnol – hasard ou choix délibéré ? – l'adjectif « cojo » signifie « bancal, boiteux ». Une analyse s'appuyant sur les outils et concepts des *disability studies* apporterait un éclairage complémentaire sur certains de ces aspects sous-jacents.

33 Thibaudat, « La schizophrénie de Renaud Cojo ».

extraits scandent le spectacle. Lors du premier extrait, on commence par voir Cojo, déguisé et maquillé en Ziggy Stardust en pleine journée dans une rue pavillonnaire bordelaise, fixer à ses vêtements une caméra cachée en expliquant : « Aujourd'hui j'ai rendez-vous avec un psychanalyste. Je suis en Ziggy Stardust. C'est important de faire ce rendez-vous pour comprendre ce qui m'anime quand je propose ce genre de spectacle. » Il est ensuite reçu par le psychanalyste, à qui il explique son accoutrement par le contexte de son projet théâtral. Le psychanalyste lui fait d'emblée remarquer : « Vous prenez rendez-vous, et vous commencez par me dire : 'je ne suis peut-être pas la personne que vous vous attendiez à voir.' Première question : qu'est-ce qui vous laisse penser que je m'attendais à voir quelqu'un ? » Puis le psychanalyste poursuit son interrogation (la diffusion de la séance est interrompue par plusieurs scènes jouées sur le plateau) : « Quand vous utilisez la tenue que vous évoquez, c'est-à-dire quelque chose qui renvoie à Ziggy Stardust, qui parle, pour vous ? C'est votre amour pour la musique de David Bowie ? qui parle ? » Ce à quoi Cojo répond en expliquant qu'en plus de son déguisement, il a un nom d'artiste, et que donc la « reconnaissance de son travail » ne se fait pas sous sa « filiation familiale ». Ces détours par des considérations onomastiques n'ont pourtant pas l'air d'impressionner outre mesure le psychanalyste, qui recentre sa question : « c'est le metteur en scène qui est là, non ? » Cojo confirme mais complète en tirant à nouveau sa présentation sur le terrain familial, expliquant qu'étant petit garçon, et « donc avant d'être metteur en scène », il a le souvenir d'avoir entendu la musique de Bowie/Ziggy Stardust à la radio, pendant que sa mère faisait le ménage. Interrogé sur ses débuts au théâtre, il évoque son premier rôle à l'âge de sept ans, dans l'atelier de théâtre de la coopérative de son père.

Il semblerait que Cojo vienne en consultation avec l'intention d'interroger le psychanalyste sur une constellation familiale, dimension intime qui irait main dans la main avec la démarche de travail qu'il est venu expliquer pour la clarifier. S'interrogeant sur son désir, il semble que Cojo positionne d'emblée ce désir comme le lieu d'un manque. En effet, lorsque le psychanalyste lui demande : « c'est la monstration qui vous intéresse ? », Cojo répond : « c'est la démonstration de ce que j'aurais peut-être imaginé être. » L'emploi du conditionnel passé, temps du regret des virtualités révolues, contraste avec le présent performatif de la démonstration : il s'agirait pour Cojo, à l'instar des imitateurs sur Youtube, d'investir un espace (la scène ; le cabinet du psychanalyste) où actualiser sur le tard des virtualités manquées – et donc de combler dans le présent un manque passé, causé par un manque sans doute plus déterminant, dont Cojo semble rechercher l'archéologie dans une causalité familiale. Or le psychanalyste n'a de cesse d'éluder ce matériel familial, préférant remarquer la coïncidence dans le temps de la première expérience sur les planches de Cojo (né en 1966) avec la sortie mondiale de l'album *Ziggy Stardust*, et l'évocation de l'identification à Ziggy Stardust comme une forme de « rite de passage » servant à opérer une certaine « traversée ». Cojo se présente au cabinet du psychanalyste en brouillant ostensiblement les cartes – est-il un homme fils de ses parents, un metteur en scène de théâtre, un imitateur de Ziggy Stardust ? Il insinue que ces identités diverses s'interpénètrent, sans frontières étanches – et ce faisant se fabrique une série de masques, qui empêchent littéralement de distinguer son visage et troublent son identité de locuteur. Nullement dupe de ces jeux de masques, le psychanalyste commence tout de suite par chercher à savoir en quelle capacité Cojo se présente à lui, et, par la même occasion, en quelle capacité il s'identifie à Ziggy Stardust. C'est seulement une fois établi que Cojo se présente en tant que metteur en scène que la fonction de la figure de Ziggy Stardust peut être interrogée.

La remarque du psychanalyste permet d'avancer que le théâtre pourrait représenter, dans l'histoire du désir de Cojo, l'ouverture d'une trajectoire vectorisée par l'appel de la figure de Ziggy Stardust. Cette hypothèse invite à interroger à nouveaux frais la notion de « schizophrénie ». Nous avons vu que cette notion fournit, en tant qu'étiquette générale, un outil permettant d'explorer le dédoublement de personnalité en jeu dans l'acte créateur. Si plusieurs acceptions sont déclinées dans un discours explicite, elles sont généralement associées à la dimension négative d'une perte – perte de contact avec la réalité, perte de l'étanchéité des frontières du moi. La remarque du psychanalyste ouvre la voie à une définition positive de la schizophrénie comme processus créateur, qui pourrait peut-être permettre de comprendre comment s'articulent le propos du spectacle et son dispositif.

Au fil du spectacle, la schizophrénie est envisagée, de manière explicite, sous un double aspect. Elle est explorée, d'une part, en tant que phénomène de dédoublement de personnalité, au plan de la personne. D'autre part, au niveau du thème tant qu'au niveau du dispositif même du spectacle, elle est comprise comme le rabattement d'une notion psychiatrique de perte de contact avec la réalité sur une définition de notre rapport aux média numériques, au sens général où internet nous projetterait dans un espace « virtuel » détaché de l'espace « réel » – la schizophrénie recouvre donc une acception médiale. Lors de la scène comique, analysée plus haut, où Cojo s'adresse au public pour définir en creux une pragmatique du nom propre schizophrène, il évoque également cet aspect médial de la schizophrénie, par l'intermédiaire du néologisme de « détriphasage », qu'il définit comme l'introduction, au sein du corps déjà schizophrène, d'un troisième corps virtuel. Or cette définition pathologisante est utilisée par dérision, à rebours du sens commun. Interrogé en entretien sur la possibilité d'envisager ces diverses strates médiales branchées sur le plateau comme des extensions technologiques, Cojo renchérit : « ce sont des prothèses », et insiste sur le sens proprement *organique* de ces prothèses, en proposant une comparaison avec le film *ExistenZ* de David Cronenberg (où les humains, grâce à un « Pod » implanté à la base du dos directement sur la moelle épinière, peuvent être branchés via des câbles en matière organique à des consoles de jeu qui transportent leur esprit dans un monde virtuel plus vrai que nature)[34].

Le spectacle auquel nous assistons n'est pas le document sophistiqué, multipliant diverses strates médiales, de tout ce qui aura conduit à son élaboration – ce qui ne serait, en dernière analyse, qu'une re-présentation de plus. Ce qui se produit sur scène est bien plutôt un mouvement de désorganisation, d'interpénétration de toutes les stratifications sous l'effet de la présence des corps sur scène, comme un grouillement de vie et d'impulsion créatrice. Si la schizophrénie, au sens où elle est définie au cours du spectacle, est le brouillage des contours de l'identité physique et psychique, alors c'est le plateau lui-même qui devient schizophrène. Non pas, non plus, au sens d'une perte de réalité, mais au sens d'une création de réalité. La stratification médiale n'atteste pas de notre perte de contact avec la réalité en conséquence de l'invasion de nos vies par les nouveaux médias numériques – une invasion que le dispositif du spectacle ne ferait que reproduire et représenter. L'agencement du plateau témoigne de la canalisation d'impulsions créatrices, d'une multitude de flux désirants interconnectés. En ce sens, l'ensemble du dispositif rappelle la description de la schizophrénie faite par Deleuze et Guattari dans l'*Anti-Œdipe* : « la schizophrénie est le processus de la production du désir et des machines désirantes[35]. » Chez ces auteurs, la schizophrénie n'est plus envisagée sous l'angle d'un manque affectant une personne ou une structure[36], mais sous celui d'un processus qui interrompt la continuité de la personne. Refusant d'envisager le désir comme manque d'un objet, ils l'envisagent au contraire comme un flux d'intensités parcourant non pas tant une personne comme organisme ou totalité, mais des objets partiels ou « machines ». « [U]ne machine-organe est branchée sur une machine-source : l'une émet un flux, l'autre le coupe[37]. » Ainsi la bouche de l'enfant est une machine-organe qui vient se brancher sur

---

34   Entretien du 28 janvier 2014.
35   *Cf.* Gilles Deleuze et Félix Guattari, *Capitalisme et schizophrénie 1. L'anti-Œdipe,* Paris : Minuit, 1972-1973, p. 33.
36   *Cf.* Gilles Deleuze, « Schizophrénie et société », *Encyclopedia Universalis,* vol.14, (Paris, 1975), article republié dans *Deux régimes de fous. Textes et entretiens 1975-1995,* édition préparée par David Lapoujade, Paris : Minuit, 2003, p. 25-26.
37   Deleuze et Guattari, *Anti-Œdipe,* p. 9.

la machine-source du sein, coupant son flux. L'inconscient est redéfini comme une usine : une production de machines désirantes comme branchements de flux. « C'est ainsi qu'on est tous bricoleurs : chacun ses petites machines[38] ». Chacun·e constitue des branchements de flux selon des agencements singuliers. Le·la schizophrène, « producteur universel[39] », produit des branchements toujours nouveaux, proposant « un meilleur modèle » du fonctionnement du désir « que le névrosé couché sur le divan[40]. » Là où la psychanalyse a enfermé le désir dans le carcan représentatif de la triangulation oedipienne, Deleuze et Guattari cherchent à le libérer hors du territoire familial. Ils posent donc la schizophrénie comme modèle pour penser un inconscient qui ne soit plus un « théâtre », qui échappe au drame d'Œdipe et au modèle de lieu-tenance qu'il implique (ceci, c'est papa, c'est maman). Opposant la schizophrénie à la névrose, ils opposent la production désirante à la représentation.

Il semblerait que l'agencement du plateau mis en place par Renaud Cojo dans le spectacle s'inscrive dans une telle vision désirante et productrice de la schizophrénie. Le plateau est schizophrène en tant qu'il est mis en mouvement par cette quête qui oriente le spectacle, esquissée en introduction, à savoir la quête de ce qui nous traverse, par-delà la représentation. Ce flux désirant est, littéralement, branché sur des machines, à grand renfort de câbles, caméras, écrans, instruments de musique, téléphones, ordinateurs. Tout se passe comme si le spectacle mettait en espace la prémisse de l'*Anti-Œdipe* : si le désir (l'inconscient comme production désirante) n'est pas une scène de théâtre, mais une usine produisant sans cesse des agencements machiniques de choses, alors la scène de théâtre explorant le désir remettra en cause la représentation pour privilégier un agencement productif et mobile de machines désirantes.

Mais alors, comment relier cette acception de la schizophrénie comme agencement de machines désirantes, applicable au plateau, au propos du spectacle, qui semble envisager la schizophrénie sous l'angle de la personne – quand Deleuze et Guattari développent précisément un concept de la schizophrénie comme processus, créatif et positif, en opposition à un enfermement de la notion dans le cadre de la personne ? En effet, leur approche de la schizophrénie comme processus, et de l'inconscient comme usine, parce qu'elle pense la production selon un flux d'intensité impliquant un continuum entre l'homme et la nature (et sans que la nature puisse être distinguée de l'industrie[41]), implique qu'on renonce à penser en termes de personne ou

---

38   *Ibid.*
39   *Ibid.*, p. 15.
40   *Ibid.*, p. 9.
41   *Ibid.*, p. 11-12.

d'individu. Le sujet n'est plus pensé que comme le produit résiduel de la machine, changeant selon les gradients d'intensité qu'il traverse, naissant et renaissant sans cesse selon les états qui le déterminent : « [Le sujet n'est pas lui-même au centre, occupé par la machine, mais sur le bord, sans identité fixe, toujours décentré, *conclu* des états par lesquels il passe[42]. » Que peut signifier l'identification si l'identité est par définition instable ? Si « moi et non-moi ne veulent plus rien dire[43] » ?

En remarquant, par-dessus le roman familial, la coïncidence temporelle de la première expérience de la scène et du succès mondial de la figure de Ziggy Stardust, le psychanalyste consulté par Cojo semble indiquer le point d'un branchement où s'engouffrerait un processus désirant, au sens que Deleuze et Guattari donnent du processus après Karl Jaspers et Ronald D. Laing. Dans un article rédigé pour l'*Encyclopaedia Universalis* intitulé « Schizophrénie et société », Deleuze définit la notion de processus comme « une rupture, une irruption, une percée qui brise la continuité d'une personnalité, l'entraînant dans une sorte de voyage à travers un 'plus de réalité' intense et effrayant, suivant des lignes de fuite où s'engouffrent nature et histoire, organisme et esprit[44]. » La schizophrénie comme processus vient interrompre la continuité de la personne, et le délire, « à travers un 'plus de réalité' », constituerait par rapport à la réalité commune et connue une bifurcation, qui est aussi à entendre au sens d'un gain de réalité. Tout le champ de production (personne humaine, nature, histoire, industrie), tout le corps comme organisme, tout l'esprit en tant que distinct du corps, sont engloutis de manière indistincte dans la trouée des flux d'intensités, et susceptibles d'être pris dans de nouveaux agencements machiniques inouïs, de faire l'objet de branchements inédits. En ce sens, le processus schizophrénique est créateur de réalité.

N'est-ce pas précisément un tel processus que Cojo n'a de cesse de montrer à l'œuvre à travers la fascination de Bowie, des imitateurs, de lui-même, pour la figure de Ziggy Stardust ? N'est-ce pas un telle « percée » dans un quotidien sans surprise que cette figure messianique, promesse d'un espace inconnu, obscur, intrigant, permet d'opérer ? La « possibilité d'un 'il' » n'est-elle pas l'amorce d'un voyage vers « plus de réalité », au sens où le « branchement » aux intensités désignées par le nom de Ziggy Stardust, ouvrirait la voie à un ailleurs rendu concret ? Dans le même article, Deleuze précise la relation de l'identification et du nom propre :

---

[42] *Ibid.*, p. 29.
[43] *Ibid.*, p. 10.
[44] Deleuze, « Schizophrénie et société », p. 26-7.

> Le délire [se construit] sur les noms de l'histoire. Noms propres : on dirait que les zones, les seuils ou les gradients d'intensité que le schizophrène traverse sur le corps sans organes (je sens que je deviens…) sont désignés par de tels noms de races, de continents, de classes ou de personnes. Le schizophrène ne s'identifie pas à des personnes, il identifie sur le corps sans organes des domaines et des régions désignés par des noms propres[45].

Le·la schizophrène ne s'identifie pas à une personne. Il·elle ne *s'identifie* pas : ce « je sens », présupposé dans la vision de l'hallucination ou la pensée délirante, est sensation d'un changement d'intensités, d'un passage[46]. Il·elle ne s'identifie pas à une personne : il·elle ressent, dans ces changements d'intensités, la traversée de gradients ou de pôles isolés en tant que régions correspondant à des noms propres (Dieu, Napoléon, Ziggy Stardust) sur le corps sans organes. Le corps sans organes n'ignore pas les organes, il ignore l'organisme comme régime totalisant dont la coordination et la collaboration constitue la personne (et qui coïncide habituellement avec un nom propre). « Antonin Artaud l'a découvert là où il était, sans forme et sans figure. Instinct de mort, tel est son nom[47]. » Sans forme et sans figure, le corps sans organes chez Deleuze et Guattari est constitué de flux d'intensités variables, « traversé d'axes et de gradients, de pôles et de potentiels » sur lesquels peuvent venir se brancher des machines-organes, comme objets partiels fonctionnant en connexion avec d'autres pièces d'une machine. Radicalement étranger à la représentation, le corps sans organes tantôt repousse, tantôt attire les machines désirantes. Sur le corps sans organes, les noms propres ne désignent pas une personne, mais des zones d'intensité. Et ces noms propres ne sont pas tirés de la constellation familiale, ni ne la représentent, mais appartiennent au champ socio-historique.

Analysant les phénomènes d'identification des imitateurs de Ziggy Stardust, nous n'avons pas tranché pour de bon à quoi ils s'identifient au juste. Le concept de schizophrénie entendu comme processus permet d'envisager l'identification en dehors de la notion de personne, au sens où un sujet assumerait les caractéristiques d'un autre sujet, et par extension de comprendre le nom propre comme désignation non pas d'un référent personnel, mais d'une région d'intensités. Cette vision du·de la schizophrène se sentant devenir animal ou dieu, traversé·e par des gradients d'intensités, constitue aussi bien le modèle de la multiplicité proposé par Deleuze et Guattari, qui va de pair avec

---

45   *Ibid.*, p. 26.
46   Deleuze et Guattari, *Anti-Œdipe*, p. 27.
47   *Ibid.*, p. 16.

l'absence d'un sujet unitaire, avec la fausseté de tout nom propre qui ne soit au préalable dépersonnalisé et multiplié : « Le nom propre ne désigne pas un individu. [...] Le nom propre est l'appréhension instantanée d'une multiplicité[48]. » Cette multiplicité complique la relation pronominale. A la question « qui dit je ? », Deleuze et Guattari répondraient : « Il n'y a pas d'énoncé individuel, il n'y en a jamais. Tout énoncé est le produit d'un agencement machinique, c'est-à-dire d'agents collectifs d'énonciation (par « agents collectifs », ne pas entendre des peuples ou des sociétés, mais les multiplicités)[49]. » Comme l'explique ailleurs Deleuze, plutôt que de « sujet », il faudrait parler d' « agencement machinique collectif », du fait de ces multiplicités du désir. Le « collectif » n'est pas une référence à un champ social, mais décrit ce qui est d'ordinaire rattaché à l'individu. Or, toute « production d'inconscient » étant une « expression de désir », étant elle-même une « formation d'énoncés », l'énoncé ayant pour contenu le désir ne saurait être contenu sous un « je » : « Ce qui a pour contenu le désir s'exprime comme un IL, le 'il' de l'événement[50] ». Ce « il », impersonnel, comme le sont les intensités qu'il recouvre, devrait prévaloir sur le « je » qui le scinde en sujet de l'énoncé et sujet de l'énonciation. Les multiplicités, irréductibles à l'un, à l'individu, à la totalité articulée, échappent à la fiction du sujet de l'énonciation.

Or il semblerait, au terme de ce détour théorique, qu'une telle analyse du désir dans son lien à l'affirmation d'une identité multiple puisse résonner, sur de nombreux points, avec le propos de Cojo[51]. Identification et pseudonymie sont corollaires d'une identité instable, multiple, en devenir. Le sens positif d'un processus semblerait alors unifier les diverses acceptions du terme de « schizophrénie » déployées au fil du spectacle. La figure de Ziggy Stardust, nom propre tiré du champ socio-historique, déliré par l'acteur-metteur en

---

48   Gilles Deleuze et Félix Guattari, *Mille Plateaux. Capitalisme et schizophrénie 2*, Paris : Minuit, 1980, p. 51.

49   *Ibid.*

50   Gilles Deleuze, « Quatre propositions sur la psychanalyse », in *Deux régimes de fous. Textes et entretiens 1975-1995*, édition préparée par David Lapoujade, Paris : Minuit, 2003, p. 75.

51   A propos du spectacle *Suite Empire*, suite explicite de *Ziggy Stardust*, Séverine Garat, dans un texte de Novembre 2010 publié sur le site de la compagnie Ouvre le Chien sous le descriptif de ce spectacle, évoque elle-aussi une référence à Deleuze et Guattari, proposant de voir le montage à l'œuvre dans ce spectacle (dont la structure, constituée de films de « missions » réalisés en amont, s'apparente fortement à celle du spectacle précédent) à un « texte rhizome aux connections multiples, infinies et hétérogènes dont l'écriture et la lecture s'organisent en ruptures asignifiantes » – remarque qui pourrait également être appliquée à la structure de *Ziggy Stardust*. <http://www.ouvrelechien.com/archives/82.html>, accès le 19 février 2016. Cojo lui-même évoque à propos d'internet « un langage par rhizome » (entretien cité avec Bruno Tackels).

scène, canalise également les branchements à la scène d'une foule de machines désirantes. La personne du commun peut s'identifier à Ziggy du fait des multiplicités constitutives de chacun·e. Ces multiplicités, exprimées ou au contraire tues sur les réseaux sociaux, sont d'ailleurs l'enjeu du second spectacle de sa « trilogie involontaire » : *...Plus tard j'ai frémi au léger effet de réverbe sur « I feel like a group of one »* (Suite Empire). « Je me sens comme un groupe à moi toutseul » : l'inclusion de cette formule de David Bowie, citée précédemment, dans le titre de ce spectacle ne propose pas seulement une affirmation des multiplicités. Jointe à l'évocation de la réverbe, elle propose un modèle musical de la pièce, de la trilogie, du théâtre qui s'invente, et de toute forme de subjectivité. Comme l'indique une note placée au bas du descriptif de ce spectacle :

> Le delay ou écho sert comme la reverbe à la spatialisation du son. D'ailleurs reverbe et delay sont à la base les mêmes choses à savoir des réflexions du son. La principale différence est, que le delay ou l'écho correspond à une ou plusieurs réflexions précises et distinctes tandis que la reverbe est le résultat du mélange d'une multitude de ces effets et qu'on n'entend plus distinctement les réflexions[52].

Cette définition oppose le delay et la réverbe comme on opposerait la perspective monoculaire au cubisme. Le delay est une figure de la répétition du même : réfléchi sur une surface, le son revient au sujet, identifiable. Le delay est au son ce que l'image spéculaire est à la vue. Dans la réverbe au contraire, le son n'est pas réfléchi selon une direction précise, et s'éparpille dans de multiples directions aléatoires, revenant au sujet entièrement méconnaissable. Dans *Suite Empire*, le delay correspondrait au profil Facebook, façade contrôlée, policée, idéale de l'individu, « délire égocentré de l'Etre-Parfait[53] ». La reverbe au contraire, qualifierait la face cachée de l'ego affiché comme transparent – la « foule qui grouille en nous », cette multiplicité des personnalités déclinées sous autant de profils pseudonymes créés par Cojo sur la toile, mais aussi la toile elle-même et les multiples connections inattendues qu'elle suscite, « tissage polymorphe[54] ». Le delay, c'est la clôture mortifère du sujet sur le même, sur lui-même – l'achèvement de soi dont Cojo reconnaît le refus dans les œuvres d'Edouard Levé. La réverbe, c'est la reconnaissance des multiplicités qui nous constituent, et leur ouverture à la multiplicité d'autrui. Le delay, c'est

---

52   Descriptif de *Suite Empire*, <http://www.ouvrelechien.com/archives/82.html>, accès le 8 mars 2016.
53   *Ibid.*
54   *Ibid.*

aussi bien le théâtre dans ses formes les plus traditionnelles, le temps de la répétition, de la représentation, qui présentent à nouveau un présent déjà émoussé, figé dans la récurrence du même. La réverbe serait au contraire l'ouverture de la scène aux vibrations des intensités, à la résonance aléatoire avec les multiplicités autres.

Contaminant le nom, explorant les mystères de l'homonymie, nécessitant les détours de la pseudonymie, de l'hétéronymie, des noms d'emprunt, l'identité schizophrène, désirante et transindividuelle, déborde les cadres de l'identité légale pour l'ouvrir à l'infini des possibles. Au terme du précédent chapitre, j'émettais l'hypothèse que le suicide d'Édouard Levé, paradoxalement, l'a « inachevé », en faisant de son nom propre le siège de potentialités au conditionnel passé. C'est au contraire par un double débordement, grouillant de vie, que Cojo inachève à la fois ses œuvres et son identité, dans une lutte contre la mort, contre la rigidité mortifère de l'identité assignée : illimitation par le bord externe, par l'ouverture à la constante expérimentation de nouveaux devenirs, illimitation de l'intérieur, par l'écoute en soi de facettes étrangères et inconnues, et l'accueil de l'altérité.

2   Invader – Réalités anonymes

Pourquoi intégrer à un travail sur le nom propre et la réalité l'œuvre d'un artiste dont le matériau, en deux ou en trois dimensions, se compose de petits carrés de couleurs sans aucun recours au langage ? Depuis 1998, l'artiste parisien Invader cimente dans les rues du monde entier de petites figurines pixelisées, faites de carrés de mosaïque. Ces figures sont pour la plupart tirées du jeu vidéo « Space Invaders », créé par la firme Taito pour la console de jeux Atari en 1978, qui consiste à empêcher les petits extraterrestres envahisseurs de gagner le sol terrestre[55]. Invader n'empêche pas les extraterrestres d'atteindre la terre, mais au contraire dissémine leur fiction à la surface de la planète – dans un matériau fait pour durer[56]. Malgré les apparences, le travail d'Invader engage la question du nom propre de plusieurs manières plus ou moins directes. Revendiquant un anonymat radical, cette démarche, qui interfère avec la signalétique et donc avec la structuration nominale de l'espace urbain, peut en effet

---

55   *Cf.* Invader et Jo Cohen-Skali, *L'invasion de Paris. Livre 01 : la genèse*, Control P, 2012 [2003], p. 19 (ci-après cité comme *L'invasion de Paris* 1.2). L'artiste se diversifie de plus en plus, pour intégrer à son répertoire des figures issues du panorama plus large de la pop culture.

56   Paul Ardenne qualifie cette pratique de « tag en dur », in « Refigurer Paris », in Invader, *L'Invasion de Paris. Livre 02 : Prolifération*, première édition, (ci-après cité comme *L'invasion de Paris* 2.0), p. 7-8.

être rapprochée de diverses pratiques apparentées au graffiti – bien qu'il clame n'avoir découvert ce milieu qu'après avoir commencé ses invasions, et que son travail, situé à la croisée de l'art, du jeu, du *street art* et bien plus, ne puisse y être entièrement réduit[57].

Or, qu'on la fasse remonter au « *Kilroy was here* » des GIs en Europe, aux adolescents graffeurs de la côte Est américaine, ou ailleurs, l'histoire du graffiti moderne est une affaire de noms propres[58]. C'est d'ailleurs sous le nom de *name writing* que les jeunes graffeurs des années cinquante et soixante inventent leur pratique consistant à inscrire leur pseudonyme dans les rues de Philadelphie et plus tard sur les trains de New York. La circulation proliférante d'un même *tag* sur toutes les surfaces et territoires possibles vise à rendre un nom célèbre ; le travail approfondi sur l'esthétique des lettres (*style writing*) signe un style unique offert à l'admiration[59]. Schibboleth d'une communauté *underground* excluant quiconque ne sait pas l'identifier, le tag est porté comme une provocation dans l'espace commun. Inscrire son nom, apposer son pseudonyme ou son emblème sur une surface publique, c'est aussi, en laissant une trace de son passage, se l'approprier, ou du moins clamer qu'on y a sa part. Tsang Tsou-Choi, précurseur du graffiti à Hongkong, revendiquait ainsi le territoire du quartier Kowloon comme son héritage légitime en calligraphiant inlassablement à travers les rues les noms et titres supposés royaux de ses ancêtres et descendants[60]. L'illégalité du geste s'appropriant la surface publique constitue d'emblée le graffiti comme une pratique éminemment politique, qui interroge le tracé des lignes délimitant ce « partage du sensible » que Jacques Rancière définit comme ce qui « fixe en même temps un commun partagé et des parts exclusives »[61]. Si chacun·e a le droit de circuler dans l'espace public, qui a le droit d'y inscrire ses messages ? Qui définit les bornes de la légitimité dans cet espace ? Qui en définit les formes concrètes, selon quels objectifs, avec quelles conséquences, et au nom de qui ?

---

57   Cf. *L'invasion de Paris* 1.2, p. 31 ; et <http://space-invaders.com/about/>, accès le 20 mars 2019.
58   Sur l'histoire du graffiti, *cf.* Magda Danysz et Mary-Noëlle Dana, *From Style Writing to Art. A Street Art Anthology*, Rome : Drago, 2010, 35 ; Fiona McDonald, *The Popular History of Graffiti from the Ancient World to the Present*, New York : Skyhorse Publishing, 2013, p. 79.
59   Voir Danysz et Dana, *From Style Writing to Art*, p. 36s.
60   Invader a rencontré le Roi de Kowloon en 2001, lors de son premier voyage à Hong Kong. Cf. Vivienne Chow, « Artist hits back after 'invaders' destroyed », *South China Morning Post*, <https://www.scmp.com/news/hong-kong/article/1436471/artist-hits-back-after-invaders-destroyed>, mis en ligne 28 février 2014, accès le 20 mars 2019.
61   Jacques Rancière, *Le Partage du sensible. Esthétique et politique,* Paris : La Fabrique, 2000, p. 12.

Si Invader s'inscrit dans la continuité de cette tradition du graffiti, il la déplace toutefois autant qu'il la prolonge. Invader oblitère le nom et le pseudonyme, leur substituant une marque anonyme, qui demeure pourtant si distinctive à la fois par son style et sa visibilité proliférante qu'elle continue d'agir comme une signature, émanant clairement de l'artiste Invader. Ce jeu grandeur nature obéit à des règles précises, concernant la méthode comme le nombre de points à collectionner. Chaque œuvre est photographiée et répertoriée par numéro, localisation, date et nombre de points attribués, et toutes ces informations sont entrées dans une base de données[62]. Le processus d'invasion prolifère de manière exponentielle, saturant toujours plus d'espace sur des surfaces excédant largement l'urbain[63] – incluant jusqu'à la savane africaine et la station spatiale internationale. Les multiples space invaders disséminés sont comme des traces du passage de leur auteur, reconnus comme tels par une communauté globale d'amateurs. Mais, simultanément, les diverses mosaïques ne sauraient être seulement considérées comme une signature, puisque la technique employée, reproductible, laisse planer le doute sur l'identité de l'artiste. S'agit-il même un individu unique ? S'agit-il d'un collectif ? Ces petits extraterrestres de pixels seraient-ils venus d'eux-mêmes coloniser la terre ?

Signature référant à un auteur anonyme par la griffe d'un style singulier, chaque space invader fonctionne aussi, dans un autre plan de référentialité, comme un nom propre, désignant fixement un individu de manière différentielle au sein d'un réseau. En effet, chaque mosaïque est absolument unique par ses caractéristiques formelles, identifiée par un numéro (indiquant l'ordre chronologique de la pose) et une géolocalisation. Ces repères chromo-chrono-topologiques, enregistrés dans une base de données, fonctionnent comme un équivalent numérique du nom propre : ils permettent de référer à un space invader unique à l'exclusion de tous les autres, en présence de l'œuvre ou hors

---

62   *L'invasion de Paris 1.2*, p. 31.
63   Le plus haut space invader terrestre est situé à 2362 mètres d'altitude, à l'arrivée du téléphérique dans le village d'Anzère, en Suisse. Il existe également trois space invaders sous-marins, posés en 2007 dans la baie de Cancun. Invader s'est également attelé à la conquête de l'espace, en envoyant la mosaïque SpaceOne dans la stratosphère puis la mosaïque Space2 à bord de la Station Spatiale Internationale. *Cf.* « About Invader », <http://www.space-invaders.com/about/>; « Sous les mers », <http://space-invaders.com/post/subinvasion/>; « Space2ISS », <http://space-invaders.com/post/Space2ISS/>, site internet d'Invader, Copyright 2014, accès le 3 août 2019. Le processus d'invasion ne se caractérise pas seulement par une prolifération numéraire et spatiale, mais aussi une prolifération modale : asphalte, billets de banque, journaux quotidiens, moules à gaufres... Pour Invader, tous les media sont bons à envahir. *Cf. L'Invasion de Paris 1.2*, p. 50-56, ainsi que *L'Invasion de Paris 2.0*, p. 106-110.

de son contexte (et ce même lorsque les pièces sont détruites par des propriétaires d'immeubles où des braconniers d'art urbain). Le dispositif dans son ensemble est constitué d'un versant physique doublé d'un versant numérique : la base de données où chaque pièce est collectée et archivée. Chaque space invader singulier se définit donc par une combinatoire de pixels dans un double réseau fixe de relations physiques et virtuelles, et définit en retour l'identité de chaque individu comme ce squelette minimal de relations à l'intersection de réseaux divers, flux de nœud en nœud dont la somme pourrait bien faire une ville.

Ce double réseau des space invaders se redouble encore du réseau mondial des traqueurs de space invaders, d'abord apparu comme un groupe de fans du projet artistique échangeant des informations en ligne, puis, depuis 2014, par le biais de l'application pour smartphone « FlashInvaders » publiée par l'artiste, qui permet à des joueurs, identifiés par un pseudonyme, de photographier les mosaïques qu'ils découvrent dans la rue et de comparer leur score avec d'autres joueurs du monde entier. En redéfinissant l'extension de l'espace urbain pour y adjoindre l'ensemble des interactions médiales, et en interrogeant l'insertion des réseaux virtuels dans la trame de la réalité, la démarche anonyme potentiellement collective d'Invader nous achemine donc de plusieurs manières, comme avait commencé à le faire la réflexion théâtrale de Cojo, vers la question des interconnexions « virtuelles » entre des individus partageant des traits communs, sous l'égide de noms propres qui sont à la fois, paradoxalement, singuliers et collectifs, authentiques et d'emprunt.

En brouillant toujours davantage le partage de la réalité, de la virtualité et de la fiction, Invader remet sans cesse sur le métier la question de savoir ce qu'est l'espace, ce qu'est l'espace urbain, ce qu'est l'espace urbain habitable – ce qu'est habiter. Il questionne les modes de production, de perception et d'interaction dans et avec l'espace et le donné. Son enjeu n'est pas seulement d'inscrire une marque dans l'espace commun, et de faire bouger les lignes de son partage. En important des figures tirées d'un jeu vidéo dans le monde « réel », physique, Invader trouble les frontières de deux plans de réalité jusque-là distincts : la rue devient perméable à la « virtualité » à mesure que le jeu vidéo est spatialisé. Se pourrait-il que l'anonymat général du projet réfléchisse en miroir l'anonymat induit par l'intrusion des fondements cybernétiques corollaires de cette « réalité virtuelle », anonymat des mégapoles contemporaines où les individus, synchronisant leurs comportements sous l'influence de modèles algorithmiques, deviennent interchangeables, en dépit – ou peut-être à cause – de leur identité « propre » fixée par leur nom ?

2.1 Territorialiser la carte ; cartographier le territoire

Une carte est un système référentiel qui combine une topographie et une toponymie : c'est la représentation schématique de l'espace et de son organisation, comportant les noms que les parties de cet espace ont reçus. Les noms de rue permettent l'orientation : ils rendent l'inconnu navigable par la surimposition, à l'expérience physique de l'espace, des noms dont la relation de l'un à l'autre est rigidement fixée et qui permettent à la topographie, à laquelle ils sont également rigidement fixés, de n'être pas ambiguë. La carte est une abstraction de l'espace qui permet l'orientation. En tant que telle, elle s'oppose au territoire, qui est la formation concrète de l'espace par le biais de l'expérience vécue. Je n'ai pas besoin de connaître les noms des lieux de mon quartier pour orienter mon corps dans l'espace. Si les noms de rue étaient retirés du jour au lendemain, ou encore remplacés par des autocollants « Rue Anonyme », (comme l'imaginait Édouard Levé dans une proposition d'œuvre[64]), je saurais toujours comment me rendre à la boulangerie, au tabac, à la pharmacie, au travail – sans doute mettrais-je un certain temps à m'apercevoir que les plaques de mon quartier ont été modifiées. J'aurais par contre plus de surprise et de difficultés à m'orienter vers une adresse inconnue. Alors que le territoire est un espace concret défini par les corps qui l'habitent, une carte, et le système signalétique qui lui correspond, est une représentation abstraite du territoire, généralement réalisée par une instance centralisatrice, comme l'Institut National de Géographie, ou Google Maps.

Dans *L'Invention du quotidien*, Michel de Certeau exploite cette opposition, ici sommairement tracée, de la carte et du territoire, en opposant un principe panoptique et un principe pratique. Partant d'une contemplation de New York depuis le haut du World Trade Center, l'essai commence par définir la vue panoramique comme « l'analogue du fac-similé que produisent, par une projection qui est une sorte de mise à distance, l'aménageur d'espace, l'urbaniste ou le cartographe » : un « simulacre théorique » ne pouvant exister qu'à partir de l'oubli et de la méconnaissance des pratiques de celles et ceux qui écrivent l'espace par leurs déplacements ordinaires[65]. La carte correspond à une conceptualisation urbanistique abstraite de l'espace qui repose sur une organisation fonctionnaliste impliquant d'une part la gestion de ce que l'on peut traiter et d'autre part l'élimination de l'intraitable (« anormalité, déviance, maladie, mort, etc. »), impliquant la « production d'un espace disciplinaire[66] ». Michel

---

64 *Œ.*, §342, p. 136.
65 Michel de Certeau, *L'invention du quotidien. 1. Arts de faire,* Paris : Gallimard, coll. Folio Essais, 1990 [1980], p. 141.
66 *Ibid.*, p. 143-146

de Certeau oppose à ce maillage panoptique disciplinaire des pratiques au ras du sol, des « style[s] d'appréhension tactile et kinésique » décrivant des parcours hors des circuits transparents tracés d'avance à des fins de productivisme et de surveillance, tels la marche[67]. Et c'est précisément le graffiti newyorkais que l'auteur choisit comme illustration de ces « figures cheminatoires » ancrées dans l'existence concrète, qui, « au système technologique d'un espace cohérent et totalisateur, [...] [substituent] une histoire allusive et fragmentaire dont les trous s'emboîtent sur les pratiques sociales qu'elle symbolise[68] ». Le graffiti vient apposer, sur les surfaces de la ville planifiée et zonée à partir d'une perspective « d'en haut », la marque des pratiques des habitants d'en bas, qui s'approprient les lieux en y greffant leurs vies.

En disséminant ses space invaders aux quatre coins des villes, Invader répand une fiction déconnectée de la fonctionnalité systémique, fiction référant à une pratique ludique, à l'enfance commune d'une génération. La figuralité des mosaïques ne parasite pourtant pas seulement la transparence du système en lui opposant l'épaisseur de la pratique, l'univocité de la carte en lui opposant la richesse polysémique et opaque du territoire. Bien au contraire, cette perturbation, dans le cas de l'invasion des space invaders, opère à la fois au niveau horizontal du terrain (« *Street-view* ») et au niveau vertical de la vue satellitaire (« *bird-eye view* »).

Invader a souvent défini son activité comme une manière de « répandre des virus dans un système[69]. » Un virus s'attache à des structures existantes et en perturbe le fonctionnement global. Invader aime interférer avec la signalétique, comme en témoignent les nombreuses mosaïques positionnées directement sur ou à proximité d'un panneau indicateur[70], ou encore plusieurs mosaïques dont les couleurs et la forme imitent explicitement celles des plaques de rue parisiennes[71]. En tant que réseau disséminé dans les rues, les space invaders introduisent une perturbation dans le système signalétique urbain, en particulier les noms de rue, qui correspond à une certaine articulation de l'espace. Une plaque signalétique réfère à une autorité centrale qui a le pouvoir de nommer l'espace public et d'y organiser la circulation des biens et des

---

67 *Ibid.*, p. 152.
68 *Ibid.*, p. 154.
69 In Reiss, « Bomb It : Space Invader ».
70 A titre indicatif, on peut se référer, entre de très nombreux autres exemples, à PA-072, PA_112, PA-146, PA-536, PA-598, PA-630, PA-650, ...
71 Voir notamment le space invader PA-1129. J'ai d'ailleurs découvert ce space invader étant moi-même perdue dans Paris, alors que je cherchais un nom de rue pour pouvoir m'orienter. Mais d'autres space invaders, tout au long de la carrière de l'artiste, suivent ce motif – cf. PA-098, ou encore PA-1177 (visible sur Instagram : <https://instagram.com/p/7U6n9POMCN/?taken-by=invaderwashere>, accès le 8 septembre 2015)

personnes. Un space invader, au contraire, est la signature d'un auteur anonyme, qui rend l'espace urbain à sa matérialité par un simple déplacement du regard. Au niveau horizontal de la rue, l'invasion interrompt l'espace rationnel et légal de la carte, et le transforme en territoire. La mosaïque, signe surnuméraire et dépourvu de signification déposé dans le système fonctionnaliste urbain, interrompt la lecture usuelle de l'espace : le signe ne réfère plus à un lieu, une direction, une interdiction, à un produit de consommation à acquérir, mais se refuse à tout décodage quant à son sens ou sa référence. En signant le système d'une signature singulière, la mosaïque noyaute son quadrillage utilitaire, arrête ou déroute l'écoulement des flux, à la manière d'un bug informatique. Elle entrouvre ainsi la possibilité d'une réflexion sur l'espace et le temps communs, et sur la position du corps individuel dans ce temps et cet espace : elle fait de la ville un territoire collectif[72]. Ce faisant, la signature qu'est le space invader restitue l'espace public aux corps qui l'habitent, dégagés pour un temps de leur statut d'usager·ère·s.

A l'échelle locale, le réseau des space invaders propose donc une manière alternative de faire l'expérience et d'articuler la ville. Trouver une mosaïque étonne et suspend pour un temps l'articulation des mouvements et des destinations. Or cette ouverture vers un ailleurs possible larvé sous les trajectoires fléchées usuelles est précisément l'une des fonctions que Michel de Certeau attribue aux noms propres qui égrènent la ville. Loin d'y voir uniquement les repères transparents vissés au territoire par la main de l'Etat ou des collectivités territoriales pour orienter les usager·ère·s et garantir la circulation fluide des biens et des personnes, le penseur y voit des « tropismes sémantiques » qui exercent sur le marcheur leur appel séducteur, ou au contraire le dissuadent – fonctionnant en cela comme les attracteurs d'une dérive parente de la pratique psychogéographique chère aux situationnistes[73]. Ainsi,

> La marche [...] est attirée ou repoussée par les nominations aux sens obscurs, alors que la ville, elle, se mue pour beaucoup en un « désert » où l'insensé, voire le terrifiant, n'a plus la forme d'ombres mais devient [...]

---

72   Comparer à ce sujet les analyses de Baudrillard sur la fonction territorialisante du graffiti newyorkais, « Kool Killer », p. 122.

73   Ce rapprochement est effectué par Jean-Marc Avrilla, préface du catalogue de l'exposition *Rubik Space* à la galerie Patricia Dorfman, 2005, disponible sur le site d'Invader, <http://space-invaders.com/post/text_avrilla/>, accès le 6 octobre 2019. Voire également Michelle Kuo, « Arcade Project : Michelle Kuo on Space Invader », in *Artforum international* 45, no. 5 (janvier 2007). L'auteure y note également un rapprochement possible avec le « Jeu de la guerre » créé par Guy Debord, qui implique la bataille de joueurs autour d'un territoire quadrillé.

une lumière implacable, productrice de texte urbain sans obscurité que crée partout un pouvoir technocratique et qui met l'habitant sous surveillance (de quoi ? on ne sait) [...]. Dans les espaces brutalement éclairés par une raison étrangère, les noms propres creusent des réserves de signification cachées et familières[74].

Loin d'être les désignateurs rigides d'une localisation physique, les noms de lieux sont autant d'attracteurs polarisant ce que Certeau nomme des « énonciations piétonnières », qui actualisent l'espace théorique de la ville-panorama. La ville du cartographe est à celle du marcheur comme la langue est à la parole. Les graffitis « déportent les sens propres analytiques et cohérés de l'urbanisme » en produisant une « errance du sémantique », errance qui rend le pavé habitable[75]. Là où l'urbanisme fonctionnaliste organise l'espace en vue de la plus grande efficience des flux de circulation – une efficience qui requiert l'univocité des nominations et des messages – la promenade autorise une appropriation de l'espace urbain qui recherche non le sens littéral, transparent, immédiat, mais obscur et figuré. L'énonciation piétonnière, en actualisant le système de l'espace, fait appel à la dimension figurale du langage. Le promeneur ne considère pas le nom de rue comme un fléchage de son environnement canalisant ses comportements, mais comme un portail vers une dérive poétique qui le guidera de nom en nom.

Sans doute les space invaders disséminés dans les rues de la ville ont-ils un fonctionnement similaire à ces attracteurs affectifs que sont les noms propres déterminant subjectivement la pente d'une dérive – Paul Ardenne qualifie d'ailleurs l'entreprise d'Invader de « psychogéograffique[76] ». En août 2015, l'artiste a ainsi cimenté, sous la plaque de la rue du Caire, dans le deuxième arrondissement de Paris (à l'angle de la place du Caire), une mosaïque représentant deux pyramides et deux dromadaires au clair de lune. Si le nom de la rue fait historiquement référence à la campagne de Bonaparte en Egypte, l'image détourne ce nom de sa référence aussi bien topologique qu'historique. Elle introduit, dans le système de repérage urbain, la dimension parasitaire d'une invitation au voyage, faisant coïncider dans l'espace le nom de cette rue spécifique de Paris et une ouverture sur l'imaginaire de l'Egypte. Si ce type de mosaïque demeure relativement marginal dans l'ensemble du projet artistique, les autres mosaïques, qui pour la plupart figurent les petits extraterrestres du jeu vidéo, ont toutefois un fonctionnement comparable, agissant comme un

---

74   Certeau, *L'invention du quotidien*, p. 156.
75   *Ibid.*
76   Ardenne, « Refigurer Paris ».

portail inter-dimensionnel vers une galaxie virtuelle. Tout comme la référence à la ville du Caire n'est pas univoque, mais médiatisée par l'imaginaire orientalisant lié à l'Egypte des pyramides, la référence au jeu vidéo n'implique pas simplement une collusion de deux espaces que rien ne lie. Dans l'espace-temps du travail et de la productivité en vue de quoi la ville est organisée, les mosaïques, comme les noms propres selon Michel de Certeau, « creusent des réserves de signification cachées et familières[77]. » Ouvrant sur un plan de réalité alternatif virtuel, imaginaire et ludique, la mosaïque ouvre aussi sur une constellation d'associations affectives liées au temps libre, au jeu, à l'enfance, aux activités gratuites[78].

---

77   Certeau, *L'invention du quotidien*, p. 156.
78   L'application pour smartphone FlashInvaders reflète avec une acuité plus grande encore l'évolution drastique de la relation à l'espace induite par la généralisation des technologies mobiles de communication. La géolocalisation et navigation assistée par satellite a changé la manière dont nous nous orientons, en supprimant (ou du moins en réduisant très considérablement) la possibilité de se perdre. Plus que jamais, nos déplacements dans l'espace physique se font de la manière la plus efficace possible d'un point A à un point B. Mais lorsque nous devenons dépendants de nos smartphones pour nous orienter, c'est notre perception de l'espace où nous évoluons qui se trouve transformée. L'orientation par GPS induit un désengagement de l'individu par rapport à son environnement direct. Les technologies numériques mobiles infiltrent ainsi l'expérience physique vécue, et contribuent à transformer le territoire lui-même en un réseau cybernétique d'origines et de destinations. Encore une fois, Invader parasite le système existant et propose un mouvement de reterritorialisation. Peu après la publication de l'application, l'artiste a effectué une refonte de son site web, et supprimé l'accès aux cartes d'invasion, auxquelles on ne peut plus accéder en ligne. Ceci a des conséquences pratiques immédiates : l'utilisateur·rice qui veut jouer à FlashInvaders et partir à la chasse aux mosaïques ne peut pas se référer à leur géolocalisation précise à l'aide de son smartphone. Tout au plus est-il possible d'utiliser les cartes imprimées, quand elles existent – mais la plupart d'entre elles sont de volumineux livres d'art, peu pratiques, et sont la plupart du temps obsolètes et incomplets, puisque l'invasion est permanente et que de nouveaux space invaders apparaissent sans cesse tandis que d'autres disparaissent. Dès lors, différentes stratégies se mettent en place, selon le degré d'investissement des joueur·euse·s. L'utilisateur·rice « modéré·e » est forcé·e d'errer dans les rues, de se perdre, et de véritablement regarder autour de soi. Or, comme le note Stéphanie Aubert, « la promenade au hasard des rues – excepté peut-être à Paris qui compte 1255 mosaïques –, apparaît vite comme une stratégie peu performante et s'avère très fatigante. » (« Invader, Play Again », *Libération*, article mis en ligne le 11 novembre 2016 à 18h36, <http://next.liberation.fr/images/2016/11/11/invader-play-again_1527822>, consulté le 20 mars 2019) C'est pourquoi certain·e·s des joueur·euse·s les plus passioné·e·s mettent en place un dispositif de recherches méthodique et élaboré, à base de recoupage d'informations en ligne ou d'appel au réseau communautaire des joueur·euse·s. Dans tous les cas, le maillage électronique est toujours très étroitement connecté au maillage physique, et à la matérialité concrète de la mosaïque, jusqu'à laquelle les joueur·euse·s doivent acheminer leur corps pour gagner les points convoités. L'application, loin de river les utilisateur·rice·s à leur smartphone et de les déconnecter de

FIGURE 3.2
Invader, PA_1165, Paris, 2015. Image mise en ligne sur le compte Instagram de l'artiste le 10 août 2015, <https://www.instagram.com/p/6N6Dh5IMNB/>.
© INVADER C/O PICTORIGHT AMSTERDAM 2019.

Le projet d'Invader intervient au niveau local de la rue, tout en se compliquant d'un versant global indissociable. Par le réseau qui non seulement relie, mais aussi répertorie la totalité des individus disséminés sur le globe, Invader répand également son virus dans l'espace de la carte. Cet espace abstrait ne correspond plus simplement à la perspective (pan)optique évoquée par Michel de Certeau – cette carte dont nous avons vu que la démarche d'Invader, au niveau local, a pour effet de la territorialiser. La base de données redouble le maillage spatial, perceptible sur le terrain, d'un réseau virtuel formant un système, puisque chaque individu ne prend sens que de manière différentielle par rapport aux autres individus (différence chiffrable en termes d'espace, de temps, de forme et de couleur), comme on peut le voir en naviguant sur la carte de l'invasion mondiale actualisée en ligne[79].

C'est là un trait essentiel qui distingue Invader de la tradition du graffiti. Le postulat de départ de l'invasion, qui transpose le pixel, symbole par excellence du monde « virtuel », dans le monde « réel », pour envahir ce dernier, métaphorise la numérisation de l'expérience commencée avec les débuts de la cybernétique suite à la seconde guerre mondiale et continuée par son développement 2.0. Le projet d'invasion systématique ne se limite pas à parasiter l'espace urbain, ou même l'espace médiatique : il relève également d'une pensée globale de l'impact profond du tournant numérique.

---

leur environnement à mesure qu'elle les connecte au web, contribue à réinscrire leur corps dans l'espace urbain, d'une manière qui n'est pas fonctionnelle, mais gratuite. Elle les oblige à scruter des endroits où il·elle·s n'auraient pas posé les yeux, et ainsi à regagner la conscience de la matérialité de la rue, qui n'est plus simplement un espace de passage. FlashInvaders crée une forme de psychogéograffie connectée.

79 http://space-invaders.com/world/, accès le 20 mars 2019.

FIGURE 3.3   Invader, site internet <http://www.space-invaders.com>, onglet « World Invasion », 2019. Planisphère localisant les sites envahis, généré à partir de données cartographiques GOOGLE/INEGI, ici zoomé et centré sur les continents eurasiatique et africain et incluant la localisation de la Station Spatiale Internationale. Capture d'écran effectuée le 6 juin 2019 à 10h16, avec l'aimable autorisation de l'artiste. © INVADER C/O PICTORIGHT AMSTERDAM 2019.

Les technologies de la communication permettent une configuration réticulaire de l'espace, dépourvue de centre. Dans cet espace aussi bien physique que numérique, les individus ne sont pas définis comme des entités dotées d'une intériorité singulière, mais comme des nœuds dans un réseau de communication, recevant et émettant des données. L'idéologie de la communication, qui envisage les environnements physiques, biologiques, cognitifs et sociaux comme des systèmes clos fait de circuits en feedback, infiltre et informe le moindre aspect de l'expérience quotidienne. La forme même des villes, marquées par les phénomènes d'étalement urbain ou de conurbation déjà fort anciens, correspond à cette organisation cybernétique des communautés, de l'espace, de la pensée. À l'heure du big data, tout ceci est bien sûr d'une évidence flagrante. Plutôt qu'importer les réseaux numériques, créés et investis comme un univers parallèle superposé à la réalité physique quotidienne, dans le monde « réel », Invader révèle le tissu urbain comme étant d'ores et déjà informé par ces réseaux. Son projet artistique reflète le fait que les villes ne sont pas à considérer comme des lieux stables mais des lieux de passage de flux d'information dirigés par des ordinateurs. Chaque individu, chaque mosaïque, symbolisant par son matériau (le pixel) et son origine (le jeu vidéo) cet encodage du réel, ne se définit pas tant par des qualités essentielles singulières que de manière relationnelle et différentielle, c'est-à-dire comme un nœud dans un réseau. De même, le nom propre n'est qu'un repère dans un maillage communicationnel et fonctionnel, comme tel insignifiant, pure marque désignative de classification. Là où l'individualité, où la « propriété » attachée au nom propre, portée au pinacle par le réseau, peut être illusoirement entendue comme un ensemble qualitatif inaliénable garant d'une singularité et d'une authenticité du sujet, le réseau configure cette individualité de manière quantitative et algorithmique, aplanissant les différences individuelles à mesure que les comportements sont anticipés. L'identité réticulaire et sa version profilaire 2.0 n'est pas antithétique de l'anonymat diagnostiqué par Michel de Certeau comme corollaire de la ville panoptique – si tant est que l'on entende par « anonymat » le caractère de ce qui ne se distingue pas par un surplus de célébrité ou de visibilité. Au contraire, sous l'effet du codage algorithmique qui tend à niveler les comportements, l'anonymat des sociétés numériques pourrait bien être renforcé, en dépit de la prolifération des moyens d'accroître la visibilité individuelle[80]. De manière ludique, le réseau des space invaders reflète aussi, outre l'invasion des pixels qui l'aura rendu possible, le fait que l'individu-profil n'est pas moins anonyme que son ancêtre non connecté·e.

2.2 *Anonymats*

Le graffiti participe d'une affirmation de la singularité d'un désir contre les signes hégémoniques de la société de consommation. Mais, de la pratique du « *getting up* » (ou « montée en visibilité » d'un pseudonyme dans le jargon des graffeurs) à l'invasion anonyme de l'espace, on assiste à un changement de paradigme radical concernant la nature et les enjeux de l'invasion. Interrogé sur la limite qui distingue l'art du vandalisme, Invader, dont l'activité est illégale à 99%, répond en effet qu'il travaille pour le bien commun[81]. Le travail d'Invader, paradoxalement, réapproprie l'espace en y inscrivant la marque d'une absence collective de propriété.

Dans son article « Kool Killer, ou l'insurrection par les signes[82] », dédié à l'inédite vague de graffiti qui a déferlé sur les murs et les trains de New York à

---

80 Voir également les thèses récentes du Comité invisible sur l'influence des NTIC sur l'agencement urbain et les relations humaines (en particulier *À nos amis,* Paris : La Fabrique, 2014, p. 117s), à mettre en lien avec la pensée d'un anonymat réversible (c'est-à-dire en tant que condition ontologique d'invisibilité à retourner en arme de lutte), développée dès le travail de ce groupe au sein du groupe Tiqqun dans les années 1990, en particulier dans *Théorie du Bloom* (Paris : La Fabrique, 2004).
81 In Reiss, « Bomb It : Space Invader »
82 J. Baudrillard, « Kool Killer, ou l'insurrection par les signes », in *L'Échange symbolique et la mort, op. cit.,* 1976, p. 118-128.

partir du printemps 1972, Jean Baudrillard avançait que, là où les émeutes urbaines s'abattent sur la ville alors visée comme « le lieu du pouvoir économique et politique », ce type d'intervention nouveau s'en prend à la ville en tant qu' « espace/temps du pouvoir terroriste des media, des signes et de la culture dominante[83]. » Pour Jean Baudrillard comme pour Michel de Certeau, la ville, dont l'agencement est conçu sur la base d'un zonage des activités et des besoins, espace saturé des signes pleins des media et de la publicité, possède inscrits dans son tracé même les modèles de comportement auxquels les individus sont voués à se conformer et s'identifier – devenant de ce fait prévisibles, indifférents, commutables, et donc *anonymes*. Dès lors, l'insurrection ne consiste pas tant à clamer son existence singulière et son affranchissement vis-à-vis des modèles : « ceci ne serait encore que la révolte de l'identité : combattre l'anonymat en revendiquant un nom et une réalité propre[84]. » Au contraire, si les graffitis peuvent perturber les signes pleins de la ville en faisant irruption dans leur espace, c'est qu'ils sont des « signifiants vides », pseudonymes tirés des *comics*, parfois joints d'un numéro de rue, dépourvus de signification, de référence. Ils sont plutôt des formes d' « appellation totémique », revendiquant « l'exclusivité radicale du clan » – une forme d'appellation symbolique « niée par notre structure sociale, qui impose à chacun son nom *propre* et une individualité *privée*[85]. » Ainsi, interpréter le graffiti comme une revendication de liberté et d'identité personnelle participe encore, selon la lecture marxiste de Baudrillard, d'une « interprétation humaniste bourgeoise, qui part de *notre* sentiment de frustration dans l'anonymat des grandes villes[86]. » Au contraire, la révolte des jeunes graffeurs newyorkais « récuse à la fois l'identité bourgeoise et l'anonymat » de la ville[87], affirmant une forme de socialité dont la pratique spatiale décrit les contours d'une communauté exclusive. Confrontée à l'époque actuelle et à l'œuvre proliférante d'Invader, cette analyse du graffiti new yorkais des années soixante-dix permet d'apporter un éclairage intéressant sur certains de ses aspects et enjeux.

Invader oppose directement sa démarche artistique à l'affichage publicitaire[88]. La publicité cible l'attention et la réponse émotionnelle des individus avec la complicité des États, qui sous-traitent l'espace public à des entreprises privées et garantissent l'hégémonie de ces entreprises sur le visible via la surveillance policière. Le graffiti, en se réappropriant les codes de la publicité,

---

83   *Ibid.*, p. 119.
84   *Ibid.*, p. 121.
85   *Ibid.*, p. 122.
86   *Ibid.*, p. 128.
87   *Ibid.*
88   *Ibid.*

montre ainsi que le pouvoir s'articule comme une modalité du visible : Qui voit ? Qui est vu ? Qui conditionne les modalités du voir ? Outre ces modalités délimitant le champ du politique par la partition du champ sensible en zones exclusives de participation et de non-participation, se pose évidemment la question de la manière dont ce pouvoir s'exerce. La démarche d'Invader, dans le droit fil du graffiti, par le simple geste de placer des tags dans l'espace public, occupe un site de résistance et de subversion contre cette invasion spatiale et émotionnelle de la publicité. Toutefois, cette résistance et cette subversion s'opèrent sur des modes très différents du graffiti ou *street art* traditionnels. N'en déplaise à Baudrillard, l'objectif du « *getting up* » (ou montée en visibilité), attaché au *name writing* obéit à une stratégie de marque (*branding*) : en répétant un nom propre, associé visuellement à un logo, dans l'espace public, en vue de rendre ce nom célèbre, cette pratique réplique exactement le procédé publicitaire, obéissant encore au mécanisme de Big Brother. Michelle Kuo note cette parenté, parfois incestueuse, du graffiti et de la publicité, dont Shepard Fairey serait sans doute l'incarnation la plus emblématique[89]. Un individu isolé infiltre, détourne les mécanismes de Big Brother, les révélant et se rendant lui-même célèbre par la même occasion – récoltant la gloire (et parfois le succès financier et/ou professionnel qui s'ensuit) d'avoir fait un mauvais coup. Graffiti et *branding* ne sont que les deux faces d'une même médaille : tous deux visent à diriger les projecteurs sur un nom propre en particulier, sans souci du commun.

Invader n'obéit à ce schéma que pour mieux le subvertir. Il s'inscrit bien dans une réflexion sur la surveillance et le matraquage publicitaire, comme en atteste, par exemple, la mosaïque PA-626, où trois space invaders noirs sur fond blanc, disposés côte à côte, sont sous-titrés du message « R WATCHING U[90] ». Comme Big Brother, les envahisseurs de l'espace observent les humains, et le leur font savoir en langage SMS. Mais Invader propose plus qu'une simple réappropriation ou parodie. Contrairement à d'autres artistes, qui révèlent tôt ou tard l'identité civile qui se cache derrière leur nom de rue, l'anonymat d'Invader est très soigneusement préservé, comme la clé de voûte de la démarche. Cet anonymat permet de douter de la source exacte de la signature, de chaque space invader. Ce ne sont pas seulement les mosaïques qui sont dépourvues de nom (quoiqu'elles fonctionnent, comme j'ai tenté de le montrer, tantôt comme des noms propres, tantôt comme des signatures) : la véritable identité de l'artiste lui-même n'est connue de personne. Invader, qui se définit comme un

---

89 Kuo, « *Arcade Project* » (article cité).
90 *Cf. L'invasion de Paris* 2.0, p. 144-145.

« AVNI » (artiste vivant non identifié)[91] et affirme que ses propres parents, et même ses voisins, le croient carreleur[92], ne se montre jamais en public sans porter de masque. C'est dans ce choix de l'anonymat que réside le potentiel de résistance de sa démarche artistique. Cette résistance anonyme n'a précisément d'efficace que par son caractère facétieux et son refus d'un message politique direct ou explicite. Elle tire sa force de son innocuité et de son espièglerie. Avec chaque mosaïque, c'est le jeu, c'est l'enfance qui vient faire irruption dans le système – là est toute la force de cette invasion ludique dont l'anonymat permet l'appropriation collective.

L'anonymat, plus qu'une protection face à d'éventuelles représailles policières dans le cadre d'une activité illégale, est la condition de possibilité d'une dimension collective du projet, et permet « d'avoir comme une petite armée tout autour du monde[93] ». En effet, Invader n'a de cesse de le souligner, rien n'est plus facile que de copier ses œuvres : il suffit d'aller acheter des carrés de pâte de verre et de la colle dans n'importe quel magasin de bricolage. Dès les débuts, comme l'indique l'« Epilogue » du premier guide d'invasion de Paris, le projet envisageait une composante plurielle et participative : « Le niveau 02, actuellement en cours, ne possède pas de mode multi-joueurs. La population terrestre est donc limitée à un rôle d'observateur. [...] Le niveau 03 sera quant à lui équipé d'un mode multi-joueurs de type 'cherche et envahis'[94]... ». Outre l'apparition de nombreux « *copycats* » saluée par l'artiste en 2012[95], ce sont surtout les « chasseurs d'images », passionnés traquant les mosaïques dans les rues et les répertoriant sur des sites de partage de photos tels Flickr, qui se sont approprié le projet et ont contribué, de manière autonome, à le rendre interactif[96]. L'application FlashInvaders ne fait que prendre acte du geste du « collectionneur » ou du fan de *street art* qui n'est pas un contemplateur passif, mais un contributeur actif à un réseau de pairs. La frontière nette qui traditionnellement sépare production et réception est bouleversée, et l'art intègre le web, qui, comme la rue, est un espace public présentant la possibilité d'une distribution la plus large possible sans médiation institutionnelle.

---

91 http://space-invaders.com/about/, accès le 20 mars 2019.
92 *Cf.* « Space Invader : 'You own the city' », entretien du 29 août 2013, *The Talks*, <http://the-talks.com/interviews/space-invader/>, accès le 26 août 2015 ; voir aussi Beauvallet, « Rencontre avec Invader ».
93 « I like the idea of having like a little army all around the world. » In « Graffiti Artist Space Invader », entretien filmé réalisé par la chaîne G4 Videogame TV, mis en ligne sur Youtube 4 avril 2006, supprimé depuis (ma traduction).
94 *L'Invasion de Paris 1.2*, p. 66.
95 *L'Invasion de Paris 2.0*, p. 98s.
96 *Ibid.*, p. 102-103.

Cette dimension fondamentalement participative du projet viral, qui s'est constitué en opposition aux institutions traditionnelles (aussi bien urbaines qu'artistiques), et repose largement sur le bricolage et le détournement d'objets, partage de nombreux traits communs avec l'idéologie hacker. En Juin 2003, répondant aux « 20 questions les plus posées » sur son projet dans le cadre de son premier guide d'invasion parisien, Invader affirmait : « J'aime la figure du hacker, je crois en son idéologie. Comme un hacker, je répands des virus dans un système[97] ». L'invasion participe d'une idéologie de l'hacktivisme, proche de celle revendiquée par exemple par le mouvement des Anonymous. C'est en anonymisant la paternité de son œuvre qu'Invader permet de penser qu'elle est le produit d'une « petite armée » – tout comme Anonymous peut clamer : « *we are legion* ».

Pourtant, qu'est-ce qui différencie un réseau comme Anonymous de réseaux sociaux comme Facebook, Instagram, Twitter et autres Snapchat ? Qu'est-ce qui ressemble plus au schéma d'une carte d'invasion d'Invader que l'image, visible sur la page d'accueil de Facebook, représentant un planisphère dont se détachent des silhouettes sans visage, reliées par des pointillés de continent en continent ? La différence réside évidemment dans le mode de distribution de l'information. Anonymous, réseau distribué de pair à pair et anonyme, est l'exact opposé de réseaux centralisés où toute communication passe par l'intermédiaire des serveurs de l'entreprise, et qui requièrent des usager·ère·s l'utilisation de leur identité légale pour l'établissement de leur profil[98]. Si l'attache physique du référent y persiste de manière univoque, Facebook, en centralisant la vie en ligne et en captant une part toujours croissante de la production d'information des individus pour développer des algorithmes influant en retour sur leurs comportements, parachève le passage aux sociétés de contrôle déjà analysé par Deleuze après Foucault et Burroughs dans un célèbre postscriptum[99]. La plateforme, qui se veut une réplique en ligne de l'état civil, reconduit cette « identité bourgeoise » dont Baudrillard montrait qu'elle était paradoxalement productrice d'anonymat dans la mesure où elle participe d'une modélisation des comportements rendant les individus prévisibles et donc commutables.

Bien avant que le mouvement Anonymous se cristallise, Invader expérimentait des actions anonymes collectives. Dès la fin des années 1990, il collaborait avec l'artiste urbain Zevs à des projets d'invasion, comme celle de

---

97 In *L'invasion de Paris 1.2*, p. 31.
98 *Cf.* Facebook Help Center, « What Names are allowed on Facebook? », <https://www.facebook.com/help/112146705538576>, accès le 20 mars 2019.
99 *Cf.* Gilles Deleuze, « Postscriptum sur les sociétés de contrôle », in *Pourparlers. 1972-1990*, Paris : Minuit, 2003 [1990], p. 240-247.

Montpellier réalisée en Août 1999, sous le nom collectif d' « @nonymous ». Si l'artiste rend souvent hommage aux mouvements sociaux dans ses œuvres, toutefois son projet ne s'intéresse pas prioritairement à un message de nature directement politique ou contestataire. Invader ne reconnaît à son invasion d'autre message que l'invasion elle-même[100]. S'il n'est pas « frontalement » politique et se refuse à délivrer un « message », son parasitage anonyme de tout medium constitue toutefois en lui-même un acte politique. Selon l'hypothèse avancée par Baudrillard, c'est précisément parce que le tag ne renvoie pas à une identité estampillée du sceau de l'état civil, mais à une identité choisie, prenant sens dans une communauté vécue, qu'il peut entrer en résonance avec une certaine pensée révolutionnaire. Invader ne contente pas de désolidariser l'identité choisie (l'*alias*) de l'identité légale : il démantèle radicalement tout principe d'identité personnelle, en y substituant une signature anonyme potentiellement collective, et toujours inclusive. L'individu n'est plus conçu comme un faisceau de propriétés, mais est défini uniquement dans l'agir, par la série de gestes qui signent son inscription dans l'espace commun, et qui par contagion transforment cet espace en terrain de jeu.

L'application FlashInvaders accomplit l'instauration d'une communauté basée sur la participation, en intégrant le smartphone de l'utilisateur dans la conception même de l'œuvre d'art. Elle crée une communauté anonyme (ou plutôt pseudonyme) de participant·e·s, qui reçoit le geste anonyme de l'œuvre, et le contresigne, le ratifie, en affirmant l'existence d'un ailleurs partagé, d'un espace et d'un temps qui ne sont pas dédiés à la communication transparente, rapide et sans perte de messages en vue d'une maximisation de la performance du système, mais qui sont gratuits, « infantiles », humains et ludiques. « Flasher » un space invader redéfinit la communauté à la fois dans la rue et en ligne. L'application de géocatching renverse l'usage des technologies mobiles de la communication pour en faire un instrument de reterritorialisation d'un territoire que la généralisation de ces mêmes technologies avait contribué à réifier et avait transformé en un espace de passage, sans inscription. D'autre part, elle crée aussi une communauté en ligne, en rassemblant dans l'espace d'une même plateforme des joueurs du monde entier, individus uniques connectés en réseau à l'instar des figurines qu'ils traquent. Ainsi, l'œuvre d'Invader, qui multiplie les exemples de pratique anonyme participative, propose une articulation de la ville à la fois en tant qu'espace physique et numérique, une définition qui étend les limites de l'espace urbain sans assujettir les humains à l'impératif cybernétique de l'efficience. Elle se réapproprie la ville comme un espace libre de jeu, où l'espace et le temps ne sont pas gagnés ou

---

100 *L'invasion de Paris 1.2*, p. 31.

perdus, mais vécus, gratuitement, non pas appropriés, mais résolument *communs*.

La démarche artistique et ludique anonyme d'Invader rejoint donc les jeux de masques intermédiaux de Cojo sur ce point : par le recours à une « virtualité » entendue à la fois comme circonstance médiale et comme plan de référence imaginaire, ces artistes éventrent le plan de la réalité fonctionnelle, où chaque chose et chaque personne ont leur place et leur trajectoire assignées selon un réseau rigide de noms propres, pour y ouvrir des espaces de circulation désirante transindividuelle, espaces de partage et de lien étrangers aux catégories de l'identité personnelle qui régulent les articulations adultes (d'aucuns diraient bourgeoises). Chez l'un comme chez l'autre, ce noyautage ludique, direct ou indirect, des formes réticulées et virtuelles de la sociabilité contemporaine, s'inscrit dans une résistance contre ces voies préétablies de la formation identitaire et politique, que la révolution des nouvelles technologies de l'information et de la communication a pour effet pervers de rendre chaque jour un peu moins nombreuses et un peu plus rigides. La numérisation de la vie sociale a en effet induit un passage d'un primat de l'ancrage référentiel physique du nom propre, qui identifie la personne qui le porte, à une simple fonction de cheville permettant l'articulation de diverses traces autour d'un nœud fixe. Le nom propre garantit l'identité de son référent dans le monde physique et en ligne – il est devenu, ni plus ni moins, l'hyperlien qui garantit l'embrayage du réseau dit virtuel sur le monde physique, permet le positionnement de l'individu en tant que nœud de communication au sein des arborescences. Le nom propre chapeaute un profil, plateforme individuelle archivant un répertoire de comportements définis essentiellement par les interactions et connexions avec d'autres profils. En cela, son fonctionnement à l'articulation de la désignation et de la signification ne diffère en rien du fonctionnement usuel que nous lui avons attribué précédemment. Le nom propre ne fait qu'accomplir sa fonction de charnière en se voyant adjoindre la sphère « virtuelle » aux media usuels de signification du référent *in absentia*. La trace numérique du passage, dessinant comme une collection de soi-même par l'individu à travers le temps et faisant office de « preuves d'existence » (pour citer Édouard Levé), si elle redouble l'expérience vécue d'une composante qui la numérise, ne permet pas plus de totalisation subjective garante d'une permanence de l'identité singulière dans une proximité de soi à soi. Jamais sans doute ce que Derrida nommait la « métaphysique de la présence », et son corollaire de « métaphysique du propre », n'aura été plus visible que par l'illustration en ligne de cette séparation de l'individu et de son nom auquel continuellement viennent s'attacher de nouveaux attributs et de nouvelles significations qui demeurent enregistrées, étales, témoins d'énonciations mortes[101]. La personne cède la place au profil[102]. On passe d'un primat de la référence physique à un primat des signes. Au contraire, les œuvres de Cojo comme d'Invader, le premier noyautant, le second virusant ces constructions réticulaires hégémoniques, réinscrivent la corporéité au sein de l'hégémonie fonctionnaliste de réseaux désincarnés, en un geste de liberté individuelle et collective. Piratant l'espace et les connexions satellitaires pour se brancher directement à l'expérience désirante polymorphe et erratique d'une enfance qui ne passe pas, ils affirment au cœur de la réalité la résistance d'un espace tiers. Là, on peut librement essayer des identités sans se figer dans aucune, s'identifier, non pas au sens narcissique d'un repli sur le même, mais au contraire au sens d'une illimitation de soi par ouverture à l'autre. Le détour de la pseudonymie et de l'anonymat permet de déposer l'identité civile, de se dégager du réseau de places et d'obligations où le nom propre assigne le sujet, pour se brancher à un espace proprement *commun*, et proposer une réinvention profonde de ce qu'est l'identité personnelle et collective – une réinvention jamais figée mais toujours exploratoire et en devenir.

•••

N'est-ce pas précisément vers une telle enfance que l'ensemble des œuvres ici considérées ne cesse de pointer, derrière la dérisoire stabilité des noms propres qu'elles s'attachent à mettre en échec ?

---

101   Le profil, devant garantir l'unité et l'essentielle singularité de l'individu, est non seulement manifestement détaché de son porteur (on pense aux cas des utilisateurs de Facebook après leur décès et de la continuation des notifications les concernant même après leur mort), mais ne prend sens que de manière relationnelle, et par les traces qu'il laisse de ces relations.

102   Comme l'explique Louise Merzeau dans un article dédié à « La médiation identitaire » : « L'identité qui sert désormais de référent pour toutes les transactions ne peut se maintenir dans ses contours anciens. Les règles qui rapportaient la personne à une unité, une permanence ou une volonté volent en éclat, sous la double poussée d'une émancipation et d'une conversion machinique. Constamment sollicité, traqué, indexé, notre double numérique est livré au jeu dynamique des échanges et des modélisations. Pour tailler les messages sur mesure, les systèmes d'information doivent traiter la personne avant de traiter les contenus. Dans les sites marchands, les moteurs de recherche, les réseaux sociaux, l'individu est donc traduit en *profil*, c'est-à-dire en grappes de données calculables par des machines. » L. Merzeau, « La médiation identitaire », in *La théorie des industries culturelles (et informationnelles), composante des SIC*, éd. Bernard Miège, *Revue Française des Sciences de l'information et de la communication* (2012.1), <http://rfsic.revues.org/193>, accès le 21 mars 2019.

Beckett, Levé, Cojo et Invader mettent en évidence dans leurs œuvres la fonction logique et conventionnelle du nom propre au sein de divers réseaux, attestant ainsi de son rôle indispensable dans l'orientation spatio-temporelle garante d'une compréhension continue du réel, et plus fondamentalement de sa fonction structurante dans la permanence identitaire, autre pierre angulaire de cette continuité. Évidant cette assise minimale, chacun interroge la fabrique d'autres réalités possibles : Beckett attaque l'unité et la stabilité subjectives en montrant que le nom propre est à la fois l'index et le masque d'une singularité à jamais inaccessible, « innommable », qui toujours menace de déstabiliser la réalité ; Levé capture le moment où affleurent plusieurs potentialités, dont seulement une s'actualisera pour former la réalité, laissant ainsi dans l'ombre de l'inaccompli une myriade de virtualités ; Cojo provoque le brouillage des relations pronominales et l'indistinction d'espaces multipliés pour illimiter les réalités et les identités possibles, toujours en devenir ; Invader, à travers un geste anonyme qui met paradoxalement en lumière la structuration nominale de la réalité, questionne la place de l'individu dans l'espace réticulaire tant urbain que médiatique pour proposer un partage alternatif du sensible. Ces œuvres créent, par le détour de la fiction, des réalités pseudonymes, où s'explore et se révèle l'expérience d'un double dessaisissement. Un premier dessaisissement, qu'on pourrait qualifier d'extrinsèque, s'effectue sous l'influence d'évolutions technologiques et médiales : l'accélération des vitesses de communication, encore accrue par les technologies mobiles, dépasse les seuils de perception et de compréhension du cerveau humain, et contribue à la standardisation de ce qui s'échange, à des fins d'efficacité. À l'heure où le terme de « singularité » peut également, dans une acception nouvelle, désigner l'intelligence artificielle, ce dessaisissement met en question la centralité humaine. Mais toutes les œuvres indiquent également, par une patiente écoute qui s'opère à travers le travail du nom propre, un autre dessaisissement : celui du sujet humain excédé par une ineffable, mutique et absolue rémanence, trace d'une extériorité absolue et constitutive. En deçà des articulations qu'ils permettent et des représentations qu'ils structurent, les noms propres, chez ces auteurs, semblent toujours, en dernière analyse, comme des portails ouvrant sur une réalité plus essentielle quoiqu'irreprésentable, inarticulée, innommable, nappe étrangère au creux de la réalité, mais qui toujours échappe : le résidu absolu et inouï d'une enfance qui ne passe pas.

Bien sûr, le nom propre, qui garantit la permanence identitaire tout au long de la vie, indique nécessairement une continuité logique avec une enfance biographique des auteurs, de leurs personnages ou de leur public. Mais au-delà d'une époque de la vie, c'est bien cette « misère intraitable », que Lyotard nomme tantôt *infantia*, tantôt âme ou affect, qui semble aussi en jeu chez ces auteurs lorsqu'ils traquent l'innommable tapi derrière le nom : misère qui, quand elle se fait sentir dans le discours adulte, le perturbe, le perfore, le dissout. Ainsi par exemple, chez Beckett, de l'adulte May dont la subjectivité s'effrite jusqu'à la plus absolue confusion à l'évocation de son *alter ego* l'enfant Amy dans *Pas* ; ou encore de la persistance de « la chose » intraitable dans le discours du pauvre Fox, personnage de *Pochade radiophonique*, dont le nom amputé renvoie, à travers les méandres de la cryptonymie, à d'énigmatiques possibilités portées en soi comme un jumeau mort-né. Chez Cojo, chez Invader, le monde de l'enfance (à travers le jeu, la passion de jeunesse) est le prétexte d'un commun réinvesti, un commun qui n'est pas communicable mais qui apparaît dans la friction de singularités en-deçà de l'échange discursif – ces singularités ne se font jour que sur le fond préalable d'un renoncement à la propriété référentielle et à l'organisation communicationnelle, qui cède le pas à la traversée de principes trans-individuels fidèles à une enfance pourtant inaccessible et primordiale. Au-delà du rêve enfantin d'un ailleurs merveilleux, articulé dans des jeux ou instancié dans des figures héroïques qui sont autant de supports d'identification, à travers ce rêve même, ces œuvres renvoient de manière énigmatique à une inarticulation infantile antérieure à tout sujet, qui survivant au cœur du sujet à son insu. Chez Levé, enfin, c'est l' « enfance » du réel qui est capturée dans le moment de sa germination, à l'affleurement où le nom propre présente l'énigme d'une multiplicité de devenirs possibles à l'état naissant, mais dont tous à l'exception d'un seul seront avortés. Une fois percée à jour l'illusion de sa transparence logique, le nom propre désigne le lieu d'une énigme : son opacité assigne à l'artiste la tâche d'un nécessaire quoiqu'impossible déchiffrement, dont le procès fait l'œuvre.

CHAPITRE 4

Coda – Réalités silencieuses

> « Les morts disparaissent [...] [L]eur corps échappe au nôtre, et devient quoi ? on ne sait pas, il n'y a plus de mots non plus – des noms, oui, sur les tombes les morts gardent leur nom, on le grave dans le marbre et ça reste longtemps, les morts durent dans leur nom – leur nom, fossile pas difficile à dater dans les cimetières déserts, la vie se retire en laissant des noms, mais des mots non, il n'y a plus de mots pour les morts, les mots disparaissent en même temps que le corps qu'ils nommaient, ou juste après, juste après cadavre, après dépouille, après restes, os, reliques, squelette, il n'y a plus de mots, c'est innommable, cette houille, ça n'existe plus dans la langue »
>
> CAMILLE LAURENS[1]

∴

Ce parcours au fil des mécanismes référentiels du nom propre a permis d'observer divers phénomènes de déstabilisation de la réalité, révélant dans le même mouvement qu'elle procède de l'articulation, autour de la charnière du nom propre, d'opérations de désignation et de signification au sein d'un genre de discours cognitif. Aussi bien pourrait-on, au moment de clore ce parcours, esquisser une possible palinodie, en renvoyant notamment à tout un pan de la pensée et de la création contemporaines qui, plutôt qu'au détricotage de la supposée transparence de la réalité, s'attache à évoquer la réalité de faits historiques méconnus, d'actualités passées sous silence, de vies invisibilisées. En rattachant à des noms propres les empreintes d'un passage et d'un pâtir, pour restituer à ces noms l'épaisseur en creux des corps qui les ont habités un temps avant que la violence d'une condition sociale, d'une circonstance historique, d'une idéologie, ne les réduisent au silence et à l'oubli, ces œuvres témoignent du tort infligé à ces vies. Nous l'évoquions en introduction, le nom propre, parce qu'il a la capacité d'attirer une multiplicité de genres de discours hétérogènes relatifs au référent qu'il désigne, est le siège du différend, que Lyotard

---

1 Camille Laurens, *Cet absent-là*. Figures de Rémi Vinet, Paris : Gallimard, coll. Folio [Léo Scheer], 2004, p. 92-93.

définit comme un conflit entre deux parties dont les moyens d'articulation sont radicalement hétérogènes, en sorte que (au contraire d'un simple litige) il n'y a pas de règle commune qui permettrait trancher équitablement entre les deux. Le nom propre ancre le différend au cœur de la réalité. Le sujet qu'il désigne peut être invisibilisé dans la trame d'un genre de discours qui n'est pas le sien, dans lequel il ne peut pas apporter la preuve du tort qu'il a subi, discours qui le prend néanmoins pour objet – le privant des moyens de prouver qu'il a subi un tort dans le même moment où il l'objectifie en s'accaparant les moyens de délivrer un discours de vérité à son sujet[2]. Mais c'est aussi pour cette raison que le nom propre est le point d'appui où les torts peuvent, sinon être redressés, du moins être adressés. Le nom propre serait la pierre de touche où essayer son témoignage, lorsqu'il s'agit de témoigner du différend, l'ancrage minime où arrimer les traces des anonymes qui n'étaient pas destinés à rester dans l'histoire.

Quand les morts disparaissent, nous dit Camille Laurens, les corps et les mots s'effacent, il n'en reste plus que le nom, privé de référent et séparé du sens. Le nom : marque ciselée sur une pierre tombale, nom inscrit au registre des naissances et des morts, preuve désaffectée, scellée dans l'archive, que les morts ont existé. Dominique Viart, notant cette tendance archéologique de la littérature contemporaine, montre que c'est par l'effacement du nom que Claude Simon et Christian Boltanski, émancipant le sens d'une circonscription référentielle sinon trop précise, transforment le banal quotidien déposé dans l'archive en tragédie historique[3]. Mais inversement, la mise en avant du nom propre peut donner corps à la tragédie historique, ou plus simplement à la communauté d'un destin socio-historique, à travers la singularité d'une existence banale : ainsi Pierre Michon narrant les *Vies minuscules* d'anonymes du Limousin, ainsi Patrick Modiano sur les traces de *Dora Bruder*. L'art et la littérature contemporains seraient à leur tour, à l'instar de l'historienne Arlette Farge, saisis par le « goût de l'archive[4] ». Mais que peut la littérature que l'histoire ne peut pas ? Et en quoi ceci aurait-il à voir avec le nom propre ?

Imaginant compiler une petite anthologie des *Vies des hommes infâmes*, fous ou marginaux dont les motifs d'enfermement à l'âge classique ont été consignés dans les archives d'un dispositif d'internement ou de police, Michel Foucault remarquait que « toutes ces vies qui étaient destinées à passer au-dessous et à disparaître sans avoir jamais été dites n'ont pu laisser de traces

---

2 *Cf. D*, §92.
3 Dominique Viart, « Tout, *sauf le nom*. Poétique et plastique des noms propres : Claude Simon et Christian Boltanski », in Y. Baudelle et E. Nardout-Lafarge, *Nom propre et écritures de soi*, Montréal : Presses de l'Université de Montréal, 2011, pp. 103-120 ici p. 111, 113 et 114.
4 Arlette Farge, *Le goût de l'archive*, Paris : Seuil, 1997.

– brèves, incisives, énigmatiques souvent – qu'au point de leur contact instantané avec le pouvoir[5] ». Là est sans doute la difficulté éthique de l'histoire comme de l'art en quête d'archive : si le dispositif de l'archive – état civil, registres d'internement ou d'administration des camps – participe du dispositif de pouvoir et de violence qui a réduit une vie au silence, si surtout il participe du dispositif de déshumanisation et/ou d'extermination qui a nié la réalité de cette vie et jusqu'aux traces de son extermination, comment produire à partir de l'archive (quand elle existe) un témoignage qui ne reproduise pas l'objectification par laquelle ce nom s'est trouvé archivé ?

L'historienne et théoricienne de la littérature afro-américaine Saidiya Hartman soulève ce problème dans un article intitulé « Venus en deux actes » (« *Venus in Two Acts*[6] »). Partant de l'exemple particulier d'une jeune fille nommée Venus, assassinée par un capitaine de négrier en même temps qu'une autre jeune fille anonyme, Hartman s'en écarte aussitôt : car quel que soit le nom de ce cas pris dans l'archive de la traite négrière (ici celle d'un tribunal de commerce), quel que soit le lieu de sa torture, « son destin est celui de toutes les Vénus noires : personne ne s'est souvenu de son nom ni n'a enregistré ses paroles, ou encore n'a remarqué qu'elle refusait de dire quoi que ce soit[7]. » Elle n'a d'histoire que l'échec de ce témoignage. Comment rendre compte d'une vie dont la seule trace repose dans l'archive participant du système d'abjection qui a conduit à sa mise à mort ? Pour répondre à ce problème touchant à l'éthique de la représentation historique, Saidiya Hartman propose une méthode en « deux actes », ou en deux temps. Le premier consiste, fidèlement à la méthode d'établissement de la réalité historique, à exposer, à la manière du cercueil ouvert d'Emmett Till, le scandale de l'archive, à exhiber les rouages de l'horreur par laquelle ces vies sont entrées dans l'histoire. Le second temps consisterait à refuser de représenter la scène de l'abjection, à soustraire Venus à la titillation voyeuriste morbide indissociable du récit de sa vie mortifiée, mais à l'inscrire dans un autre mode de récit généré à partir de l'archive selon une méthode de « fabulation critique » (*critical fabulation*[8]), c'est-à-dire secondant la recherche historique par une dimension fictionnelle visant non pas à donner voix aux esclaves, mais plutôt à imaginer ce qui ne peut être attesté et résistera toujours à être dit, à donner sens aux voix silencieuses des esclaves

---

5 Michel Foucault, « La Vie des hommes infâmes », *Cahiers du chemin*, n° 29, janvier 1977, pp. 12-29 ; repris dans *Dits et écrits II*, Paris : Gallimard, 1994, p. 237-253.
6 Saidiya Hartman, « Venus in two acts », *Small Axe* n°26, vol. 12.2 (juin 2008), p. 1-14.
7 *Ibid.*, « Hers is the same fate as every other Black Venus: no one remembered her name or recorded the things she said, or observed that she refused to say anything at all. », p. 2 (ma traduction).
8 *Ibid.*, p. 11.

absentes de l'archive de la traite transatlantique. Hartman conclut son article sur un constat d'échec : quel que soit le genre de son récit, quel que soit le type de description qu'elle attache au nom de Vénus, son discours n'en finit pas de reconduire la violence en infligeant à la jeune fille par-delà les siècles le poids d'une nouvelle exigence : celle que sa vie soit instructive, utile[9]. Resterait alors la reconnaissance, au sortir de cette rencontre quelque part dans l'archive, d'une inéluctable incomplétude : resterait à endosser soi-même cette béance essentielle dont la trace se perpétue dans le présent[10].

Ce scrupule de l'impossible justesse de la représentation habite également Camille Laurens, qui, dans *La Petite danseuse de quatorze ans*, part à la rencontre du jeune modèle qui a posé pour Degas pour la sculpture du même titre – jeune fille dont le roman s'ouvre en notant qu'elle est une illustre anonyme : « Elle est célèbre dans le monde entier mais combien connaissent son nom ? On peut admirer sa silhouette à Washington, Paris, Londres, New York, Dresde ou Copenhague, mais où est sa tombe ? On ne sait que son âge, quatorze ans, et le travail qu'elle faisait, car c'était déjà un travail, à cet âge où nos enfants vont à l'école[11]. » La jeune Marie van Goethem, fille d'immigrés belges d'extraction populaire, fait partie d'une classe invisible oubliée de la postérité. Si l'éternité l'a changée, ce n'est pas telle qu'en elle-même, mais en tant qu'empreinte d'un corps dépossédé de son nom et de ses traits, en tant que matière première transfigurée par le génie, en tant qu'objet d'un discours tenu sur elle selon des règles par elle inconnues (a-t-elle jamais vu sa sculpture ?). Après une enquête nourrie sur la réception de l'œuvre, sur les biographies respectives de la jeune fille et du peintre, enrichie de documentation sur les conditions de vie abominables des petits rats à la fin du 19ème siècle, prolétaires de l'opéra exposées par des familles miséreuses à la lubricité des abonnés, Camille Laurens avoue un sentiment d'échec : « J'ai le remords d'avoir traité *de* Marie comme d'un objet – un simple objet d'étude, aussi truffé d'anecdotes que la statuette de bric-à-brac, mais sans le génie dont elle est digne. D'elle, du réel d'elle, je n'ai rien dit, rien montré, je ne sais rien[12]. » Or l'archive d'état civil, où l'auteure espère puiser de quoi « montrer » et « dire » la réalité de la jeune fille, ne remédiera pas à ce remords, ne comblera nul défaut d'information (puisque

---

9 *Ibid.*, p. 13.
10 *Cf. ibid.* p. 14 : « we too emerge from the encounter with a sense of incompleteness and with the recognition that some part of the self is missing as a consequence of this engagement. »
11 Camille Laurens, *La Petite danseuse de quatorze ans*, Paris : Gallimard, coll. Folio [Stock], 2017, p. 13.
12 *Ibid.*, p. 123. Le bric-à-brac fait ici référence aux menus objets hétéroclites dont Degas a fait le squelette de sa statuette de cire.

rien ou presque n'y est consigné), nulle carence d'authenticité ou de singularité – elle n'y est au contraire qu'une fille d'immigrés belges parmi des centaines d'autres. L'archive n'a pas consigné le « génie », l' « âme » de cette jeune fille, que toujours tout récit manquera, qu'il soit historique ou littéraire. A défaut d'une possible présentation, que reste-t-il sinon le deuil de la présence ? À défaut d'une représentation juste, que reste-t-il, hors l'inconcevable invention, sinon le récit qui témoigne de la résonance en soi de son absence ?

Dans les dernières pages de son enquête, l'auteure passe à une modalité narrative confessionnelle, proche de ses récits autofictionnels, ainsi qu'à une adresse directe au personnage, et clôture le livre en évoquant un projet de sculpture funéraire que Jacques-Emile Blanche rapporte avoir vu dans l'atelier de Degas. Camille Laurens cite la description qu'il en fait :

> « Une petite fille à moitié couchée dans un cercueil mange des fruits ; à côté, un banc où la famille de l'enfant pourra venir pleurer (car c'est un tombeau). »
> Je suis assise sur ce banc, Marie. C'est de là que je t'écris[13].

En inscrivant sa propre présence familière dans le sillage de l'existence de Marie van Goethem, Camille Laurens semble inventer une modalité narrative proche de la fabulation critique imaginée par Saidiya Hartman. Il s'agirait là aussi, recueillant dans l'archive la trace d'un nom propre au référent et aux sens à jamais disparus, de se laisser habiter par le creux fantomatique aux contours indécis d'une absence dont le nom est l'index. Se laisser habiter, ou plutôt, pour revenir au vocabulaire lyotardien, se faire le destinataire d'un silence qui est un signe : signe que quelque chose échappe au régime cognitif de la signification mais demande à être phrasé, signe qui « situ[e le destinataire] comme quelqu'un qui est affecté », et qui, situant également le sens comme « un problème non résolu, une énigme peut-être, un mystère[14] », appelle des phrases inconnues : « Il faut beaucoup chercher pour trouver les nouvelles règles de formation et d'enchaînement de phrases capables d'exprimer le différend que trahit le sentiment [...]. C'est l'enjeu d'une littérature, d'une philosophie, peut-être d'une politique, de témoigner des différends en leur trouvant des idiomes[15]. » Écrire, pour l'auteure, pour le militant, serait d'abord prêter l'oreille à un silence qui affecte, à ce qui, échappant aux procédures de validation du genre cognitif,

---

13   *Ibid.*, p. 161. La référence à la correspondance de Jacques-Emile Blanche est tirée d'Anne Pingeot et Franck Horvat, *Degas. Sculptures*, Paris : Imprimerie nationale, 1991, p. 188.
14   *D*, §93.
15   *D*, §22.

signale néanmoins qu'il y a à phraser. Dette incompressible ressentie envers un silence inénarrable, sauf à à l'inscrire au cœur du récit comme trace du sentiment trahissant ces phrases en souffrance, inaccessible au genre de discours dans lequel s'établit la réalité historique, sauf à inventer des modalités d'enchaînement inédites. C'est bien un enchaînement novateur qu'invente Camille Laurens avec la formule qui clôture *La Petite danseuse*. « C'est de là que je t'écris » : par cette phrase, l'auteure atteste avoir été affectée, avoir reçu le signe silencieux de l'énigmatique « reste à phraser » planant autour du nom de Marie van Goethem, et, s'en constituant destinataire, y enchaîne un genre de discours dont le but n'est plus de connaître la vérité historique, mais de dialoguer. Cette ouverture d'un dialogue impossible crée un univers de phrase qui extrait « Marie » de la position d'éternel référent du discours, à laquelle l'histoire l'a réduite, pour lui restituer virtuellement, par le jeu du dialogue dont la règle est l'alternance des locutrices aux positions « je » et « tu », la position de destinatrice de ses propres phrases. Ce passage au dialogue, qui suggère une possible résorption – *postmortem*, donc illusoire – du différend en litige, si elle ne réparera jamais le tort réel, propose du moins une issue possible à l'errance fantomatique des phrases en souffrance.

Or cette formulation, par laquelle l'auteure, inscrivant virtuellement l'existence d'une personne disparue dans une structure d'adresse directe par laquelle elle la façonne également comme un personnage (par la syllepse pronominale « je *t*'écris »), résonne de manière particulièrement frappante avec la conclusion du livre de deuil écrit par Camille Laurens suite au décès, quelques heures après sa naissance, de son fils Philippe en 1994, récit qui se termine par ces mots :

> je crie pour que tu cries, j'écris pour que tu vives. Ci-gît Philippe Mézières. Ce qu'aucune réalité ne pourra jamais faire, les mots le peuvent. Philippe est mort, vive Philippe. Pleurez, vous qui lisez, pleurez : que vos larmes le tirent du néant[16].

On touche ici au cœur de ce que Camille Laurens définit comme une scène originaire de son écriture et de son passage au pronom « je », à l'écriture de soi. C'est que « je », pronom de l'intimité et des lettres d'amour, est aussi le pronom de l'adresse – et si le petit mort ne deviendra jamais « je » s'adressant en retour, du moins la réalité de son existence est-elle virtuellement attestée, nichée en négatif dans le « je » maternel, dont l'écriture se perpétue dès lors comme un appel intransitif. Comme dans la scène de deuil qui clôt *La Petite danseuse de*

---

16   Camille Laurens, *Philippe*, Paris : Gallimard, coll. Folio, 2011 [P.O.L, 1995], p. 81.

quatorze ans, l'auteure évoque une forme de survie virtuelle par l'écriture du personnage réel disparu. Si elle se rattache au présent par l'intermédiaire du « je » qui l'énonce, cette survie ne saurait toutefois s'articuler que sous une modalité hypothétique : ce qu'aurait pu être et devenir Marie van Goethem si elle était née sous d'autres auspices, ce qu'aurait pu devenir Philippe s'il n'était pas mort sitôt que d'être né. Dans un cas comme dans l'autre (quoi qu'à des degrés de proximité divers) le nom propre du disparu est le point d'ancrage d'un deuil du possible. En effet :

> Peu importe l'âge auquel meurt un enfant : si le passé est court, demain est sans limites. Nous portons le deuil le plus noir, celui du possible ; Tous les parents pleurent les mêmes larmes : ils ont des souvenirs d'avenir[17].

La vie s'arrête et le nom reste, et avec lui toutes les phrases possibles relatives à une existence à venir qu'on y avait attachées, flottant désormais à son entour comme des virtualités mortes, dont il faut faire le deuil. On touche ici à la découverte de cette modalité tragique d'une forme de survie au conditionnel passé, dont nous avons vu qu'elle était également imaginée par Édouard Levé. Cette modalité hypothétique va de pair avec l'idée d'un nivellement de l'actuel et du virtuel, énoncé dans *Philippe,* dans des termes là encore tout à fait similaires à ceux conçus par Édouard Levé quelque vingt ans plus tard : celle que « peu importe la durée de la vie, que, même, peu importe son effective réalité ; il suffit qu'on l'ait imaginée. » Une fois imaginée une mise en scène de théâtre, une fois conçue la trame d'un roman, « à quoi bon *monter* la pièce, *rédiger* le livre, *vivre* la vie[18]? » Entre l'œuvre idéale et l'œuvre réalisée, entre la vie potentielle et la vie vécue, n'existerait somme toute qu'une différence de degré de réalisation, d'extériorisation : voilà une idée qui ne saurait être une consolation tolérable pour qui perd un enfant, mais qui semble faire sourdement son chemin pour venir nourrir l'émergence d'une pratique autofictionnelle. Car si l'idée d'une coexistence avec la réalité de plans alternatifs d'existence virtuelle accroît cruellement la douleur du parent en multipliant à l'infini les potentialités existentielles dont elle devra faire le deuil, elle inaugure aussi la pratique d'une écriture de soi comme écriture de potentialités. Ce qui semble se jouer dans cette scène originaire de l'écriture de la mort du fils, c'est la mise en place d'un principe d'écriture reposant sur la coexistence, au creux du nom, du virtuel et de l'actuel.

---

17   *Ibid.*, p. 68.
18   *Ibid.*, p. 19.

Si Édouard Levé orchestre paradoxalement son suicide comme un « inachèvement » ouvrant son existence à un fourmillement de potentialités au conditionnel passé, c'est par le biais de l'autofiction que Camille Laurens (qui évoque dans *Romance nerveuse* le suicide et l'art du trouble identitaire de cet écrivain qu'elle connaissait[19]) s'inventera des possibles – explorant certaines facettes de sa personnalité et multipliant les jeux de masques jusqu'à multiplier de manière vertigineuse les plans de réalité dans ses textes autofictionnels les plus récents. Dans cette écriture autofictionnelle comme dans l'écriture la plus factuelle, le nom propre joue un rôle crucial de pivot, désignant des facettes de la personnalité, créant des mondes de référence, ouvrant des fenêtres intertextuelles, signalant une cryptonymie[20]. Ainsi Camille Laurens, nommée Laurence Ruel à l'état civil, évoque-t-elle dans *Romance nerveuse* sa traversée de la rupture avec son éditeur P.O.L en se mettant en scène dialoguant dans sa tête avec « Ruel », instanciation surmoïque décidément plus raisonnable et intransigeante que l'amoureuse Camille. C'est également par des jeux de masques nominaux que l'auteure brouille les pistes dans *Celle que vous croyez*, où un personnage se crée sur Facebook une autre identité pour séduire un homme plus jeune qu'elle, avant que ce premier récit ne soit révélé comme la transposition sous des identités fictives d'une expérience vécue par le « je » autofictionnel qu'on identifie à Camille Laurens jusqu'à un ultime retournement, à la dernière ligne, où le doute plane à nouveau sur l'identité de cette héroïne romancière : « Camille… Morand, quelque chose comme ça[21]. » Comme chez Renaud Cojo, l'identité s'essaie et s'invente au gré des noms propres – noms réels, noms d'emprunts, pseudonymes – qui ouvrent autant de mondes possibles, de virtualités existentielles coexistant avec la réalité en un feuilletage de plans.

Le nom propre est donc tantôt l'index du réel le plus extrême, tantôt le portail ouvrant sur la plus pure des fictions. Or l'exactitude factuelle et affectuelle due au souvenir des morts (explorée par Camille Laurens dans *Philippe*, dans *Cet absent-là,* dans *La Petite danseuse de quatorze ans*) et les fictions de masques au gré desquels le soi s'invente à mesure qu'il s'écrit (dans sa prose

---

19 Camille Laurens, *Romance nerveuse*, Paris : Gallimard, coll. Folio, 2010, p. 116. Page 209, le texte adopte une forme narrative identique à *Suicide* (adresse directe au personnage à l'imparfait de l'indicatif) pour évoquer le fait que ce personnage ne se reconnaît pas bien dans le miroir (*cf. supra* p. 108-109 sur la question de la spécularité chez Édouard Levé) – deux éléments qui incitent à voir dans ce passage un hommage intertextuel.
20 Sur ces deux derniers aspects, voir Jutta Fortin, *Camille Laurens, le kaléidoscope d'une écriture hantée*, Lille : Presses Universitaires du Septentrion, 2017 (en particulier section III. 4 « Le jeu avec les noms propres »).
21 Camille Laurens, *Celle que vous croyez*, Paris : Gallimard, Folio, 2016, p. 211.

autofictionnelle) ne s'opposent pas comme deux domaines essentiellement séparés, mais bien au contraire communiquent, comme deux aspects unis en profondeur par un même principe : ce fait que le nom propre articule la réalité tout en maintenant une myriade de virtualités alternatives en position de possibles, propriété qui permet à la factualité la plus brute et monumentale de s'ouvrir sur un fourmillement de virtualités, et de mener à une pratique d'écriture, l'autofiction, qui fait inversement de l'exploration de la virtualité le gage d'une factualité plus vraie, révélant ce que tout récit, toute mise en scène de soi, doit à la fiction et ses procédés narratifs[22].

Voici donc que la palinodie, qui devait opposer au travail du nom propre par la fiction le rôle de ce même nom dans l'établissement de la réalité historique, confirme plutôt que ces deux dimensions sont deux faces d'un même mécanisme d'articulation du nom propre. Voir que le nom propre attire, à propos d'un référent, une infinité de phrases obéissant à des régimes hétérogènes, permet de décrire et de comprendre comment factualité et fiction peuvent avoir des enjeux clairement distincts dans des genres de discours spécifiques tout en s'imbriquant et s'impliquant parfois mutuellement. Cela permet d'émanciper la réalité et l'identité de carcans discursifs présentés comme des faits de nature, mais aussi de repérer les endroits où la fiction, ou quelque hégémonie de discours, se substitue indûment à la réalité, où l'approprie à ses propres fins. Cela permet enfin de connaître les virtualités non-advenues dont la réalité se creuse, d'accueillir les silences tapis sous les noms, d'écouter phraser leurs fantômes.

---

22   *Cf.* « Toute écriture de vérité déclenche les passions », Entretien de Camille Laurens et Annie Ernaux avec Raphaëlle Rérolle, initialement publié dans *Le Monde des livres*, le 3 février 2011, republié sur le site *Autofiction,* accès le 4 avril 2019, <http://www.autofiction.org/index.php?post%2F2011%2F02%2F03%2FCamille-Laurens-et-Annie-Ernaux>.

Bibliographie

Corpus

Beckett, Samuel. Lettre à Axel Kaun du 9 juillet 1937, dite « Lettre allemande ». In *Disjecta, Miscellaneous Writings and a Dramatic Fragment, édité par* Ruby Cohn, p. 51-54. New York : Grove Press, 1984.

Beckett, Samuel. « Les Deux Besoins ». In *Disjecta, Miscellaneous Writings and a Dramatic Fragment, édité par* Ruby Cohn, 55-57. New York : Grove Press, 1984, [écrit 1938].

Beckett, Samuel. « La peinture des van Velde ou le Monde et le Pantalon ». In *Disjecta, Miscellaneous Writings and a Dramatic Fragment, édité par* Ruby Cohn. New York : Grove Press, 1984, p. 118-132 [première parution dans *Les Cahiers d'art*, 1945-46].

Beckett, Samuel. « Peintres de l'Empêchement ». In *Disjecta, Miscellaneous Writings and a Dramatic Fragment, édité par* Ruby Cohn, 133-137. New York : Grove Press, 1984 [première parution in *Derrière le Miroir*, n°11-12, juin 1948].

Beckett, Samuel. *L'Innommable.* Paris : Minuit, 2004 [1953].

Beckett, Samuel. *La Dernière bande.* Paris : Minuit, 1959.

Beckett, Samuel. *Comédie et actes divers, Va-et-vient, Cascando, Paroles et musique, Dis Joe, Actes sans paroles I et II, Film, Souffle.* Paris : Minuit, 1972.

Beckett, Samuel. *Pour finir encore et autres foirades.* Paris : Minuit, 1976.

Beckett, Samuel. *Pas, suivi de Fragment de théâtre I et II – Pochade radiophonique – Esquisse radiophonique.* Paris : Minuit, 1978.

Beckett, Samuel. *Collected Shorter Plays of Samuel Beckett.* Londres : Faber and Faber, 1984.

Beckett, Samuel. « Rough for Radio II ». In *Samuel Beckett, The complete Dramatic Work*, 273-284. Londres : Faber and Faber, 1986.

Beckett, Samuel. *Compagnie.* Paris : Minuit, 1985.

Beckett, Samuel. *Quad et autres pièces pour la télévision.* Traduit de l'anglais par Edith Fournier. Paris : Minuit, 1992.

Beckett, Samuel. *Watt,* trad. Ludovic et Agnès Janvier en collaboration avec l'auteur, Paris, Minuit, 2007 [1968] ; [*Watt*, Paris, Olympia Press, 1953].

Cojo, Renaud. *...Et puis j'ai demandé à Christian de jouer l'intro de Ziggy Stardust.* Spectacle créé le 5 mars 2009 au Carré des Jalles à Saint-Médard-en-Jalles. Captation réalisée de la centième représentation (13 juillet 2008). Film.

Cojo, Renaud. *...Et puis j'ai demandé à Christian de jouer l'intro de Ziggy Stardust.* Descriptif et fiche technique. Accès 21 mars 2019. <http://www.ouvrelechien.com/archives/112.html>.

Cojo, Renaud. ...*Plus tard j'ai frémi au léger effet de réverbe sur « I feel like a group of one »* (*Suite empire*). Spectacle créé le 10 novembre 2010 au Carré des Jalles à Saint-Médard-en-Jalles. Descriptif et fiche technique. Accès 21 mars 2019. <http://www.ouvrelechien.com/archives/82.html>.

Cojo, Renaud. *Oeuvre/ Orgueil* (*Une Hypothèse de l'art. Performance/ Exposition*). Spectacle créé le 17 janvier 2013 au Carré des Jalles à Saint-Médard en Jalles. Descriptif et fiche technique. Accès 21 mars 2019. <http://www.ouvrelechien.com/archives/107.html>.

Cojo, Renaud. *Renaudcojo* (Blog). Accès 21 mars 2019. <https://renaudcojo.wordpress.com>.

Cojo, Renaud (avec Bruno Tackels). Entretien filmé, dans le cadre du festival « Hybrides », 3ème édition, Montpellier, 2011. Accès 21 mars 2019. <https://vimeo.com/25354795>.

Cojo, Renaud (avec Alain-Julien Rudefoucauld). Entretien filmé, février 2012. Bonus du DVD ...*Et puis j'ai demandé à Christian de jouer l'intro de Ziggy Stardust*.

Derrida, Jacques. *De la Grammatologie*. Paris : Minuit, coll. Critique, 1967.

Derrida, Jacques. *L'écriture et la différence*. Paris : Seuil, coll. Tel Quel, 1967.

Derrida, Jacques. *Marges de la philosophie*. Paris : Minuit, 1972.

Derrida, Jacques. *Otobiographies. L'enseignement de Nietzsche et la politique du nom propre*. Paris : Galilée, 2005 [1984].

Derrida, Jacques. *Signéponge*. Paris : Seuil, 1988.

Derrida, Jacques. *Psyché : Inventions de l'autre.* Paris : Galilée, 1998 [1987].

Derrida, Jacques. « Circonfession », in Geoffrey Bennington et Jacques Derrida, *Jacques Derrida*. Paris : Seuil, coll. Les Contemporains, 1991.

Derrida, Jacques. *Sauf le nom*. Paris : Galilée, 1993.

Invader. *L'invasion de Paris 1.2 : La Genèse*. Autopublication. 2009.

Invader. *L'invasion de Paris 2.0 : Proliferation*. Autopublication. 2012.

Invader. *1000*. Catalogue de l'exposition *1000*. Solo Show à La Générale et à la galerie Lefeuvre à Paris (03-31/06/2011). Paris : Edition Galerie Le Feuvre, 2011.

Invader. Site internet. Accès 21 mars 2019. <http://www.space-invaders.com>.

Invader. « Invaderwashere ». Compte Instagram. Accès 21 mars 2019. <https://www.instagram.com/invaderwashere/>.

Invader. « Space Invader : 'You own the city' ». Entretien, 29 Août 2013, *The Talks*. Accès 21 mars 2019. <http://the-talks.com/interviews/space-invader/>.

Invader. (avec J.D. Beauvallet). « Rencontre avec Invader, le héros du street-art ». 15 Juin 2011, *Les Inrockuptibles*. Accès 21 mars 2019. <http://www.lesinrocks.com/2011/06/15/actualite/societe/rencontre-avec-invader-le-heros-du-street-art-1114087/>.

Invader. (avec G4TV). « Graffiti Artist Space Invader ». G4 Videogame TV, mis en ligne le 4 Avril 2006. Accès 8 mars 2016. <http://www.g4tv.com/videos/10916/grafitti-artist-space-invader/>.

Laurens, Camille. *Philippe*. Paris : Gallimard, coll. Folio, 2011 [P.O.L, 1995].

Laurens, Camille. *Cet absent-là*. Figures de Rémi Vinet. Paris : Gallimard, coll. Folio [Léo Scheer], 2004.

Laurens, Camille. *Romance nerveuse*. Paris : Gallimard, coll. Folio, 2010.

Laurens, Camille. *Celle que vous croyez*. Paris : Gallimard, Folio, 2016.

Laurens, Camille. *La Petite danseuse de quatorze ans*. Paris : Gallimard, coll. Folio [Stock], 2017.

Levé, Édouard. *Transferts*. In Valérie Belin, Sarkis, Édouard Levé, Bernard Plossu, (collectif), *Images au Centre 04 – Photographie, vidéo & patrimoine*. Cherbourg : Le Point du Jour, 2004. Catalogue d'une exposition au Musée des Beaux-Arts de Tours.

Levé, Édouard. *Œuvres*. Paris : P.O.L, 2002.

Levé, Édouard. *Angoisse*. Editions Philéas Fogg, 2002.

Levé, Édouard. *Reconstitutions*. Editions Philéas Fogg, 2003.

Levé, Édouard. *Journal*. Paris : P.O.L, 2004.

Levé, Édouard. *Autoportrait*. Paris : P.O.L, 2005.

Levé, Édouard. *Fictions*. Paris : P.O.L, 2006

Levé, Édouard. *Amérique*. Paris : Éditions Léo Scheer, 2006, pas de pagination.

Levé, Édouard. *Suicide*. Paris : Gallimard, coll. Folio, 2009 [P.O.L, 2008].

Levé, Édouard. « Interview d'Édouard Levé par lui-même ». In *Angoisse/Reconstitutions*, 84-87. Paris : Editions Nicolas Chaudun, 2008.

Levé, Édouard (avec Yannick Vigouroux). « La langue iconique d'Édouard Levé. Entretien avec Édouard Levé en 2001 ». 2 décembre 2001. Mis en ligne 24 octobre 2007 in *Lacritique.org*, accès 21 mars 2019, <http://www.lacritique.org/article-la-langue-iconique-des-reves-d-edouard-leve>.

Levé, Édouard (avec Mathilde Villeneuve). « Edouard Levé ». *ParisArt*, 15 juin 2003, pas de pagination. Accès 21 mars 2019. <http://www.paris-art.com/interview-artiste/édouard-leve/edouard-leve/31.html#haut>.

Levé, Édouard (avec Michel Poivert). « Principe de reconstitution. Entretien avec Édouard Levé ». *Bulletin de la* SFP, 7e série, no. 18, avril 2004.

Lyotard, Jean-François. *Discours, Figure*. Paris : Klincksieck, 1971.

Lyotard, Jean-François. *Economie Libidinale*. Paris : Minuit, 1974.

Lyotard, Jean-François. *Des dispositifs pulsionnels*. Paris : Galilée, 1994 [UGE 1973].

Lyotard, Jean-François. « La Peinture comme dispositif libidinal ». In *Ecrits sur l'art contemporain et les artistes*, vol. IVa, édité par Herman Parret, 76-101. Louvain : Presses Universitaires de Louvain, 2012.

Lyotard, Jean-François. *La Condition postmoderne : rapport sur le savoir*. Paris : Minuit, 1979.

Lyotard, Jean-François. *Le Différend*. Paris : Minuit, 1983.

Lyotard, Jean-François. *Tombeau de l'intellectuel et autres papiers*. Paris : Galilée, 1984.

Lyotard, Jean-François. *Le Postmoderne expliqué aux enfants : correspondance, 1982-1985*. Paris : Galilée, 1986.

Lyotard, Jean-François. *L'Enthousiasme. La critique kantienne de l'histoire*. Paris : Le Livre de poche, 1995[Paris : Galilée, 1986].

Lyotard, Jean-François. *Heidegger et « les juifs »*. Paris : Galilée, 1986.

Lyotard, Jean-François. *L'inhumain : causeries sur le temps*. Paris : Galilée, 1988.

Lyotard, Jean-François. *Lectures d'enfance*. Paris : Galilée, 1991.

Lyotard, Jean-François. *Moralités postmodernes*. Paris : Galilée, 1993.

Lyotard, Jean-François. *Misère de la philosophie*. Paris : Galilée, 2000.

Lyotard, Jean-François. *Logique de Levinas*, édition établie par Paul Audi. Lagrasse : Verdier, 2015.

Lyotard, Jean-François (avec Niels Brügger). « Examen oral : Entretien avec Jean-François Lyotard ». In *Lyotard, Les Déplacements philosophiques*, édité par Niels Brügger, Finn Fransen et Dominique Pirotte, 137-154. Bruxelles : DeBoeck-Wesmael, 1993.

Littérature secondaire

Anzieu, Didier. *Beckett et le psychanalyste*. Paris : L'Aire / Archimbaud, 1994 [Mentha/ Archimbaud, 1992].

Arasse, Daniel. *Léonard de Vinci : le rythme du monde*. Paris : Hazan, 1997.

Artuk, Simone Luise. *La conscience dans le néant à la lumière de la problématique d'identité. Une étude sur « L'Innommable » de Samuel Beckett*. Bonn : Romanistischer Verlag, 1990.

Badiou, Alain. *Beckett, l'increvable désir*. Paris : Hachette, 1995.

Bair, Dierdre. *Samuel Beckett: A Biography*. Londres, New York : Harcourt Brace Jovanovich, 1978.

Bamford, Kiff. *Lyotard and the figural in Performance, Art and Writing*. Londres, New York : Continuum, 2012.

Barthes, Roland. « Le Message photographique ». *Communications*, n°1, (1961), p. 127-138.

Barthes, Roland. « La mort de l'auteur », in *Œuvres Complètes. Livres, Textes, Entretiens 1971-1968*, volumes III, nouvelle édition revue, corrigée et présentée par Eric Marty, Paris : Seuil, 2009, p. 40-46.

Barthes, Roland . « Proust et les noms », in *Le Degré zéro de l'écriture, suivi de Nouveaux essais critiques*. Paris : Seuil, coll. Points, 1972, p. 118-130.

Barthes, Roland. *La Chambre claire. Note sur la photographie*. Paris : Gallimard, coll. Cahiers du Cinéma, 1980.

Baudelle, Yves, et Elizabeth Nardout-Lafarge (dir.). *Nom propre et écritures de soi*. Montréal : Presses de l'Université de Montréal, 2011.

Baudrillard, Jean. *L'Échange symbolique et la mort*. Paris : Gallimard, 1976.

Baudrillard, Jean. *Pour une critique de l'économie politique du signe*. Paris : Gallimard, coll. Tel, 1972.

Baudrillard, Jean. *Simulacres et Simulation*. Paris : Galilée, 1981.

Baudrillard, Jean. *Le Crime parfait*. Paris : Galilée, 1995.

Beaujour, Michel. *Miroirs d'encre. Rhétorique de l'autoportrait*. Paris : Seuil, 1980.

Bennington, Geoffrey. *Lyotard : Writing the event*. New York : Columbia University Press, 1988.

Bennington, Geoffrey. *Late Lyotard*. Charleston : CreateSpace, 2005.

Bennington, Geoffrey. *Derridabase*. In *Derrida*, Geoffrey Bennington et Jacques Derrida. Paris : Seuil, 2008.

Benveniste, Émile. « De la subjectivité dans le langage ». In *Problèmes de linguistique générale 1*. Paris : Gallimard, 1966, p. 258-266.

Ben ZVI, Linda. *Samuel Beckett, Fritz Mauthner, and the Limits of Language*. PMLA 95, n°2 (Mars 1980).

Berthou Crestey, Muriel. « L'Esprit des lieux dans les photographies d'Edouard Levé ». *Le regard à Facettes. Carnet de recherches visuelles* (blog). 7 juin 2010. Accès 8 mars 2016. <http://culturevisuelle.org/regard/archives/94>.

Bident, Christophe. *Reconnaissance. Antelme, Blanchot, Deleuze*. Paris : Calman-Lévy, 2003.

Biet, Christian et Christophe Triau. *Qu'est-ce que le théâtre ?*. Paris : Gallimard, coll. Folio essais, 2006.

Bizub, Edward. *Beckett et Descartes dans l'Oeuf. Aux sources de l'œuvre beckettienne : de Whoroscope à Godot*. Paris : Classiques Garnier, 2012.

Blanchot, Maurice. *Le Livre à venir*. Paris : Gallimard, coll. Folio essais, 2005 [1959].

Bonnefis, Philippe. *L'Innommable. Essai sur l'œuvre d'E. Zola*. Paris : SEDES, 1984.

Bonnefis, Philippe et Alain Buisine (eds.). *La Chose capitale, Essais sur les noms de Barbey, Barthes, Bloy, Borel, Huysmans, Maupassant, Paulhan*. Lille : Presses Universitaires du Septentrion, 1981.

Borgès, Jose Luis. *Œuvres complètes, vol. 1*. Paris : Gallimard, coll. Bibliothèque de la Pléiade, 1993.

Bouyssi, Nicolas. *Esthétique du stéréotype. Essai sur Edouard Levé*. Paris : Puf, 2011.

Bowie, David. *The Rise and Fall from Ziggy Stardust and the Spiders from Mars*. Produit par David Bowie et Ken Scott. RCA Records. 1972.

Bowie, David. Entretien filmé avec MTV News, 1995. Mis en ligne sur le compte Youtube de MTV News le 13 janvier 2016. Accès 8 mars 2016. <https://www.youtube.com/watch?v=zri74q3HDDY>.

Burgelin, Claude. *Les Mals nommés. Duras, Leiris, Calet, Bove, Perec, Gary, et quelques autres*. Paris : Seuil, 2012.

Burgin, Victor. « The Location of Virtual Experience ». In *Little Madnesses. Winnicott, Transitional Phenomena and Cultural Experience*, édité par Annette Kuhn, p. 23-38. London, New York, I.B. Tauris, 2013.

Casanova, Pascale. *Beckett l'abstracteur. Anatomie d'une révolution littéraire*. Paris : Seuil, 1997.

Caselli, Daniela, Steven Connor et Laura Salisbury (éds.). *Other Becketts. Journal of Beckett Studies* 10/1-2. Talahassee : Florida State University, 2001.

Certeau, Michel de. *L'invention du quotidien. 1. Arts de faire*. Paris : Gallimard, coll. Folio Essais, 1990 [1980].

Cislaru, Georgeta. « Le pseudonyme, nom ou discours ? D'Étienne Platon à Oxyhre ». In *Le Nom propre en discours*, édité par Michelle Lecolle, Marie-Anne Paveau et Sandrine Reboul-Touré. Pas de pagination. *Les Carnet du Cediscor. Publication du Centre de recherches sur la didacticité des discours ordinaires*, n°11, 2009. Accès 8 mars 2016. <http://cediscor.revues.org/746>.

Clement, Bruno. *L'œuvre sans qualités. Rhétorique de Samuel Beckett*. Paris : Seuil, 1994.

Comité Invisible. *À nos amis*. Paris : La Fabrique, 2014.

Conant, Chloé. « Histoires d'images et de textes : les œuvres photo-fictionnelles de Sophie Calle et d'Édouard Levé ». In *Littérature et Photographie*, édité par Jean-Pierre Montier, Liliane Louvel, Danièle Méaux et Philippe Ortel, p. 361-372. Rennes : Presses Universitaires de Rennes, 2008.

Danysz, Magda, et Mary-Noëlle Dana. *From Style Writing to Art. A Street Art anthology*. Rome : Drago, 2010.

Debord, Guy. *Guide psychogéographique de Paris, Discours sur les passions de l'amour, pentes psychogéographiques de la dérive et localisation d'unités d'ambiance*. Dépliant. Édité par le Bauhaus Situationniste. Copenhague : Permild & Rosengreen, 1957.

Debord, Guy. « Théorie de la dérive ». *La Revue des ressources*. [*Les Lèvres nues* n°9, novembre 1956.] Mis en ligne le 29 novembre 2011. Accès 8 mars 2016. <http://www.larevuedesressources.org/theorie-de-la-derive,038.html>.

Deleuze, Gilles. *Proust et les signes*. Paris : Puf, 1964.

Deleuze, Gilles, « Schizophrénie et société ». In *Deux régimes de fous. Textes et entretiens 1975-1995*, édition préparée par David Lapoujade, p. 17-28. Paris : Minuit, 2003.

Deleuze, Gilles. « Quatre propositions sur la psychanalyse ». In *Deux régimes de fous. Textes et entretiens 1975-1995*, édition préparée par David Lapoujade, p. 72-79. Paris : Minuit, 2003.

Deleuze, Gilles. « L'épuisé ». Postface à Samuel Beckett, *Quad et Trio du Fantôme*. Paris : Minuit, 1992.

BIBLIOGRAPHIE

Deleuze, Gilles. « Post-scriptum sur les sociétés de contrôle », in *Pourparlers. 1972-1990*. Paris : Minuit, 2003 [1990].

Deleuze, Gilles, et Félix Guattari. *L'Anti-Oedipe. Capitalisme et Schizophrénie*. Paris : Minuit, 1972.

Deleuze, Gilles, et Félix Guattari. *Mille Plateaux. Capitalisme et schizophrénie 2*. Paris : Minuit, 1980.

Derrida, Jacques. « Lyotard et nous ». In D. Lyotard, J.-C. Milner et G. Sfez (dir.), *Jean-François Lyotard. L'exercice du différend* (Paris : Puf, 2001), p. 169-196.

Descartes, René, *Méditations métaphysiques*, Paris : Presses Universitaires de France, 1970.

Engel, Pascal. *Identité et Référence. La théorie des noms propres chez Frege et Kripke*. Paris : Presses de l'École Normale Supérieure, 1985.

Farge, Arlette. *Le Goût de l'archive*. Paris : Seuil, 1997.

Fortin, Jutta. *Camille Laurens, le kaléidoscope d'une écriture hantée*. Lille : Presses Universitaires du Septentrion, 2017.

Foucault, Michel. « La Vie des hommes infâmes ». *Cahiers du chemin*, n° 29, janvier 1977, pp. 12-29 ; repris dans *Dits et écrits II*, Paris : Gallimard, 1994, p. 237-253.

Gary-Prieur, Marie-Noëlle. « Le nom propre constitue-t-il une catégorie linguistique ? ». *Langue Française*, no. 92, 1991, 4-25. Accès 27 juin 2013. <http://www.persee.fr/web/revues/home/prescript/article/lfr_0023-8368_1991_num_92_1_6209>.

Gauer, Denis. *Le discours de la première personne dans les textes en prose de Samuel Beckett*. Thèse de Doctorat, soutenue en octobre 1996 à l'université de Lille III, UFR d'Anglais, sous la direction de Régis Durand, microfilm.

Girard, Stéphane. *Plasticien, écrivain, suicidé. Ethos auctorial et paratopie suicidaire chez Edouard Levé*. Paris: L'Harmattan, 2014.

Grossman, Évelyne. *La Défiguration. Artaud – Beckett – Michaux*. Paris : Minuit, 2004.

Gyöngyi, Pál. *Le Dispositif photo-littéraire dans la seconde moitié du XXème siècle. Analyse de l'oeuvre de François-Marie Banier, Jean-Loup Trassard, Lorand Gaspar et Denis Roche*. Thèse de Doctorat, soutenue le 2 avril 2010 à l'université de Szeged, sous la direction de Gyimesi Timea et Jean-Pierre Montier. Accès 3 septembre 2014. <http://hal.archives-ouvertes.fr/docs/00/48/13/29/PDF/thesePal.pdf>.

Hartman, Saidiya. « Venus in two acts ». *Small Axe* n°26, vol. 12.2 (juin 2008), p. 1-14.

Husserl, Edmund. *Méditations cartésiennes. Introduction à la phénoménologie*. Paris : Vrin, 1986 [1929].

Janvier, Ludovic. *Beckett*. Paris, Seuil, « Ecrivains de toujours », 1969.

Jones, Dylan. *When Ziggy Played Guitar. David Bowie and Four Minutes That Shocked the World*. Londres : Random House, 2012.

Juliet, Charles. *Rencontres avec Samuel Beckett*. Paris : P.O.L, 1999.

Jung, Carl Gustav. *Analytical Psychology: its Theory and Practice. The Tavistock Lectures*. Londres : Routledge, 1968.

Jung, Carl Gustav. « Connaissance et création ». In *L'âme et la vie*, textes réunis et présentés par Jolande Jacobi, traduit de l'allemend par Roland Cahen et Yves Le Lay, p. 203-229. Paris : Le Livre de Poche, 2012 [Buchet/Chastel, 1963].

Katz, Daniel. *Saying I no more. Subjectivity and Conciousness in the Prose of Samuel Beckett*. Evanston : Northwestern University Press, 1999.

Kijek, Dimitri. *Défaire le nom propre. Passe, nomination, nom propre*. Paris, Epel, 2013.

Kim, Rina. *Women and Ireland as Beckett's Lost Others. Beyond Morning and Melancholia*. Londres : Palgrave MacMillan, 2010.

Kleiber, Georges. *Problèmes de référence. Descriptions définies et noms propres, Recherches Linguistiques n°VI*. Etudes publiées par le centre d'analyse syntaxique de l'université de Metz. Paris : Klincksieck, 1981.

Kleiber, Georges. « Sur la définition des noms propres : une dizaine d'années après ». In *Noms propres et nomination*, édité par M. Noailly, p. 11-36. Paris : Klincksieck, 1995.

Knappenberger, Brian. *We Are Legion : The Story of the Hacktivists*. Film. Luminant Media, 2012.

Knowlson, James. *Damned to Fame. The Life of Samuel Beckett*. New York : Grove Press, 1996.

Kripke, Saul. *Naming and Necessity*. Oxford, Blackwell, 1980 [1972]. Traduction française par P. Jacob et F. Recanati sous le titre *La Logique des noms propres*. Paris : Minuit, 1982.

Kuhn, Annette. « Spaces and Frames : An Introduction ». In *Little Madnesses. Winnicott, Transitional Phenomena and Cultural Experience*, édité par Annette Kuhn, 13-22. London, New York, I.B. Tauris, 2013.

Kuo, Michelle. « Arcade Project : Michelle Kuo on Space Invader ». *Artforum International Magazine* (janvier 2007). Accès 1er juillet 2013. <http://www.thefreelibrary.com/Arcade+project%3A+Michelle+Kuo+on+Space+Invader.-a0158093808>.

Lacan, Jacques. *Séminaire IX, L'identification*. Non publié. Accessible sur le site de l'Ecole Lacanienne de Psychanalyse. Accès 12 janvier 2016. <http://www.ecole-lacanienne.net//pictures/mynews/914863CF5409F7178C4EA24372C086E5/1961.11.29.pdf>.

Lacan, Jacques. « Le stade du miroir comme formateur de la fonction du Je ». In *Ecrits I*, p. 89-97. Paris: Seuil, coll. Points, 1999 [1966].

Lacan, Jacques. « L'instance de la lettre ou la raison depuis Freud », in *Ecrits I*, p. 490-526. Paris: Seuil, coll. Points, 1999 [1966].

Laplanche, Jean, et Jean-Bertrand Pontalis. *Vocabulaire de la psychanalyse*. Paris : Puf, coll. Quadrige, 2007 [1967].

Laufer, Laurie. « Le suicide à l'adolescence. Edouard Levé, anatomie d'un suicide ». *Adolescence*, 2010/2, n°72, p. 409-419.

Lavocat, Françoise. Introduction à *Fiction et cultures*, édité par Françoise Lavocat et Anne Duprat, p. 11-31. Paris : Société Française de Littérature Générale et Comparée, 2010.

Lavocat, Françoise. *Fait et Fiction. Pour une frontière*. Paris : Seuil, coll. Poétique, 2016.

Lefebvre, Henri. *La Production de l'espace*. Paris : Anthropos, 2000 [4è édition].

Lejeune, Philippe. *Le Pacte autobiographique*. Paris : Seuil, coll. Poétique, 1975.

Levinas, Emmanuel. *Noms propres. Agnon, Buber, Celan, Delhomme, Derrida, Jabès, Kierkegaard, Lacroix, Laporte, Picard, Proust, Van Breda, Wahl*. Montpellier : Fata Morgana, 1976.

Lyotard, Dolorès, Jean-Claude Milner et Gérald Sfez (directeurs). *Jean-François Lyotard. L'exercice du différend*. Paris : Puf, 2001.

Marcolini, Patrick. *Le Mouvement situationniste. Une histoire intellectuelle*. Montreuil : L'échappée, 2012.

Marder, Elissa. *The Mother in the Age of Mechanical Reproduction : Psychoanalysis, Photography, Deconstruction*. New York : Fordham University Press, 2012.

McLuhan, Marshall. *Understanding Media : the Extensions of Man*. New York : McGraw-Hill, 1964.

McLuhan, Marshall, et Quentin Fiore, coordonné par Jerome Agel. *The Medium is the Massage : An Inventory of Effects*. Berkeley : Gingko Press, 2011 [1967].

Merzeau, Louise. « La médiation identitaire ». In *La Théorie des industries culturelles (et informationnelles), composante des SIC*, édité par Bernard Miège, *Revue Française des Sciences de l'information et de la communication*, 2012.1. Accès le 7 septembre 2015. <http://rfsic.revues.org/193>.

Michon, Pierre. *Vies minuscules*. Paris : Gallimard, 1984.

Miller, Antoine. *L'homme sans désir. Motifs mélancoliques dans l'œuvre d'Édouard Levé*. Paris : Penta Editions, 2016.

Modiano, Patrick. *Dora Bruder*. Paris : Gallimard, 1997.

Mougin, Pascal. « La fiction à force de réel : Jean-Charles Massera/ Édouard Levé ». In *Fiction et réel, édité par* France Fortier, Francis Langevin. *@nalyses. Revue de critique et de théorie littéraire* 4, n°2 (Printemps-été 2009). Accès 21 mars 2019. <https://uottawa.scholarsportal.info/ottawa/index.php/revue-analyses/article/view/629>.

Nouvet, Claire. « The Inarticulate Affect. Lyotard and Psychoanalytic Testimony ». In *Minima memoria. In the wake of Jean-François Lyotard*, édité par Claire Nouvet, Zrinka Stahuljak, Kent Still, 106-122. Stanford : Stanford University Press, 2007.

Nouvet, Claire. *Enfances Narcisse*. Paris : Galilée, 2009.

Nouvet, Claire. « For 'Emma' ». In *Traversals of Affect : On Jean-François Lyotard*, édité par J. Gaillard, C. Nouvet, M. Stoholski, p. 37-56. Londres : Bloomsbury, 2016.

Oppenheim, Lois. « Re-visiting Statis in the Work of Samuel Beckett ». In *Where Never Before. Beckett's Poetics of Elsewhere. La poétique de l'ailleurs. In honor of Marius*

Buning, édité par Sjef Houppermans, Angela Moorjani, Danièle De Ruyter, Matthijs Engelberts et Dirk Van Hulle. Amsterdam, New York, Rodopi : 2009.

Pavel, Thomas. *Univers de la fiction*. Paris : Seuil, coll. Points Essais, 2017 [Seuil, coll. Poétique, 1988 ; *Fictional Worlds*, 1986].

Proust, Marcel. *Contre Sainte-Beuve*. Paris, Gallimard, coll. Folio/Essais, 1954.

Proust, Marcel. *Le Côté de Guermantes*. Paris : Gallimard, coll. Folio classique, 1988.

Prado, Plinio Walder Jr., « La dette d'affect », in D. Lyotard, J.-C. Milner et G. Sfez (dir.), *Jean-François Lyotard. L'exercice du différend* (Paris : Puf, 2001), p. 57-75.

Rabaté, Jean-Michel. « Quelques figures de la première (et dernière) anthropomorphie de Beckett ». In *Beckett avant Beckett, Essais sur les premières œuvres*, édité par Jean-Michel Rabaté. Paris : P.E.N.S., 1984.

Ranciere, Jacques. *Le Partage du sensible. Esthétique et politique*. Paris : La Fabrique, 2000.

Ranciere, Jacques. *Le Spectateur émancipé*. Paris : La Fabrique, 2008.

Readings, Bill. *Introducing Lyotard : Art and Politics*. New York : Routledge, 1991.

Rivoire, Annick. « Paris, en plein dans le 1000 ». Introduction au catalogue de l'exposition *1000* à La Générale et à la Galerie Le Feuvre du 7 juin au 2 juillet 2011. Paris : Galerie Le Feuvre, 2011.

Ross, Ciaran. *Aux frontières du vide. Beckett : une écriture sans mémoire ni désir*. Amsterdam, New York : Rodopi, 2004.

Ruhaud, Etienne. « Édouard Levé, écrire le suicide ». In *Opéra Fabuleux* (blog), 16 janvier 2013. Accès 8 mars 2016. <http://etienneruhaud.hautetfort.com/archive/2013/01/16/critique-ecrire-le-suicide-d-edouard-leve-note-parue-dans-di.html>.

Rushmore, RJ. *Viral art*. e-publication sous licence Creative Commons, 2013. Accès 6 septembre 2015. <http://viralart.vandalog.com/read/>.

Salanskis, Jean-Michel. « La profondeur référentielle chez Jean-François Lyotard ». In Corinne Enaudeau, Jean-François Nordmann, Jean-Michel Salanskis, Frédéric Worms (directeurs), *Les Transformateurs Lyotard*. Paris, Sens & Tonka, 2008, pp. 223-246.

Sardin, Pascale. *Samuel Beckett et la passion maternelle ou l'hystérie à l'œuvre*. Pessac : Presses Universitaires de Bordeaux, 2009.

Schechner, Richard. *Performance studies : an introduction*. Londres, New York : Routledge, 2006 [2002].

Searles, Harold. « Les sources de l'angoisse dans la schizophrénie paranoïde ». In *L'effort pour rendre l'autre fou*, traduit de l'anglais par Brigitte Bost et Pierre Fédida. Paris : Gallimard, coll. Folio essais, 1977, p. 409-446 [*Collected Papers on Schizophrenia and Related Subjects*, 1965]

Stanislawski, Constantin. *La Formation de l'acteur (an actor prepares)*. Traduit de l'anglais par Elisabeth Janvier. Paris : Payot, 1979.

Sterne, Laurence. *The Life and Opinions of Tristram Shandy.* Texte accessible en ligne préparé par Masaru Uchida à partir des documents numériques de l'Oxford Text Archive. Accès 21 mars 2019. <http://www1.gifu-u.ac.jp/~masaru/TS/iv.100-119.html#ch.11>.

Still, Kent. *Kant and the scandals of philosophy.* Thèse de Doctorat (Ph.D.), sous la direction de Rudolph A. Makkreel, Emory University, 2008. Emory University library.

Still, Kent. « Lyotard on Affect and Media : Or the Postmodern-Version 2.0 Explained by Orwell's *1984* ». In *Traversals of Affect : On Jean-François Lyotard*, édité par J. Gaillard, C. Nouvet, M. Stoholski, 207-227. Londres : Bloomsbury, 2016.

Stoholski, Mark. « Apathēmata ». In *Traversals of Affect : On Jean-François Lyotard*, édité par J. Gaillard, C. Nouvet, M. Stoholski, p. 21-36. Londres : Bloomsbury, 2016.

Thibaudat, Jean-Pierre. « La schizophrénie de Renaud Cojo, fan du Ziggy Stardust de David Bowie », *Théâtre et balagan* (blog). Mis en ligne 9 juin 2010. Accès 21 mars 2019. <http://rue89.nouvelobs.com/blog/balagan/2010/06/09/la-schizophrenie-de-renaud-cojo-fan-du-ziggy-stardust-de-david-bowie-154061>.

Tsushima, Michiko. « The Appearance of the Human at the Limit of Representation : Beckett and Pain in the Experience of Language ». In *Samuel Beckett and Pain*, édité par Mariko Hori Tanaka, Yoshiki Tajiri et Michiko Tsushima. Amsterdam, New York : Rodopi, 2012.

Tubridy, Derval. « Vain reasonings: *Not I* ». In *Samuel Beckett: A Casebook*, édité par Jennifer Jeffers. New York and London, Garland, 1998.

Tubridy, Derval. « 'Words Pronouncing Me Alive': Beckett and Incarnation ». In *Samuel Beckett Today/Aujourd'hui 9: Beckett and Religion; Beckett/Aesthetics/Politics*, édité par Mary Bryden et Lance St.John Butler. Amsterdam, Atlanta : Rodopi, 2000.

Tubridy, Derval. « 'The subject doesn't matter, there is none': Language, Subjectivity and Aporia in Beckett›s *Unnamable* », in *Other Becketts. Journal of Beckett Studies* 10/1-2. Édité par Daniela Caselli, Steven Connor et Laura Salisbury, 196-206. Talahassee : Florida State University, 2001.

Turkle, Sherry. *The Second Self. Computers and the Human Spirit.* Cambridge : MIT Press, 2005 [New York, Simon & Schuster, 1984].

Turkle, Sherry. *Life on the Screen. Identity in the Age of the Internet.* New York : Touchstone, 1997 [1995].

Viart, Dominique. « Tout, *sauf le nom*. Poétique et plastique des noms propres : Claude Simon et Christian Boltanski ». In Yves Baudelle et Elizabeth Nardout-Lafarge (eds), *Nom propre et écritures de soi*, Montréal : Presses de l'Université de Montréal, 2011, pp. 103-120.

Wardrip-Fruin, Noah, Montfort, Nick (eds). *The New Media Reader.* Cambridge, Londres : MIT Press, 2003.

Weller, Shane. « Unwords ». In Daniela Caselli (éd.), *Beckett and Nothing. Trying to understand Beckett.* Manchester, New York : Manchester University Press, 2010.

Williams, James. *Lyotard and the political*. London and New York : Routledge, 2000.

Wilmet, Marc. « Le nom propre en linguistique et en littérature ». Bruxelles : Académie royale de langue et de littérature françaises de Belgique, 1995. Accès 21 mars 2019. <http://www.arllfb.be/ebibliotheque/communications/wilmet130595.pdf>.

Winnicott, D.W. *Jeu et Réalité. L'espace potentiel*. Traduit de l'anglais par Claude Monod et J.-B. Pontalis. Paris : Gallimard, coll. Connaissance de l'inconscient, 1975. [*Playing and Reality*. London : Tavistock Publications 1971].

Yentob, Alan. *Cracked Actor*. Documentaire sur David Bowie réalisé en 1974, diffusé pour la première fois sur BBC2 le 26 janvier 1975.

Index

actuel, actualité   4, 21, 37, 69, 71s, 78s, 84, 97s, 114, 128, 153, 167, 173
actualisation   9-10, 31-32, 39, 64-65, 75, 77, 86, 89-90, 103-104, 132, 165
adresse   52-53, 109, 171s
affect, affectif   28s, 55s, 76, 105, 107n, 120n, 153-154, 165, 171-172, 174
aleph   92s, 101-102, 104-105, 113-114
altérité   16-17, 19, 146
arbitraire (du signe)   1, 6, 8, 13, 23, 28, 73, 122
articulation, désarticulation   2-3, 5-6, 9-11, 17, 20-21, 24, 69, 117, 144, 163, 175
    inarticulé   44, 55, 119
anonyme, anonymat   7, 22, 34, 83, 113, 117, 120, 146s, 148, 149, 156s, 170
Anonymous   161
archétype   59, 78s, 83s, 90, 135
archive   92s, 101s, 105s, 115, 168s

Barthes, Roland   72, 79s, 85-86, 92
Baudrillard, Jean   89s, 158, 161
Baudelle, Yves   6
Benveniste, Émile   13, 41
Bion, Wilfred Ruprecht   29, 58
Boltanski, Christian   168
Bonnefis, Philippe   1, 6
Borgès, Jorge Luis   68, 94, 113
Bouyssi, Nicolas   19, 21, 70-71, 112n, 116
Bowie, David   117n, 119s, 134s, 145
Brainard, Joe   113
branding   159
Burgelin, Claude   6

de Certeau, Michel   150, 153, 154
Cislaru, Georgeta   124
Cousteau, Jacques-Yves   130
combinatoire   30-33, 63s
communication   18-19, 56, 63, 70, 79s, 90, 116, 123, 154s
    technologies (mobiles) de la communication   18, 21, 117, 154n, 156, 162s
communauté, communautaire   22, 131, 147, 154, 162
cryptonyme, cryptonymie   25, 55s, 166, 174
Cronenberg, David   140

cubisme   31, 95, 145

Degas, Edgar   170-171
déictique   1, 7, 13-14, 29, 47s
quasi-déictique   7, 14, 48-49
Deleuze, Gilles   30s, 64, 142-144, 161
Deleuze, Gilles et Guattari, Félix   71, 140-144
Derrida, Jacques   6, 13s, 46, 71, 94, 163
Descartes, René   23, 41, 102
désignation   2, 5, 7, 14-15, 17, 20, 32, 47, 69, 72-73, 75, 77, 122, 143, 163
désignateur rigide   3-4, 7, 8, 12-13, 17, 72, 77, 102, 153
différend   10-11, 13, 167s
doute   5, 20, 23-24, 27, 30, 33, 40s, 53, 67-68

Engel, Pascal   2
embrayage   73, 77, 122
enclave   54s
enfance   62, 66, 151, 154, 160, 164s
essence   8, 18, 23, 27, 31, 37s, 96
événement   16, 19, 39, 47, 65, 71, 82s, 144

Facebook   117, 145, 161, 164n, 174
Farge, Arlette   168
factuel, factualité   4s, 67-68, 174-175
Fairey, Shepard   159
fiction
    autofiction   67, 171s
    fiction   4-5, 67s, 79, 125, 132, 144, 146, 149, 151, 165, 175
Foucault, Michel   168-169
Frege, Gottlob   3

Girard, Stéphane   104, 106

Hartman, Saidiya   169s
histoire, historique   8-9, 14, 43, 167s
hétérogène, hétérogénéité   10-11, 17-18, 49, 122-3, 167-168, 175
hétéronyme   123s
homonyme   74, 122
Houellebecq, Michel   131
hypothèse, hypothétique   23, 27, 29-30, 33, 74s, 114s, 119, 173

identité
  identité (personnelle)   92s, 101s, 118s, 146, 158, 162, 164, 174
  identité (civile/légale)   117, 125, 146, 159, 161
  identité (logique)   1, 8, 13, 18, 49s, 92s, 102, 122, 149, 163
identification   22, 120, 132, 137, 142-143
illusion métaphysique   3, 13, 17
image   2, 72, 80s, 90, 108-109, 112, 120
inconscient   58s, 66, 133s, 141
innommable   17, 19, 20, 41s, 54, 165
ipséité   17, 37s

Jaspers, Karl   142
jeu   22, 160, 163
Jung, Carl Gustav   58s, 133s

Katz, Daniel   26, 45s
Kripke, Saul   3-4, 48
Kuo, Michelle   159

Laing, Ronald D.   142
Laufer, Laurie   106, 112
Laurens, Camille   167s
Laurent, Nicolas   2
Lavocat, Françoise   3, 67
Lejeune, Philippe   102
Levé, Édouard   117, 118, 119, 132, 150, 163, 173-174
Levinas, Emmanuel   18s
logique   1s, 14, 17, 20, 23, 27, 29s, 39, 57, 64, 103, 123, 166
Lyotard   3, 5, 7s, 47-48, 71, 136, 165

Mauthner, Fritz   27
medium, médiation   5-6, 20, 49, 67, 94n, 97, 117, 118, 139, 158, 160, 162
médiatique   79s
Mill, John Stuart   3
Miller, Antoine   107, 108, 110, 111, 112n
Michon, Pierre   168
Modiano, Patrick   168
monde   1-4, 18, 36, 53, 59, 79, 90, 96, 115, 146s
  monde des noms   8-9
  monde possible   3-4, 32, 73, 75, 174
  monde réel/ virtuel   140, 149, 155, 163
  monde de référence   4, 20, 97s, 117, 174

name writing   147, 159
Nardout-Lafarge, Elizabeth   6
nécessaire, nécessité   9-11, 35s, 64, 75, 103
nom propre
  quasi-déictique   7, 14, 48
  nomination   3, 6, 8s, 20, 29s, 56, 69, 73s, 121s,
  réseau de noms   8, 33, 17, 32s, 58, 63s, 128

oubli   18, 69, 94-95, 102, 167, 170

Pavel, Thomas   4, 67
phrase
  univers de phrase   7, 9, 11, 13, 48, 56, 172
  régime de phrase   10-11, 17
perception, perceptible   4, 7s, 14, 21, 23, 27, 47, 53-54, 73, 86
Perec, Georges   111s
Pierce, Charles Sanders   14
Poivert, Michel   85, 97, 100
possible, possibilité   4, 9s, 27, 31-32, 69, 73, 75, 77, 86, 90s, 105, 127s, 165-6
potentiel, potentialité   99, 103, 118s
présence   13s, 163, 171
pronoms
  je   101s, 106s, 112, 114, 126-127, 129s, 136, 144, 172
  tu   102, 106s, 111s, 172
  il/elle   102, 129s, 144
  nous   132
  permutation pronominale   111s, 136, 172
propre, propriété   1s, 13s, 29, 33, 45s, 49, 54, 71-72, 90, 96, 103-104, 116, 120, 131, 157, 162
Proust, Marcel   1, 113
pseudonyme, pseudonymie   5, 15, 22, 43-4, 117, 120, 121, 125, 127s, 131, ?, 145, 147

Rancière, Jacques   147
Readings, Bill   11
réalité
  réalité alternative   21-22, 73-74, 154, 175
  réalisation   7, 21, 31, 98s, 110, 173
  réalisme   68
  création de réalité   52-53, 140
référentialité   14, 26, 41, 49, 70, 79-80, 83s, 90s, 99-100, 122, 148

INDEX

référence
    référence directe (théorie)   2-3, 5
    référence indirecte (théorie)   2-3, 103n
    référence littéraire/ picturale/ culturelle   55-56, 80, 87, 122, 153-154
réseau   22, 63, 117, 124, 148, 151, 152, 156, 161, 164
    réseau de noms : voir entrée « nom propre »
    réseaux sociaux   22, 132, 145, 161
Russell, Bertrand   3

Saussure, Ferdinand de   13, 47
Sardin, Pascale   27
Searle, John   3
Searles, Harold   121, 129s
sémantique   2, 8-9, 29, 152-153
signe, signifiant, signifié   13s, 17, 48, 152
signification   1s, 5, 7, 12, 15, 17, 20-21, 29, 33, 55-56, 73, 75s, 91, 96, 103, 122-123, 152s, 163
signature   6, 22, 71, 96s, 116, 148, 152, 159, 162
silence   11, 57, 167, 171
Simon, Claude   168
singularité   5, 18, 37s, 63, 74, 90-91, 132, 171
spéculaire, spécularité   101n, 106s, 145
stabilité   3, 5, 9, 20, 33, 40s, 51s, 112, 122, 156, 164

Stardust, Ziggy   118, 120, 124s, 130, 132, 135s, 142
stéréotype   19, 70, 72, 123
sujet, subjectivité   12s, 23-24, 27, 41s, 54-55, 62, 104, 123, 125, 129, 143-145, 164

témoin, témoignage   12, 168
temporalité   92s
Thibaudat, Jean-Pierre   137
transindividuel   135, 163, 166
Tubridy, Derval   26, 46s

van Goethem, Marie   170s
vérité   1, 3, 12, 14, 23, 172
Viart, Dominique   168
Villeneuve, Mathilde   91
de Vinci, Léonard   87s
virtuel, virtualité
    sens philosophique   10, 21, 31, 64, 69, 73s, 77, 84, 91s, 97s, 103s, 115, 117s, 133, 139-140, 163, 173, 174-175
    sens technique   117s, 133, 139-140, 149, 154, 163, 173

Zevs   161

Printed in the United States
By Bookmasters